拥抱未来

解码杭州新经济

徐王婴 著

浙江人民出版社

图书在版编目（CIP）数据

拥抱未来 ：解码杭州新经济 / 徐王婴著. —杭州 ：浙江人民出版社，2019.1
ISBN 978-7-213-09070-7

Ⅰ. ①拥… Ⅱ. ①徐… Ⅲ. ①区域经济发展-中国-研究-杭州 Ⅳ. ①F127.551

中国版本图书馆CIP数据核字(2018)第283422号

拥抱未来——解码杭州新经济

Yongbao Weilai——Jiema Hangzhou Xinjingji

徐王婴 著

出版发行 浙江人民出版社（杭州市体育场路347号 邮编 310006）
市场部电话:(0571)85061682 85176516

责任编辑 李 雯 徐 婷

责任校对 戴文英

责任印务 程 琳

封面设计 观止堂

电脑制版 杭州兴邦电子印务有限公司

印 刷 杭州钱江彩色印务有限公司

开 本 710毫米×1000毫米 1/16

印 张 19.25

字 数 255千字

插 页 3

版 次 2019年1月第1版

印 次 2019年1月第1次印刷

书 号 ISBN 978-7-213-09070-7

定 价 70.00元

序　自古繁华地，再向潮头立

“海阔天空浪若雷，钱塘潮涌自天来。”

钱塘潮，自古被誉为“天下第一潮”。其“鲲鹏水击三千里，组练长驱十万夫”的磅礴气势令人叹为观止。

而今，在之江大地、在钱江两岸，“大众创业、万众创新”的浪潮正滚滚而来，气势如虹，蔚为壮观。

钱江潮闻名天下，“弄潮儿”精神千古传扬。面对汹涌的钱江潮，历代杭州人奋发自强，将钱塘江两岸建设成为富庶之地，使杭州成为马可·波罗笔下的“世界上最美丽华贵之天城”。

作为浙江省的省会城市，杭州是“八八战略”的重要实践地之一。15年来，杭州市持续深化改革，着力推进“腾笼换鸟”“凤凰涅槃”，大力培育创业创新主体，激发全社会的创新活力和创造潜能。全市生产总值实现从千亿元级到万亿元级的跨越，谱写了“八八战略”的杭州样本。

靓丽的经济数字中，有一个数字尤显珍贵：在全国人才净流入率排名中，杭州以13.6%的成绩高居榜首！

这背后，是以浙大系、阿里系、浙商系和海归系为代表的创业群体，他们在市场经济的惊涛骇浪中披荆斩棘、砥砺前行，使得杭州这座城市成为一个巨大的“孵化器”，成为一个创新活力之城。

毫无疑问，杭州的发展具有时代的标本意义。

而我正好有幸见证了这样的大时代。

从1998年入职《浙江经济报》，到2004年参与《浙商》杂志的创办，之后转而从事产权市场相关工作，并兼任浙商研究会、杭商研究会相关职务，这20年间，我见证了中国加入WTO、浙商崛起与转型、浙江实施“八八战略”15年发生的历史性变革……这样的经历，使我近距离关注了浙江的区域经济发展，接触了许许多多的杭商朋友，并感受到杭州所发生的巨变。

2002年冬，在杭州青春宝公司初见冯根生；2017年夏，为这位“江南药王”的离世而潸然落泪。2004年，在风云浙商的颁奖晚会上初见鲁冠球；13年之后赶去萧山参加他的告别仪式。2005年的某个夜晚，第一次与沈爱琴面对面畅谈；11年之后，为她的突然辞世撰文致哀……我目睹了一代浙商（杭商）从大风大浪中厮杀过来，并带领公司走出家族企业的藩篱，实现了从一代到二代的基业传承。

而更多的浙商（杭商），正走在从1.0时代到2.0时代的转型路上。

2000年，我第一次走进华立集团的展厅，就为其“百年华立”的梦想而感动；之后一路走来，目睹了华立通过资本市场整合产业频频发力，主动参与“一带一路”建设，拥抱互联网和智能制造的华丽转型。2004年，我第一次采访王水福，深感于他能秉持“合作重于竞争”的理念，以及作为一个创业者和掌舵者所表现出来的潇洒和气度；10多年后，看着他“板凳一坐十年冷”，迎来了大飞机中国造的自豪。在对话李书福、请教鲁冠球的时刻，也总能强烈地感受到民营企业家的汽车梦与英雄豪情……

还有一些浙商（杭商），似乎天生就是为了这个新时代而来。至今仍记得：2000年互联网的“冬天”，我报道了马云召集的第一届“西湖论剑”活动；采访了孙德良打的第一场跨国官司，即中国加入世贸组织以后的第一场知识产权官司；有幸见证了互联网在杭州的萌芽、发展与壮大。也是在2000年，我采访了为杭州西湖申遗而来的哈佛团队，聆听了哈佛专家们为杭州所做的“从西湖时代到钱塘江时代”的规划建议……从城市转型的规划论证到G20杭州峰会的成功举办，我一路走来，与这个城市同呼吸。

我在2003年初出版的《对话浙商》中，把“浙商”作为商帮的一个概念提出，并试图记录这一特殊群体的发展史、剖析他们的特点；之后在2005年初出版的《浙商之变》一书中提出：浙商面临变局，当主动出击、以变应变；更是在2008年出版的《浙商1.5代》中提出了浙商传承的问题。当然，我只是抛出了问题，答案，却在浙商群体艰难进化的路途中。

2008年金融危机之后，我在2009年出版的《中国多头》中提到：在外企与国企的夹缝中，民企将面临更严峻的挑战，转型升级刻不容缓。在2012年出版的《中国龙起》中又明确提出：中国经济已从短缺时期到过剩时期，在改革开放第一个30年，商业力量往往左右科技创新的步伐；但第二个30年，将是科技改变商业的变革时期……

如此“不厌其烦”地提到浙商要及时转型升级，是因为早在15年前，浙江就系统提出了进一步“发挥八个方面优势，推进八个方面举措”的“八八战略”。杭州第一时间响应，提出了“腾笼换鸟”“凤凰涅槃”的具体举措，确定以数字经济为杭州新旧动能转换的关键，以及城市转型发展的支柱。

正是秉持这样的发展理念，15年间，杭州的梦想小镇、云栖小镇、玉皇山南基金小镇等特色小镇不断涌现；国家自主创新示范区、中国（杭州）跨境电商综试区和城西科创大走廊、城东智造大走廊等“两区两廊”建设扎实推进；西湖大学、之江实验室等创新平台相继设立；上市企业和“独角兽”企业数量大幅增加，新旧动能加快转换。潜移默化中，杭州，成为一个充满活力的“双创园”。

值得一提的是，在杭州这个天然的“双创园”中，政府是“护花使者”，有两句承诺家喻户晓：一句是“我负责雨露阳光，你负责茁壮成长”，一句是“最多跑一次”。近年来，杭州持续深化“最多跑一次”改革，在打造数字城市的同时，把杭州打造成移动办事之城。显然，杭州的承诺和行动，无疑体现了这个城市市场化的取向和政府改革的力度，以及开放的格局。

对于曾经的财经媒体人来说：见证是一种幸运，记录是一种义务，思考更是一种责任。而生逢这样的大时代，我常常心潮澎湃、热泪盈眶。为此，我试图通过此书，以一名财经媒体人的视角，来记录和解读杭州市在“八八战略”指引下形成的“双创”之潮。

一个城市的文化与风骨是这个城市经济发展背后的力量，也是托起这个城市向善并向上生长的内生力量。新时代杭州的城市精神，蕴含着大气开放的时代精神、勇立潮头的创新精神和互通共荣的大同精神。相信这座城市，一定能够集聚起“品质创业、和谐创新”的强大力量，在时代发展的进程中谱写新的传奇。

以是因缘，我开始行笔，为杭州，为这个魅力之城、活力之城、创新之城。

目 录
CONTENTS

第四篇　制度破冰："共生圈"磨合记

第五篇　都市传奇："后花园"涅槃记

第六篇　书香四溢："钱江潮"溯源记

后　记

第一篇

“硅谷”乍现:“双创园”孵化记

打造“中国硅谷”,杭州究竟凭什么?

答案就在于:杭州的企业有一种内生的力量,杭州的经济土壤还有一种赋能的属性。

杭州是一个最能让数字经济接地气的城市,是一个政府与民间能够良性互动、内生力量与开放力量和谐发展的城市。当其他城市还在倡导“两化融合”的时候,杭州已经在积极践行“数字产业化”“产业数字化”“城市数字化”的“三化融合”了。

在这样的城市,你会感受到一种召唤、一种生机、一种活力。

一座城市的创新速度，代表着它的生命力。

杭州的一个“偏僻”小镇，一夜之间吸引了来自全球科技领域近千名顶尖学者和专家，以及6万多名程序员；并集结了来自世界各地400多家科技企业同台竞技；这个边缘小镇召开的“云栖大会”已成为中国最精彩的年度科技盛会……

毫无疑问，杭州的创新，已经从科技驱动转向科技驱动与数据驱动的双轮驱动。

在此氛围下，杭州的人均创业密度已超过北京，位列全国第一。

“让创意在这里扎堆，让人才在这里爆棚，让天使在这里出没，让创客在这里筑梦……”

创新活力推动之下，杭州在慢慢变成一个巨大的孵化器……

人们在云栖小镇看见未来，在梦想小镇圆梦未来，在杭州高新区、未来科技城、城西科创大走廊等创业创新的热土走向未来。

杭州，因相信未来而生动，因成就未来而美丽绽放。

第一章

“云栖小镇”与“梦想小镇”的横空出世

赶在中秋月圆之前，杭州云栖大会如约开幕。

2018年9月19—22日，全球80个国家6万名程序员涌入云栖小镇，全世界最前沿的高科技在这里云集，杭州再次因云栖大会而吸引世界的目光。

2018年云栖大会

一张门票超过5000元，半天时间就一售而空，闲鱼上一转手，一张门票涨至1万元。一票难求，成了云栖大会的标签。

但有谁知道云栖大会的前生后世？又有谁知道云栖小镇是如何从“荒郊野岭”变成广聚天下英雄的科技创新之圣地？

云栖小镇的“前生后世”

云栖大会的前身可以追溯到2009年的地方网站峰会。2011年演变成阿里云开发者大会，到2015年正式更名为“云栖大会”，并且永久落户西湖区云栖小镇。头尾十年，“云栖小镇”从互联网时代步入数据驱动的“云时代”。

在2013年之前，云栖小镇的前身，转塘科技经济园还只是杭州城外一个极不起眼的云计算产业园区。虽说是云计算产业园，真正的“涉云”企业却很少。

转塘科技经济园的历史还可以往前推至2002年。起初的定位是传统工业园区。到了2005年，园区改变定位为高科技产业和企业总部型产业。到了2012年10月，园区再次调整发展思路，决定把“云产业”作为未来发展的主打方向。但在2013年第三届阿里云开发者大会召开之前，这里还真的是“荒凉”而“鲜为人知”。

作为第一家入驻云栖小镇的涉云大数据企业，数梦工场董事长兼CEO吴敬传至今仍记得，2013年阿里云开发者大会举办时，“云栖小镇”还叫云计算产业园，只有8家“涉云”企业入驻，连个像样的房子都没有。将近4000人拉着行李箱，端着盒饭，在广场旁边的空地上布展、开会。而今，云栖小镇已集聚了878家企业，其中“涉云”企业就有576家。作为“特色小镇”肇始之源，云栖小镇成为创新创业的标杆之一。

短短5年，“云栖小镇”发生了“天翻地覆”的变化。

笔者有幸，与云栖小镇中的一拨幕后人物颇有些熟稔。他们是：与阿里云一起，发起打造云栖小镇，并和云栖小镇一起成长的投资公司——银杏谷资本的创始人陈向明博士；以及5位企业家——华立集团创始人汪力成、精功集团创始人金良顺、万丰奥特创始人陈爱莲、士兰控股创始人陈向东、华日集团创始人陈励君。

王坚

当然，还通过陈向明博士，认识了一个与云栖小镇息息相关的人物——王坚。

在2015年云栖大会上，阿里云发布的全新品牌口号是——“计算，为了无法计算的价值”。在这个充满情怀的口号背后，站着一个穿格子衬衫的男人，他用十年的付出写出了他独特的生命代码——为了无法被看见的信念。

他是王坚，阿里巴巴技术委员会主席。就是他带着“骗子”的标签，推动着阿里云完成了从0到1到伟大突破。

据说，2007年，时任微软亚洲研究院副院长的王坚出席了阿里召开的“网侠大会”。在这次大会上，他和马云交流时说出了改变自己、马云和阿里巴巴的一句话：“如果阿里还不掌握技术，未来将不会有它的身影。”

就是这句话，让马云觉得自己遇到了一个比自己还懂阿里的人，也是阿里最最需要的人。2008年9月，王坚任职阿里的首席架构师，首要任务就是为阿里输出技术；2009年7月，他又被指派为阿里软件的首席技术官；2012年8月，他被任命为阿里巴巴集团CTO。

王坚在做阿里云的前几年总是被骂“骗子”。就跟VR刚出现时一样，没有人了解阿里云，也没有人认可它。而项目又持续赔钱，漏洞频出，7年的时间，原来的核心团队走了一大半。

但王坚却咬牙坚持。他领着一群年轻人，一群“拿命来填”的年轻工程师，去做一个“中国人从来没有做过，只在他们脑子里存在过的东西”。在经受了5年的谩骂和质疑之后，阿里云在2013年获得了成功，成了天猫破百亿元的“助推器”、阿里进军世界的“敲门砖”。

那阿里云到底是什么？从2009年2月写下它的第一段代码开始，阿里云上上下下的负责人们就一直在试图解释阿里云、云计算到底是什么。

首发于《创日报》，一篇题为“这个落泪的男人叫王坚”的文章，对阿里云作了比较通俗的介绍——

> 简单点说，它只是一组让我们在“双十一”购物时疯狂剁手的数据。用户淘宝检索的商品会作为数据存储在“云端”。等到“双十一”那天，这些数据在经过一系列复杂的换算后推送到手机上，我们打开之后看到的就是之前想买买买的东西，当然，价格变得更低。这也是为什么天猫每年“双十一”交易额呈火箭式增长的原因。
>
> 而一旦在这组数据里面添加进运算，它就成为王坚一直研发的阿里云。比如将它写入地图，通过数据收集换算，我们能知道任何时间点交通拥堵的情况。
>
> 除了将阿里云变成人工智能程序，王坚还将它用于服务器存储。要知道，互联网公司办公都需要租用专门的服务器存储设备，但这些设备被IBM等厂商垄断，一台服务器动辄需要上万元。
>
> 而阿里云依靠网络存储，只需要几块小硬盘就能完成所有办公数据存储传输，价格还省了一大半，所以在王坚研发成功发布之后一年里，阿里云就赚回了超过6.5亿元。
>
> 除此之外，它还帮助阿里巴巴在全球拿下超过140万个客户，他们遍布电子商务、数字娱乐、金融服务、医疗、气象、政府管理等领域，为阿里进军全球打开一条新通道。在阿里巴巴上市那天，作为当

时最大股东的孙正义曾说：“阿里云的前途不可限量，它是互联网的未来。”

2012年到2013年，阿里云终于走出痛苦的探索期，但阿里后台的数据却逼近了上限。于是王坚四处寻找新的机房。当他知道转塘有一个“云计算产业园”，自然是倍感亲切地奔了过去。于是，才有了合作与签约。

其时，转塘科技经济园区管委会的领导也正在为产业园的前景挠头。见来了这么一位重量级的人物，阿里巴巴的CTO，中国云计算的第一人，不正是“云计算产业园”最好的旗帜吗？所以，当王坚提出来，要把这里变成阿里云的创新创业基地，这对管委会领导来说是“正中下怀”。

阿里与地方政府的“一拍即合”，撞击出耀眼的火花。很快，这里诞生了“飞天5K”，见证了阿里云发展历程中的一个重要时刻。

什么是“飞天5K”？

2013年8月15日，在杭州转塘云计算园区，承载着阿里巴巴集团数据业务的“开放数据处理服务”集群正式开始生产运营，服务器规模达到5000台。这标志着阿里巴巴集团自主研发的代号为“飞天”的大规模分布式计算系统成为单集群规模达到5000台服务器的通用计算平台。

而“飞天5K”单点集群拥有超过10万核计算的能力、100PB存储空间，可处理15万并发任务数，承载亿级别文件数目。这是一个伟大的突破。目前，只有Google、Facebook这样的顶级技术型IT公司，其集群规模有能力按照5000来划分，而此前国内还没有这样的技术。

也许正是基于这样的突破，2013年10月24—25日，第三届阿里云开发者大会首次从杭州城里的宾馆搬到云栖小镇的露天广场。当时大会的主题是“蝴蝶展翅，化云为雨”。

阿里云的正式启动，正是阿里展翅飞天的时候。就在阿里云开发者大会的第二天，阿里巴巴的“飞天5K”项目也向外界揭示了它的实体标志，树立了云栖小镇的第一座纪念标志。这也表示阿里巴巴坐落在杭州云栖镇的创业创

陈向明

新基地正式揭牌。至此，转塘这个“云计算产业园”有了阿里云的入驻，可谓“名副其实”。

从工业园区到科技园区再到云计算产业园区，转塘的这个“三级跳”也许跳得太快，市场一下子没有跟上来。随着阿里和王坚的到来，“云计算产业园”终于拉开了“天大云大”的大幕。

2013年7月，王坚和陈向明喝了一次茶后，陈向明做了一个“越权”的决定。陈向明之前是王坚的学生。虽同在杭州城，却是多年未见。这一次久别重逢，简短的寒暄之后，王坚滔滔不绝地聊起了云计算、大数据。

看着眼前这位年长于己的老师，还是青春焕发、神采飞扬、信心满满，陈向明深受感染。虽然还不能完全听懂王坚说的话，但王坚有一句话触动了他的内心。那就是“我的梦想是在阿里云上培养出像支付宝那样伟大的企业”。

那会儿，陈向明刚刚就任银杏谷资本总裁。银杏谷平台由华立集团、精功集团、万丰奥特、士兰控股、华日集团五大传统产业集团共同发起，正在寻找投资的突破口。

几盏红茶下来，陈向明也颇有些“热血沸腾”。当场拍板与王坚达成了两项合作内容：一是银杏谷资本全面参与阿里云第三次开发者大赛，可以出钱、出力、吆喝；二是专门设立云产业基金，投资阿里云上下游的生态链。

但这样的决定，毕竟是陈向明的“独断专行”呀！银杏谷的股东都是从制造业起家的，换句话说，他们都是传统的浙商，他们能同意吗？为了说服各位股东，陈向明还精心准备了一次董事会，在会上作了专门的互联网、云产业、大数据行业投资方向的报告。没想到股东们却是一个比一个激进地“拥抱”了他的决定。

于是,银杏谷如约参与了阿里云第三次开发者大赛。阿里云开发者大赛决赛后的那天晚上,银杏谷与阿里云一起,携手30多家企业宣布成立云计算生态联盟,这是大会策划期间萌生出来的想法,云栖小镇是物理形式的集聚,而联盟作为一个无形的组织促进云栖小镇成长。首批联盟成员中既有大企业,也有曾对阿里云公开吐槽的趣拍和玩蟹,以及因为对质量不满意搬走后又回来的Teamcola。

那会儿有人质疑:“谁会来转塘这个地方开会?”王坚答道,“此会非彼会,参会者不是因会而来,而是为爱创新、想创业而来。”

随后,银杏谷资本也履行了自己投资阿里云上下游的生态链的诺言。

2015年3月,杭州数梦工场科技有限公司成立。2015年8月,创立仅仅半年的数梦工场完成首轮融资,获得来自阿里巴巴、银杏谷等投资方的4.5亿元投资。但银杏谷的股东们私下里开玩笑说,对数梦工场1.5亿元的投资是一个违反投资行业规则的赌注。但就是这样的赌注,让银杏谷资本的命运一下子与云栖小镇捆在了一起。之后,银杏谷资本在这个平台上投资了凡闻科技、火奴科技、云梯科技、飞致云、甲骨文、猿人科技、北人机器人、迦智科技、云徙科技、扬天科技、企加云、斗象科技、博雅鸿图、蘑菇物联、半云科技、博创联动、第台司、海天瑞声、亿可能源、云深处、雪浪数制等以数据能力见长的科技公司。

至此,云栖小镇在拥有了地方政府和阿里云科技的“双支撑”之后,又有了资本与产业的“双支柱”。

2014年10月,时任浙江省省长李强在考察云栖小镇时,肯定了云栖小镇的发展模式,并首次提出了“特色小镇”的概念,提出要“让杭州多一个美丽的特色小镇,天上多飘几朵创新的‘彩云’”。此后,浙江省委、省政府多次力推特色小镇,并将特色小镇与驱动新经济的七大产业发展相提并论,将特色小镇定位为浙江产业创新的重要载体之一。

来自政府的鼓励与支持，使云栖小镇站上了特色小镇的风口。云栖大会自此一年比一年精彩。

2015年10月，阿里云开发者大会正式以“云栖大会”名义召开，有2.2万人参加了大会，其中80%是“80后”；这一年云栖小镇引进涉云企业217家，产业覆盖App开发、游戏、互联网金融、移动互联网、数据挖掘等领域。

2016年10月，为期4天的2016杭州·云栖大会顺利收官，来自全球58个国家和地区的4万名科技精英现场参会，超过700万人在线观看大会直播，成为全球规模最大的科技盛会之一。大会共举办102场峰会和分论坛，来自全球近400家科技公司展出前沿科技成果，人工智能技术在公共管理、天文科学等领域的新应用实践备受关注。值得一提的是，此次会议上，杭州市政府在大会上公布，为杭州市安装一个人工智能中枢——杭州城市数据大脑。

2017年10月，为期四天的2017杭州·云栖大会以“飞天·智能”为主题在云栖小镇开幕，全球67个国家和地区近6万人现场参会，来自137个国家和地区的1500万人在线观看了大会直播，成为当前规模最大的科技盛会。大会上，阿里巴巴宣布成立“达摩院”，推进基础科学和颠覆式技术研究，并在未来3年对技术研发投入1000亿元……

浙江省委副书记、省长袁家军在2018杭州·云栖大会的致辞中讲到：云栖小镇是数字浙江发展的鲜活样本，是特色小镇生态圈的示范样板，也是浙江创新发展的生动缩影。本届大会的主题是“驱动数字中国”，体现了浙江在数字中国建设中的独特地位。

如果说，100年前，伦敦向世界输出了地铁，巴黎输出了下水道，纽约输出了电网，那么今天，杭州携手阿里云，正向世界贡献数字化城市方案。

“四无粮仓”变出“梦想小镇”

位于杭州余杭区的梦想小镇和位于杭州西湖区的云栖小镇差不多时期

梦想小镇

亮相,都有阿里集团参与其中。它们宛如双子星座,因数字经济的崛起而熠熠生辉。

而梦想小镇的创建,还得从阿里巴巴纽约上市说起。

2014年8月,省政府得知阿里巴巴即将在美国上市,敏锐地察觉到互联网创业热度将迅速上升,于是在余杭划出一块地,专门集聚互联网创业人才,集聚风险投资机构,打造一个低成本的互联网创业小镇——这就是今天的梦想小镇。

2014年10月,梦想小镇开工建设。2015年3月28日,梦想小镇正式开园。梦想小镇由互联网创业小镇与天使小镇组成。创建初心是要通过3年努力,集聚互联网创业者10000名,创业项目2000个,基金及投资机构300家,资产管理规模达到1000亿元,成为众创空间的新样板和特色小镇的新范本。

与此同时,城南“皇城根”,杭州上城区八卦田的“基金小镇”也正风生水起……浙江省委、省政府顺势利导,提出要用3年时间重点培育100个特色小镇的规划。2015年6月，首批37个浙江省级特色小镇创建名单公布。2016年1月28日，省级特色小镇第二批创建名单出炉，42个小镇入围。

“我负责阳光雨露，你负责茁壮成长”

走进小镇，首先映入眼帘的是广场上颇有冲击力的雕塑——一对巨型的翅膀。这对翅膀折射出一种奋发向上的精神；社区里的小桥、绿树、流水构成了四季如春的景致；依水而建的时尚建筑群，以及水对岸一个个由旧粮仓改建成的创意“种子仓”则弥漫着时尚的艺术气息。

有别于行政区划单元和产业园区，浙江的“特色小镇”是相对独立于市区，有明确的产业定位、文化内涵、旅游和一定社区功能的发展空间平台。换句话说，特色小镇就是“生产”“生活”“生态”融合、“产业”“文化”“旅游”皆备的集合体。

从一开始，小镇就立意将创客、资本、项目、政策等创业创新高端要素集聚，为有梦想、有知识、有激情、有创意却无资本、无经验、无市场、无支撑的年轻人在小镇圆梦提供最好的条件和环境。

“梦想小镇的缘起，就是要打造一个年轻人实现梦想的地方。”杭州未来科技城管委会领导介绍说。入驻的创客可享受最长3年的免租办公场地和最高100万元的风险池贷款，还有多项扶持政策……政府的“筑巢引凤”产生了连带效应，开园当天即迎来了首批入驻的80多个“创客”。

为更好地服务年轻人创业，小镇首先就要营造适合创业的生态环境。截至2018年初，梦想小镇已累计引进包括北京36氪、深圳紫金港创客等知名孵化器在内的57家国内孵化器，以及500Startups、Plug&Play两家美国硅谷平台，并集聚金融机构1170余家，管理资本2630亿元。这些都为初创期、成长期、成熟期等不同发展阶段的互联网企业提供专业的金融服务形成了比较完备的金融业态。

就这样,年轻创客们被来自梦想小镇的关怀深深打动——

邓建波:创业梦想就这样在此落地

“90后”邓建波,桐庐人,外号“老黑”。2013年7月,才23岁却已经有过两次创业经历的他成立了青团社,为全国大学生提供免费的兼职中介服务。但因为资金、资源有限,第二年就遭遇生存危机。“2014年是我的本命年,这个本命年并不好过。我创办的青团社遭遇了一系列的困难:资金链断裂、长达半年发不出工资。在这段最灰暗的时光里,我每天都在为第二天的开支发愁。”邓建波告诉媒体记者。

一次机缘巧合,他结识了华旦天使投资创始人张洁(业界都叫她“花姐”),并在其引荐下入驻刚成立的“梦想小镇”。邓建波坦言,最初是被小镇的一系列优惠吸引的——免费办公场地、最高每人500元/月的住房补贴、租金远低于市价的人才公寓,以及2万元创新券等。不久他又发现,这里更是连接人才、资本、孵化器、媒体、合作伙伴等各类资源的纽带。在梦想小镇,他获得了华旦的100万元天使轮融资。这使得他的团队从4人拓展到100多人,业务扩展至广州、南京、武汉、沈阳等20多个城市,并再次获得1000万元融资,吸引了包括网易、淘宝、绿城、麦当劳等2000多家企业入驻。

“创业初期其实很孤单,做产品没有交流碰撞,没人指导,没有关注度,是一件很可怕的事。”邓建波说。但在“梦想小镇”,通过各类孵化器,创客们能方便地接触到投资人、创业导师,辅导精准定位产品、快速开拓商业渠道,团队间还能取长补短、抱团发展。所以说,这里的创业氛围吸引了越来越多爱做梦的年轻人。

茹方军:第一时间奔向梦想小镇

“90后”的他可算得上是一个“牛人”:曾获教育部“挑战杯”创业大赛全国金奖和浙江省特等奖;于2015年带领公司获得科技部主办的中国创新创

业大赛先进制造领域全国金奖，2016年获得“互联网＋”创业大赛浙江省金奖；带领公司在创业期间申请和获得了40余项专利和软件著作权；3次被CCTV报道，G20杭州峰会期间，代表杭州年轻一代企业家接受CCTV长达8分钟的直播个人专访……这么“牛”的茹方军，也冲着梦想小镇优惠的条件第一时间奔了过来。

2015年，刚刚成立“非白三维”的茹方军，带着只有两个人的团队，在杭州下沙一间小房子里办公。听到“梦想小镇”开园，一下来了兴致。打动他的，是小镇“最长5年，每年减免120平方米租金”的优厚福利。折算成人民币，每年大约可为企业节省8万元！这对于创业初期的他们来说，简直太有吸引力了。另外，作为创新型企业的“非白三维”，每年因申请项目专利就要花费不少，还费时费力。小镇就向他这样的创业者推出了“创新券”，额度每年2万元，类似虚拟货币，可以用来购买各类服务，比如专利、法务、财务、工商税务等。

2015年8月8日，浙江省浙商研究会与杭州未来科技城管委会在小镇联合举办了2015浙商（夏季）论坛活动。管委会领导在论坛上介绍说，小镇就像大的孵化园，园区内有大大小小的民营孵化器，为大学生创业者提供创新创业生态系统。

“我负责阳光雨露，你负责茁壮成长。”这是小镇管理者的格言，也是活跃在小镇里的“天使”们的豪言。

“励志哥”爱在小镇放飞梦想

梦想小镇里每天都在上演着年轻人创业的青春剧。因为这里有特别“肥沃”的创业土壤。

快递哥的成功“逆袭”

媒体曾报道过一个快递员的创客故事。2015年，18岁的黄升在梦想小镇做快递员。他说,梦想小镇里有一面“梦想之墙”,创业者们用手印拼成了一个“dream”。每天送完快递,他都会停在那里,驻足良久。3年,黄升见证了一批又一批企业孵化成功:主打大学生兼职的平台青团社、提供三维数字技术服务的非白三维科技……

辞去快递工作,黄升找了两家公司,一边学习技术,一边调研市场,终于把目光锁定在了网络直播。2018年3月,进入梦想小镇第三年的黄升,带着2名员工,进入湾西加速器,创办了杭州契客科技有限公司。他从快递员到创始人,完成了身份的转换,书写了一只“小蜗牛”一步一步往上爬的励志故事。“我们和其他网络直播不一样。”说起产品定位、团队建设、发展前景,黄升滔滔不绝,信心满满。

也正是这种上进、坚韧、激情,打动了湾西加速器的创业指导王冠。他认为,这样的年轻人,应该得到帮助。王冠也是创业出身。2005年,他来到杭州,和3个志同道合的朋友,创办了在线教育平台。当问及为何要选择杭州时,他说,杭州有优越的地理环境、强大的互联网基因、活跃的民间资本、有效的政府服务。这些正是吸引年轻人创业创新的基本要素。开放包容、网罗天下英才的杭州,慢慢成为创业者的梦想起航地。

海归博士王孟秋的小镇情

王孟秋是土生土长的杭州人,也是阿里系+海归系的双栖人物。1982年出生的他,在2000年以优异成绩考入北京航空航天大学,之后到新西兰、澳大利亚、美国等国家修完了大学课程,并在美国卡耐基梅隆大学攻读完计算机专业硕士、博士课程。他曾先后在Facebook和阿里研究院,从事大数据分析领域的研究,成了一名数据科学家。

2015年,他带着“计算机视觉与智能控制整合技术”创业项目落户小镇。2017年,公司的Hover Camera(便携式跟拍无人机)一上市就成了爆款,进入了Apple、Brookstone等直营店,产品供不应求。他的零零无限科技也成为小镇的明星企业。王孟秋说："在小镇创业不孤单，你要什么，就可以找到什么，只要你拿到梦想小镇的'入场券'，一切皆有可能！"

逐风者甘云锋的小镇缘

甘云锋是数澜科技的创始人兼CEO，花名风剑，寓意是逐风者。在阿里巴巴之前，曾在华为、金蝶等科技公司任职。创业前，曾负责过阿里最重要的三款数据产品，并且是阿里云数据创新工作室的负责人，服务过20多个领域的客户。

他也来到了梦想小镇创业。他觉得，是这块宝地给了他灵感和机会，从决定创业，他便在这里获得了投资人的青睐：数澜科技在2016年6月获得IDG牛奎光、湖畔山南谢世煌的1248万元天使轮融资，并在2016年12月底获得洪泰基金领投，顺融资本、元禾资本等跟投的4500万元Pre-A轮融资。他本人还在梦想小镇两周年的时候，被评为"小镇最具人气CEO"。他和团队在短短两年时间里，就推出了大数据平台底座"数栖平台"，并且签下了万科集团、新城控股、云图、方太、北京市政府等标杆客户，涉及地产、零售、政企等多个领域。

梦想小镇里，像这样的逐梦者有多少?截至2018年3月28日，小镇注册企业数2344个，育成企业数762个，创业人才12000余名，形成了一支以阿里系、浙大系、海归系、浙商系为代表的创业"新四军"队伍，有136个项目获得百万元以上融资，融资总额94.25亿元。

诗意栖息、激情工作的创客乐园

除了产业外，梦想小镇还承载了文化、旅游等功能。随着电影院、健身房、酒吧、茶馆等生活设施的建立，对年轻创客们而言，"梦想小镇"已不仅是办公场所，也是栖息之地。小镇从食、住、行、乐四个方面来构建生活配套。空间布局上，则按创业办公、生活、精神文化三个维度设置，打造商业、居住、网络三大特色配套——商业配套包括食堂、便利店等;居住上引进时髦有趣、便于交流的青年公寓;网络配套方面,全面铺设宽带、4G网络、WiFi,形成“创业者生活特区”。于是,在梦想小镇,总能看到这样的画面——

清晨,身背电脑包的年轻人匆匆进入办公楼,开始一天的打拼。午后,他们三五成群地来到“创业咖啡馆”,一边喝咖啡,一边聊天,碰撞创业想法;还有创客学院、创意集市、论坛沙龙……投资者与创业者交流彼此的经验和困惑。

依据“先生态、再生活、后生产,宜居、宜业、宜文、宜游”的开发理念,小镇修缮了古街、章太炎故居等一批文保单位和古建筑,融合了产业功能、旅游功能、文化功能、社区功能,在构筑产业生态圈的同时打造优美风景、宜居环境和创业氛围,让创业者“进能坐拥城市配套、出则尽享田园气息”。

其实,“梦想小镇”所在地杭州市余杭区仓前镇,是一个拥有880多年历史的古镇。早在南宋时期,余杭仓前镇是皇家便民粮仓的所在地,有着“江南粮仓”的美誉。在小镇的开发过程中,很注重与其原有风貌的结合,在维护文保区块整体生态的同时满足现代办公的要求。梦想小镇内保留了两个文保单位,一个是“四无粮仓”陈列馆,曾首创无虫、无霉、无鼠、无雀的存储标准;另一个是国学大师章太炎先生的故居,完好地坐落在梦想小镇的梦想大街上。

梦想小镇夜景

如今,在原来的仓前老街上,梦想小镇二期焕然一新的中式建筑沿河错落排开。浓郁的商业氛围,古朴的人文底蕴……不难想象,梦想小镇将再次升级小镇的繁荣之态。不断升级的梦想小镇不仅是创客们驰骋的沙场，还是观光客们的留恋之所。据说管委会平均每天要接待30多批次前来参观、学习的团队，如今的梦想小镇已经是不折不扣的“网红”。

梦想可以拷贝，特色小镇能够“星火燎原”

2015年，浙江发布有关指导意见，在全国率先提出建设“特色小镇”，其产业定位“一镇一业”，突出“特而强”；功能集成“紧贴产业”，力求“聚而合”；形态打造“突出精致”，展现“小而美”；运作机制“破旧去僵”，做到“活而新”。这些小镇的规划面积控制在3平方千米，建设面积控制在1平方千米。浙江将重点培育100个“特色小镇”，3年内每个完成固定资产投资50亿元（不含住宅和商业综合体），所有小镇要建成AAA级以上景区，坚持产业、文化、旅游三位一体。

“特色小镇”建设是浙江省利用信息经济、块状经济、山水资源、历史人文等优势，突破空间资源有限、有效供给不足、高端要素聚合度不够等瓶颈，解决经济结构转化和增长动力转换难题的战略选择。

2015年9月，时任中央财经领导小组办公室主任刘鹤在浙江调研后指出，特色小镇处理好了政府与市场的关系，政府为企业创业提供条件，“放水养鱼”，让企业家才能充分发挥，这对我国经济结构升级有重要借鉴意义。

有数据显示：到2016年，浙江78个省级特色小镇创建对象共入驻企业2.75万家，入驻创业团队4161个，大学生、大企业高管、科技人员、留学海归等创业人员1.3万人。2016年，省级特色小镇创建对象投资1128亿元，平均每个投资14.5亿元；营业收入4615亿元，平均每个59.2亿元，其中金融产业、高端装备制造、信息经济类小镇的平均营业收入在90亿元以上。不到两年时间，浙江以“云栖小镇”“梦想小镇”“基金小镇”等为代表的特色小镇建设形成燎原之势。

2016年7月，住建部、国家发改委、财政部发布《关于开展特色小镇培育工作的通知》，计划到2020年培育1000个左右各具特色、富有活力的休闲旅游、商贸物流、现代制造、教育科技、传统文化、美丽宜居等特色小镇，引领、带动全国小城镇建设。

拷贝之外还有衍生，梦想小镇开启新时代

在杭州，公交线路也能“定制”。“心享巴士”是杭州公交集团生成的动态化“定制公交”，是从小区到单位、从单位到小区的一站直达式班车。市民们可通过登录“杭州公交”App提出自己的出行需求，公交集团根据需求和客流情况设计出公交线路。2017年9月11日，首条试运行的定制公交“心享巴士”线路由益乐新村开往梦想小镇。“心享巴士”走公交专用道，可保证高峰期道路的基本畅通。以首条从益乐新村开往梦想小镇的“心享巴士”为例，车程约12千米，若开私家车，高峰期起码需要1个小时，而“心享巴士”50分钟左右即可到达。

值得一提的是：“心享巴士”是杭州公交联合一些互联网公司，基于杭州200多万辆汽车浮点数据、80000多个路口、8000余辆公交车以及每天约400万条公交乘客OD数据，通过算法模型和日常经验运算生成的动态化“定制公交”。在公交线路方面，市民可以通过开放平台API终端，一键获取热门定制公交线路信息，并享受一人一座，相比早高峰拥挤的传统公交车，市民的乘车体验将有较大提高。出行前，市民可以在网上订购日票或月票，上车扫描二维码，公交集团通过后台大数据分析，保证“人人有座”。应该说，这样的公交定制是受到来自梦想小镇的“数字风”和“信息云”的影响。

梦想小镇岂止是改变了余杭的“四无粮仓”，它还成了杭州城西科技长廊的助推器，托起一个群体的创业梦想，甚至还影响了一个城市的生活方式！所以说，这是一个因梦想诞生的梦幻小岛。

当然，梦想小镇不仅仅源于梦想，更是源于地方政府对经济转型升级的思考和规划。在浙江政府看来，经济从高速增长转为中高速增长，不是被动应对，更不是“无可奈何花落去”，而是要努力在速度放慢中实现结构优化。

小镇大梦想，众创好地方。

梦想，因众创而生动；创业，得孵化而实现；硅谷，遇杭州而成就。

| 第二章 |

“智慧e谷”“溢”出的“国际滨”

滨水之城，踏歌而行；钱塘江畔，勇立潮头。

驱车驶过复兴大桥，从北到南跨过钱塘江，便进入了杭州高新区（滨江）。这里是钱塘江畔的创新高地，散发着浓浓的草根气息，一座座高楼里的民营企业，向着信息产业的创新风口强劲生长。在经济下行压力之下，它不仅没有放缓脚步，还保持了高速持续增长。

作为全国首批国家级高新区，高新区（滨江）围绕自主创新、中国智造和

高新区（滨江）

智慧应用,打造了网络信息技术产业完整产业链,形成了千亿元级智慧经济产业集群,引领和带动了杭州乃至浙江转型升级和产业结构调整。

我第一次走近滨江,试图解码滨江经济,还是在2015年的9月。当时,以“大众创业进行时,万众创新方程式”为主题的“2015社科界—企业界跨界学术峰会暨浙商(秋季)论坛”在杭州海创基地隆重召开。我有幸与参会的企业家朋友一起考察了位于高新区(滨江)物联网产业园的智慧e谷,以及阿里巴巴、海康威视等企业。

3年前的滨江之行,让我领略了滨江智慧经济的魅力;3年后再访滨江,我深深惊叹于其发展的速度和国际化的气度。

靓丽的“成绩单”:经济增速全省第一,高新区排名前三甲

来自杭州滨江发改局(统计局)的数据显示:经过初步核算,2017年高新区(滨江)实现生产总值(GDP)1088.9亿元,以13.2%的增速,继续位居全省各区(县)首位,总量首次跻身全省县(市、区)十强。事实上,高新区(滨江)已经连续多年保持GDP两位数增长,增速在全省位列第一。在2017年科技部火炬中心公布的榜单上,高新区(滨江)已在全国147个国家级高新区(含苏州工业园)综合排名中位列第三,全省工业强县(市、区)综合评价“六连冠”,科技进步水平综合评价连续8年名列第一。

值得注意的是,两区合并16年以来(即建于1990年的杭州高新区,与设立于1996年12月的滨江区,于2002年6月实行“两块牌子、一套班子”,并于2015年8月经国务院批复为国家自主创新示范区),高新区(滨江)的产业结构已经发生明显变化,目前三产比重为0.1:48.2:51.7,二、三产业几乎各占50%。

高新区不仅仅诞生了众多的“经济小巨人”,还诞生了诸如海康威视、新华三、大华股份等创新领域的“冠军”企业。据统计,前30家重点企业工业总产值1584.2亿元,增长32.1%。2017年,高新区(滨江)新认定国家高新技术企业

141家,居全省首位,全年新挂牌“新三板”企业24家,累计103家,为全省首个突破百家的县(市、区)。

在2017年夏天,国家科技部发布的全国高新区排名榜单显示:杭州高新区首次进入前三,紧跟北京中关村和上海张江两大老牌高新区。3年追升三席位(2014年还是排位第五),高新区(滨江)的发展不能不令人侧目。

典型的改革样板:“腾笼换鸟”的浙江实践

可以说,杭州高新区(滨江)的发展,正是“腾笼换鸟”“凤凰涅槃”思想在浙江实践的活样板。时任杭州高新区(滨江)领导曾表示,滨江就要以实际成效担当“腾笼换鸟”“凤凰涅槃”思想在浙江实践的活样板。

打响“抢人大战”,以“引凤”落户带动科技创新

早在1998年,高新区(滨江)就已先于全国同类高新区放眼全球,从海外引才;而自2010年开始首个“5050计划”以来,至今已培养并吸引75名“国千”人才来创业(截至2017年7月),全球揽才数量位居浙江之首。

以范渊为例,他是“5050计划”首批引入并被评定的“国千”人才。2006年,他在杭州创办安恒信息技术有限公司,致力于网络安全产品的研究和开发。2012年,他作为“国千”人才身份,在当地得到100万元重奖。为此,高新区(滨江)领导说,未来的发展潜力,不在于“盖了多少房子”,而在于“集聚了多少脑子”。“我回国时国内互联网安全还没有兴起,但是高新区(滨江)非常重视,给了很优惠的政策环境,让我能将更多的精力投入到研发中去,并依靠高新区(滨江)完整的产业链基础,在身边找到了好的合作伙伴。”范渊充满感激地对媒体记者说。

在杭州高新区(滨江),有诸多像范渊一样单枪匹马来创业的优秀人才,正是他们带动了一批批民营企业如雨后春笋般破土而出。而人才战略在高新

海康威视

区（滨江）永远都是第一战略。

值得一提的是，与杭州市“全球聚才十条”相比，杭州高新区（滨江）的引才政策具有3个方面的不同：一是高新区（滨江）的引才方向围绕着信息产业、新兴战略产业与文创产业三大特色展开；二是高新区（滨江）在杭州市最早实现国际人才的引进，通过产业国际化也培养了一批本土国际化人才，因此高新区（滨江）的全球引才对象的层级更高；三是更注重市场的作用，杭州高新区（滨江）会与投资机构合作，鼓励设立境外招才平台。

在创新的“风口”顺势成长

率先“腾笼换鸟”使高新区（滨江）尝到了甜头。高新区（滨江）的产业发展，已经从三镇建制的农业之路，走出了一条代表浙江的高新技术发展之路。

2016年，当地高新技术产业实现收入4200亿元，同比增长13.4%，比2011年增长90.9%。2017年上半年，滨江全区科技活动经费支出127.6亿元，增长20.8%。全区专利申请量6698件，列全省第一；获市科技进步奖15项，列全市第一位。科技人才的凝聚，也带动了高新区企业的上市潮。截至2017年底，已累计拥有“国千”、“省千”人才计划和万人计划专家239人，上市公司41家，

"新三板"挂牌企业104家,高新技术企业超过700家。

科技人才的集聚,还带动了新经济的顺势生长,并呈现出"产业智慧化、智慧产业化"的特点。高新区(滨江)2017年实现信息经济增加值878.4亿元,增长21.4%,占GDP比重80.7%。在GDP贡献突出的工业经济领域,高新技术产业、战略性新兴产业增加值分别增长22.3%和25.4%,已占规模以上工业企业比重的96.0%和75.9%,产业结构持续优化。

在高新区(滨江),目前已经打造了一条近千亿元级的信息经济产业链。从关键的控制芯片研发开始,到通信设备制造、信息软件、物联网系统集成,再到终端电子商务、网络运营服务直至大数据、云计算的各种应用服务,高新区(滨江)以技术创新链促进全产业链发展,占据了信息产业发展的制高点。

此外,随着启明医疗、今复康、歌礼生物等企业在重大领域取得突破和成就,以及赛诺菲、康恩贝、民生等一批知名医药企业的快速发展,2017年生物医药大健康产业实现营业收入195.3亿元。未来生物医药大健康产业有望成为继信息经济后,高新区(滨江)又一个千亿元级产业。

而数字传媒产业的未来也充满想象空间。目前,高新区(滨江)已拥有国家级动画产业基地、华数传媒、中南卡通、边锋网络、电魂网络、畅唐科技等覆盖动画、游戏、工业设计、现代传媒等领域的实力企业。2017年,中国首个网络作家村落户白马湖。与此同时,2017年数字传媒产业营收增长已高达34.9%。

一句话,当"腾笼换鸟"换来创新发展的风口,高新区(滨江)的经济发展便驶上了高速道。

改革的政府为企业创造了良好的发展生态

在2017年8月举行的滨江区委五届二次全会上,高新区(滨江)领导表示,"滨江要努力彰显科技新城首位度,当好拥江发展示范区,在杭州建设世界名城中进一步体现高新区(滨江)的担当作为,加快建成快乐创业、幸福生活的世界一流高科技园区"。

在此会议上，这位区领导还首提“两个鞋论”。他说，要把握好政府与企业的关系，把“两个鞋论”作为精准服务的基本标准，一个“鞋论”就是，政府好比是鞋，企业好比是脚，脚长了，就要换合脚的鞋。毕竟，鞋好不好，脚最知道；脚好不好受，鞋很重要。第二个“鞋论”是，企业是鞋，人才是脚，政府是路，留住人才、用好人才关键在企业，但政府必须铺好路，为企业和人才服务。

而与“两个鞋论”对应的是“三个到”的政府服务理论——“不叫不到、随叫随到、服务周到”——通俗地讲，就是企业不叫你的时候，一般是不去的；企业有需要喊你来的时候，要马上就到，到了就要服务周到。无论是“两个鞋论”还是“三个到”，核心就是政府要当好“店小二”，要通过政府“有形之手”的积极作为，把政府、企业和人才打造成一个共同体，协同创新，共同成长。

的确，改革是打造经济生态的保障；而政府、企业和人才的凝心共聚，是杭州高新区（滨江）快速发展的一大砝码。

“大湾区”时代与4.0版本的创新生态环境

“湾区”概念一直被创业者以及各级政府追随。以旧金山湾区为例，在过去80年间，一直走在“创新创业”的最前沿，科技创业者在旧金山湾（硅谷）催生出许多原创性新型产业和具有世界影响力的巨头企业，引领着全球的产业变革。

“以硅谷为核心的旧金山湾区‘创新生态循环系统’，对世界范围内富有创造性和企业家精神的个人都是开放的并可自由流动，这无疑为高新区（滨江）打造具有全球吸引力的创新创业基地提供了极富现实意义的借鉴。”

为此，高新区（滨江）的发展设想是，“争取在未来几年内，通过对‘创业湾’的规划建设，带动高新区（滨江）进一步构建起一个全方位、立体式、充满生机的‘类硅谷’创业生态系统，使高新区（滨江）成为全国乃至全球最具吸引力的创新创业中心之一，成为中国最亮丽夺目的‘硅谷’”。

从地形来看,与六和塔隔岸而望的高新区(滨江),的确有着“湾区”雏形,而更为关键的是,以目前高新区(滨江)的创业生态——大至阿里巴巴、海康威视,小至众多集聚于“5050计划”孵化器内的“小明星”企业,把这片土地的创业热情一再点燃。

与此同时,继粤港澳大湾区之后,又一大湾区蓝图初现:一个“世界级”的浙江大湾区规划正式出炉。2018年夏,浙江发改委公开了正在谋划中的浙江大湾区的目标定位、建设原则与空间布局等内容。

浙江大湾区规划提到,要把杭州湾经济区作为建设重点,还要把打造科创大走廊和产城融合的现代化新区作为建设重点。

浙江大湾区建设的总目标是打造成为“绿色智慧和谐美丽的世界级现代化大湾区”,具体目标是建设“全国现代化建设先行区、全球数字经济创新高地、区域高质量发展新引擎”。针对这两项目标还规划了具体时间表,到2022年,浙江大湾区科技创新能级全面提升,产业结构不断优化,城市国际化现代化水平明显提高,高质量发展格局基本形成。

根据这样的规划,大湾区的重点是以数字经济引领浙江科技创新,聚焦数字经济核心产业,在人工智能、物联网、柔性电子、量子通信等领域前瞻布局,建设国家数字经济示范区,在集成电路材料、高端磁性材料、合成新材料等领域推进产学研合作,打造全球具有影响力的新材料研发制造中心。

分析高新区(滨江)的产业基础,显然是能够与这样的产业聚焦相匹配的。高新区(滨江)此前就提出,要奋力推进“三次创业”,并给出了具体目标,“产业能级更高,创新能力更优,体制机制建设更新,城市形态更美,社会民生更好,国际影响更广,经济实力更强”。

而打造创业创新高地的第一要义,是人才的培养和引进,并全力打造成为全国人才生态最优区。换句话说,就是要打造4.0版本的创新生态环境。

人才的汇集自然带动了产业的繁荣。在这片钱塘江南岸的创新创业热土上,海内外人才的集聚,带来了杭州最接轨国际的产业布局,带动了一批优秀企业的成长。因而，这里是阿里巴巴、海康威视、华三通信、浙江中控、大华股份等企业的诞生地；这里出现了互联网金融服务的三大中国代表企业：信雅达、恒生电子和支付宝；这里还有华为、网易、三星、诺西等世界知名企业的重要研发中心。

另一方面，更多在此创业的小微企业，也一直自带“国际化”的光环，这些“小而美”的智慧企业也用自己的创新技术，填补智慧城市建设的各种细分市场，分得一杯羹，并不断拓展自己的疆土，为市民创造更便捷的智慧生活。

总部设立在硅谷的维灵科技，是杭州高新区（滨江）“5050计划”引进的A类重点资助项目，2014年落户高新区海创基地，落户次年就在高新区（滨江）获得5000万元A轮融资。维灵科技多年前曾为谷歌研发了一款纤薄如纸的“电子文身”——通过皮肤来识别用户身份，保证个人信息安全，是硅谷可穿戴产业的代表性初创企业，是可穿戴产品和解决方案供应商，拥有10多项可穿戴专利技术。如今，他们又在杭州研发了一款“电子皮肤”，推向全球。维灵科技CEO赵晖称，“我们仍在硅谷设立人才站，用来和国内交流人才与信息，而我们选择把创业的总部，留在了滨江”。

杭州宏杉科技有限公司从创业之初就立志做国产自主存储产品，从高端切入，打造真正具有强大竞争力的产品。讯久科技利用大数据打造一朵聪明的“讯久云”，为商家定制WLAN应用产品及解决方案，通过WiFi构建起智慧的云端服务，成为业界冉冉升起的新星。正方软件则打造智慧教育，位居中国高校管理软件行业市场第二。杭州掌康科技有限公司推出的智慧健康平台项目以中国4亿人的健康档案/电子病历为基础，整合社交网络与电信运营商大数据资源，充分利用移动互联网的特色与优势，重塑现有医疗服务体系，打造以预防服务为基础逐步延伸至医疗各领域的一站式移动医疗健康服务平台。

毋庸置疑，随着G20杭州峰会的召开，以及杭州“大湾区”时代的到来，高新区（滨江）有了一个更加充满着活力的名字——“国际滨”，滨江这只“笼”，真正成了凤凰的栖息地。

这里散发出的文化、科技交融之美,以及迸发着的信息经济活力,都让人回味无穷。

不难想象,随着创业湾区的崛起,一个智慧化、高端化、融合化、低碳化、数字化的新城区,将连同“天蓝、地绿、水清”的画面,以最适宜人居和创新创业的环境,以产业之美、生活之美、环境之美谱写“国际滨”的新篇章。

第三章

城西科创大走廊的"逆袭"

如果说，云栖小镇、梦想小镇是一颗颗璀璨的明珠，那么杭州城西科创大走廊，将是一串光彩夺目的项链。继云栖小镇、梦想小镇开园之后，杭州市的"硅谷"计划再落一子——2016年，杭州城西科创大走廊正式开建。

2016年4月，浙江省委十三届九次全会上提出要加快杭州城西科创大走廊建设。省委、省政府给杭州城西科创大走廊的定位是：建成全球领先的信息经济科创中心。此后，又发布了《杭州城西科创大走廊规划》《关于推进杭州城西科创大走廊建设的若干意见》等政策文件。2016年8月5日，杭州召开城西科创大走廊建设动员大会，自此，杭州这个"硅谷"的核心区域开始撩开面纱。

虽然还没有足够的数字来佐证杭州"最有可能"成为中国的硅谷，但从杭州城西科创大走廊的蓝图绘制里能够看出一些端倪。

这是一条什么样的大走廊？具体位置又在哪里？

以杭州市文一西路为主轴，东起浙江大学紫金港校区，西至临安的浙江农林大学，穿过余杭区，一路串起紫金港科技城、阿里巴巴、未来科技城、青山湖科技城……这就是东西总长33千米、南北宽约7千米的城西科创大走廊。

毫无疑问，这是一条以"创新"为关键词的大走廊。说到底，是集聚创新人

杭州城西科创大走廊

才、创新企业、打造创新经济的一个大平台。的确，创新是大走廊的标签，是大走廊的气质。

蓝图绘制：仅以世界级科创能量为目标

规划中，杭州城西科创大走廊将构建“一带、三城、多镇”的空间结构。

“一带”：即东西向联结主要科创节点的科技创新带、快速交通带、科创产业带、品质生活带和绿色生态带。“三城”：浙大科技城、未来科技城和青山湖科技城。“多镇”：即大走廊沿线分布具备不同功能的特色小镇和创新区块，目前已经建设或规划了梦想小镇、云制造小镇、西溪谷互联网金融小镇、紫金众创小镇等近20个特色小镇。

这是一个激动人心的雄伟规划。规划通过5年左右时间，在此集聚30万名创新创业人才、引进100家科研院所、1000家高新技术企业、1万家科技型中小微企业。努力使之成为全球领先的信息经济科创中心。或者更具体地说，使之成为国际水准的创新共同体、国家级科技创新策源地、浙江创新发展的主引擎。

此外，根据规划，这里各类基金资产管理规模将达到2000亿元，投入小微企业的民间资本和创投资金超过1500亿元；发展质量显著提升，生产总值年均增长15%以上，研发经费支出比重达到5%，战略性新兴产业产值比重达到70%。从2016年到2020年，浙江将每年从省创新强省资金中安排4.5亿元，支持杭州城西科创大走廊建设，打造创新创业生态体系。

这里的产业规划也非常抢眼。“主攻未来网络、大数据云计算、电子商务、物联网、集成电路、数字安防、软件信息等先发优势明显且代表未来方向的产业；强攻人工智能、生命科学、新能源汽车、新材料、科技服务业、新金融等比较优势明显的中高端产业。”这样的表述是否透出一种豪气与霸气？是的，这条大走廊，将让杭州集聚起世界级的科创能量。而与这样的豪气与霸气相匹配的是：“15分钟上高速，30分钟到主城，1小时到机场火车站”的便利交通。为了实现这个便利性，机场、火车站、地铁、快速公交、水上巴士、有轨电车等一个都不能少。

让我们来看看因杭州城西科创大走廊而生的交通网——

一座铁路杭州西站：按照全国铁路枢纽站标准，选址在仓前附近，建筑面积约30万平方米，总投资约60亿元。

一个通用机场：在未来科技城和青山湖科技城之间，还要建一个占地面积约66万平方米、总投资约20亿元的二类通用机场，布设直升机起降点，满足旅游观光、商务交流、应急救援等多样化出行需求。未来，在条件许可下提升为一类通用机场。

一条水上巴士：体现城西“水上威尼斯”特色，对余杭塘河进行综合整治，逐步将京杭大运河水上巴士客运线路从大关延伸至余杭镇（全长20千米），适时开通青山湖旅游客运线（全长30千米）。

此外，还有3条轨道交通换乘：力争建成城市快速轨道交通5号线、轨道交通3号线以及市域轨道交通临安线，实现三线换乘，形成西连临安、东接主城的快速轨道交通客流走廊。力争建成两条有轨电车线路，适时加密城西地区轨道交通线网。与此同时，留祥路、文一西路两条快速路也要延伸改造。绕城西复线于2016年底前开工，计划于2020年建成。

东西合围，“以点带面”的三大科技城

杭州城西科创大走廊的重点是三大科技城，从东至西分别是：以浙江大学和西湖大学为依托的紫金港科技城、阿里巴巴总部所在的未来科技城，以及临安境内的青山湖科技城。三大科技城又分属于杭州市西湖区、余杭区和临安区，三个区同时发力，你争我赶地打造科技城的奇迹。

走廊中部的未来科技城

离青山湖不到30分钟车程，坐落在大走廊的中部重要节点——未来科技城。这里诞生了闻名全国的梦想小镇，如今已集聚落户创业项目1258个、创业人才12100人，吸引金融机构982家，资产管理规模达2265亿元。

创业创新的梦想不止于梦想小镇。未来科技城另一创新平台——中国人工智能小镇于2017年7月开园，已迸发出强大的创新活力。

人工智能小镇专注人机交互、大数据、云计算、区块链等人工智能技术的研发和市场应用。如今，入驻不久的北航虚拟现实和增强现实创新研究院已孵化盲人视觉辅助眼镜等4个项目；由省政府、浙江大学、阿里巴巴联合共建的之江实验室2017年9月正式挂牌。目前小镇已吸引170多家人工智能企业和18家创新平台入驻。

中国人工智能小镇

2017年10月成立的阿里达摩院，计划用3年时

之江实验室

间，投入1000亿元，吸引世界顶尖人才。从达摩院首批公布的研究领域，就可以看到满满的“未来感”和“科技范”。仅仅半年之后，2018年5月，阿里巴巴就发布消息表示达摩院量子实验室已研发出当前世界最强的量子电路模拟器“太章”，率先成功模拟了81比特40层作为基准的谷歌随机量子电路。阿里巴巴表示，这一技术打破了谷歌在量子区域的霸权地位。在2018杭州·云栖大会上，阿里巴巴集团首席技术官张建锋在会上宣布达摩院最新动态：中天微与达摩院芯片团队整合，将成立半导体公司平头哥半导体有限公司，阿里巴巴计划于次年4月发布第一个神经网络芯片……

走廊西部的青山湖科技城

青山湖科技城是全省重大的创新平台，是杭州城西科创大走廊的重要一极，也是临安创新发展的核心引擎。

如果说，未来科技城的企业更多集中于互联网、大数据、云计算等“数字产业化”，青山湖科技城则更侧重于“产业数字化”。

2009年，杭氧股份、杭叉集团等一批杭资企业搬迁至临安经济开发区，产业逐渐集聚，形成了杭州城西重要的装备制造业集聚区，奠定了青山湖科技城的基础。再后来，科技城建起了“云制造小镇”，小镇以原有的高端装备制造业为核心，节能环保、生物医药等为侧翼，培育网络信息安全产业和科技服务业等新兴产业。

2018年1月，浙江首个“微纳智造小镇”，也就是“云制造小镇”的升级版正式挂牌,把这里变成了智能传感器“中国芯”的大本营。

微纳智造小镇由青山湖科技城、中电海康集团、上海微技术工业研究院、浙江省物联网产业协会等共同打造,围绕智能传感器产业上下游,打造国家级传感器与物联网产业应用示范中心、国内领先的传感器科技创新中心和长三角传感器高智人才集聚地。

此外,青山湖科技城还聚集了杭叉集团、杭氧股份、西子电梯集团、华立集团、鸿雁电器、南都电源等一批知名企业,以及数十家科研院所、高校和企业研发机构。与此同时,有一批“独角兽”创新企业,也来到了青山湖畔。

以华立集团为例,人们在青山湖科技城感受到的是浙江传统制造企业主动拥抱数字化的热情。还记得2013年夏天,当银杏谷资本陈向明“越权”决定与阿里云共进退的时候,曾召集董事会做了专门汇报。没想到,作为股东之一的华立集团董事局主席汪力成却兴奋地说:“我们希望银杏谷去做一个榜样,把传统企业家的资源引导到云服务和大数据为代表的新兴行业中去。”也许,就是那时候或者更早的时候,汪力成已清晰地制定了拥抱数字化制造的发展战略。

2016年9月23日,华立集团与西门子(中国)签订了智能制造战略合作协

青山湖科技城

议，华立新智能制造体系建设项目进入实质性落地阶段；10月18日，青山湖科技城华立科技园华立城西智能硬件制造基地项目正式开工。该项目是华立集团与德国西门子公司合作建设的工业4.0示范项目、国家工信部立项的首批智能制造示范项目。到了2018年夏天，位于青山湖科技城横畈产业化区的华立科技股份有限公司智能制造基地传来喜讯："2015智能制造新模式应用项目"顺利通过工信部验收。华立集团及华立科技相关负责人表示除了智慧电表的生产，将来还要把数字化工厂建设向更高层面推进，辐射到其他智能硬件生产领域。

跟随着产业数字化的步伐，浙商转型升级的大戏不断在这里上演。与此同时，青山湖科技城也吸引了越来越多的创新人才来此聚集。

浙大毕业的工科生彭黔平先后在IBM、微软工作过，与微软小娜、IBM沃森等人工智能产品团队都有过接触。2015年，他和几位浙大校友创立了方得智能，主攻人工智能，公司就设在青山湖。"这里环境和政策都不错，适合安安静静做研发。"彭黔平的这句话，成了创业者们选择青山湖科技城的最好解读。彭黔平的创业公司，距离科技城管委会的直线距离不过百米，走动起来十分方便。

据介绍，至2019年，青山湖科技城将力争技工贸总收入突破1000亿元、科技型小微企业突破1000家、发布科研成果1000项；"千人计划"人才、产值亿元以上企业数量分别实现翻番；高新产业在规模工业企业中的占比、城市综合品质在浙江省内科技园区中领先。

走廊东端的紫金港浙大科技城

作为城西科创大走廊的起点，紫金港科技城周边产业布局非常多，汇集了北部软件园、云谷小镇、西溪谷、未来科技城等。

2017年11月1日，杭州市西湖区召开动员大会，宣布紫金港科技城开建。重点发展人工智能（智能制造）、信息技术、生命科学、科技服务、云计算、大数据等产业,目标是成为城西科创大走廊的“龙头”。整个科技城,将分为三个板块——西湖科技园区板块、云谷板块、浙大紫金港板块。

西湖科技园区,是紫金港科技城产业集聚的核心区块,规划面积约3平方千米;而云谷板块,规划面积12.87平方千米,最重要的就是云谷小镇和西湖大学;浙大紫金港板块,包括浙江大学紫金港校区和紫金众创小镇。

值得一提的是:浙大系人才在大走廊上已成为一支不可或缺的创业力量;西湖大学、阿里巴巴云计算产业园、独角兽产业园等落子云谷板块;紫金众创小镇即将迎来斯坦福大学和伯克利大学等世界名校的创新研究机构……

中国的“麻省理工”与“斯坦福”

众所周知,硅谷是当今电子工业和计算机业的王国。其特点是以附近一些具有雄厚科研力量的美国一流大学斯坦福、伯克利和加州理工等世界知名大学为依托,以高技术的中小公司群为基础,并拥有惠普、英特尔、苹果、思科、英伟达、朗讯等大公司,融科学、技术、生产为一体。

中国欲打造硅谷,一流大学的共生作用自然是首要的。例如斯坦福大学与硅谷、麻省理工学院与美国128公路、卡内基梅隆大学与匹兹堡、剑桥大学与剑桥科技园等,都是一流大学与著名高科技产业集聚区协同发展的典范。

事实上,浙江大学与美国麻省理工之间已经开展了合作。有报道说,2016年7月21日,浙江大学常务副校长宋永华访问了美国麻省理工学院(MIT),就两校合作事宜与麻省理工学院教务长进行了会谈。双方商定,在纳米技术及相关学科领域展开合作,建立包含教学、科研、产学研等多个层面的互惠共赢的全面战略合作关系。

在杭州城西科创大走廊的创新生态圈中,浙大无疑是重要的一环。“2016年浙大获得1730项发明专利,居全国高校第一。在城西科创大走廊建设上,浙大要勇于担当、发挥引领性作用，在探索校地、校企合作联动的新模式，在聚集高端要素、营造创新生态、实现成果转化等方面作出更多探索、更大贡献。”浙江大学副校长严建华如此说。浙江大学校长吴朝晖也曾对媒体表示：浙江大学与杭州城西科创大走廊一定能在历史性交会中绽放异彩。

由浙江省科技厅、浙江大学联合发起设立的浙江知识产权交易中心已经落户城西科创大走廊。目前，浙大所有科技成果已全部实现进场交易，并与中科院上海生命科学研究院、新西兰奥克兰大学、以色列理工大学T3公司等多个国内国际院校机构建立合作关系。

无疑，浙大系已经成为城西科创大走廊的一支重要创业力量。在未来科技城，浙大毕业生姚冀众等创办的企业纤纳光电，2017年刷新世界纪录：他们使钙钛矿太阳能电池大面积组件的光电转化效率提升至16%。

若以斯坦福的创立与已经取得的成绩而论，中国还难有可以类比的学校。但从学校创办的“非官方性”，以及“产学结合”来看，马云的湖畔大学多少有那么一点影子。

马云曾提出：“阿里巴巴只需要做102年就够了，这个学校要做300年！”而在湖畔大学的一个开学典礼上，他又说：未来中国的500强中，至少有200个CEO来自湖畔大学。

如果说，之前的湖畔大学，本质上还只是一个非学历教育的培训机构，杭州城西科创大走廊的规划使湖畔大学与阿里巴巴一起，朝着中国斯坦福的方向铆足了劲。阿里巴巴作为杭州城西科创大走廊中的一员，在未来科技城开办湖畔大学，并于2016年底开工建设；推动在建的淘宝四期加快建设数据中心、研发中心、生产中心等，这些项目都将进一步发挥在科创大走廊建设中的带头作用。

除此之外，城西科创大走廊还要引进2所国际学校、3所医院，并建科技馆、图书馆和体育场等。另外，还将在未来科技城科技岛，文二西路与规划创景路交叉口周边，规划科技馆、图书馆、文化展示馆、体育场馆、青少年活动中心等公共服务平台。

总而言之,网络化的创新集聚区与创新型大学是血脉相连、和谐共生的命运共同体。除了创新型大学之外,一流的医疗场所及文化场馆等都是其生长中不可缺少的成分。

目前,城西科创大走廊的“三个一”优势已逐渐显现,即一批大学,包括浙江大学、杭州师范大学、浙江农林大学、杭州电子科技大学等,集聚大量创新型人才;一个“龙头”,阿里巴巴赴美上市,带动了一大批创业创新企业的崛起,也培养了一大批互联网人才;一个西溪湿地,这里有湖山交融、白鹭翻飞的自然景观,与激情澎湃的创业氛围相得益彰。

“补短板”与“弯道超车”

经济新常态下的浙江,正处在经济转型升级、爬坡过坎的关键时刻。如何锻造一把创新的钥匙,打开增长之锁,开辟转变经济发展方式的全新局面?

浙江在谋划“十三五”规划时,作出一项事关深入实施创新驱动发展战略、补齐科技创新第一短板的重大战略决策——建设“杭州城西科创大走廊”。

浙江省委书记车俊曾表示:建设科创大走廊是浙江省“十三五”期间既该干又能干成、对全省具有牵引性作用的大事,是贯彻落实中央和省委、省政府关于科技创新一系列重大战略部署的具体行动,是补齐科技创新短板的关键抓手,是推动全省经济转型升级的重大举措。

杭州市委、市政府的领导也表示:把城西科创大走廊建设成为全球领先的信息经济科技创新中心,是杭州的重大历史使命和义不容辞的责任。

省、市两级政府都将其视为“重中之重”,并以只争朝夕的紧迫感全力推动,何也?只为“补短板”与“弯道超车”。

根据浙江科技创新“十三五”规划,到2020年,浙江要率先建成创新型省份。为达成此目标，浙江把创新驱动列为首位战略。规划建设杭州城西科创大走廊，是贯彻落实全国科技创新大会精神、深入实施创新驱动发展战略、补齐科技创新第一短板、推动供给侧结构性改革的重要举措。

“之所以如此强调城西科创大走廊，是因为真正的科技创新在浙江一直是个短板，而这个走廊原本拥有一些科技的载体，通过搭建一个大平台，未来辐射引领整个浙江的创新。”有关人士如此评说。

客观地说，浙江发展科技创新有良好的基础，目前全省信息经济的核心产业规模13000亿元，信息经济上市企业60余家，其中14家是2016年中国电子信息百强企业。2017年，浙江省信息经济核心产业共有规模以上企业5066家，比上年增长6.9%，主营业务收入增长22.8%，利润总额增长18.4%。从广义创新而言，目前浙江省科技创新水平总体已经进入国家第一方阵，包括北京、上海、天津、广东、江苏，但和三个直辖市无法比，和广东、江苏也有差距。总的来说，浙江的创新更集中于商业创新，比较缺乏的是科技创新等核心领域。

此外，浙江产业发展还面临着几大问题：一是产业层次总体偏低，转型困难；二是企业规模偏小，多数是民营企业；三是科技人员缺乏，尤其是企业一线的科技人员，关键是对比广东、江苏，浙江的知名高校较少。除了阿里的云计算，其他领域的科技创新还比较少，密度也不大，真正带动全省产业的力量还不够。为此，2016年以来，浙江明确提出科技创新是必须补齐的第一短板。

据了解，“十三五”期间，浙江省将安排22.5亿元专项资金用于城西科创大走廊建设，此外，还会有审批制度改革、激发科研人员活力、引进集聚创新人才等方面的政策支持。

而浙江最大的优势也许就在于政府与民间的资源共聚。2017年9月6日，由浙江省政府、浙江大学、阿里巴巴集团共同出资成立的之江实验室在杭州未来科技城正式挂牌成立。它将以大数据、云计算为基础，布局未来网络计算、泛化人工智能、泛化信息安全、无障感知互联、智能制造与机器人等五大方向，努力成为全球一流的创新基地。

之江实验室的目标是创建国家实验室,将全面提升浙江省网络信息、人工智能领域在全球创新格局中的位势,为建设“互联网+”世界科技创新高地奠定坚实基础。应聘担任之江实验室学术咨询委员会主任的路甬祥院士认为,浙江是首个国家信息经济示范区,网络信息领域的创新应用水平国内领先并具有全球影响力,建设之江实验室、争创国家实验室具有较强优势。

2017年9月,不仅仅之江实验室揭牌,还有人工智能小镇也迎来首批47个人工智能项目入驻、紫金众创小镇核心启动区块开工等大事;就在国庆节前一天,还有华润杭州未来科技城城市公共中心、光启以色列国际创新总部等一批总投资超百亿元的大项目签约……浙江大学、阿里巴巴、紫金众创小镇、梦想小镇、人工智能小镇、云制造小镇、云安小镇……正在大走廊上“串珠成链”。

而“串成珠链”的科创大走廊,最终将成为浙江在科技创新领域超车的“弯道”,原因是这里将成为孕育创新的生态圈。

全球开放的大平台,大走廊的“终极目标”

今天的世界正步入“连接大于拥有”的时代。连接能力越强,获得的资源就越多,发展机会就越大。互联网给了杭州城西科创大走廊一个“弯道超车”的机会。

2017年3月,马云在阿里巴巴首届技术大会上宣布,启动一项代号为“NASA”的创新计划,将动员阿里全球2万多名科学家和工程师,共同发展核心科技,包括芯片、物联网、机器学习以及生物识别等技术。同时,原亚马逊最高级别的华人科学家任小枫加入阿里担任iDST(数据科学和技术研究所)首席科学家和副院长。这个iDST,就是一家由分布在杭州、北京、西雅图和硅谷的科学家组成的研发机构。

在城西科创大走廊,一部分在海外硅谷等地、一部分在杭州的企业比比皆是。“公司成立之初就是先在美国成立研究院。后来国内条件成熟了，才组建起国内团队。”诺尔康神经刺激研究院副院长黄穗介绍，公司在美国的研发团队主攻公司未来新产品的研发，比如致力于帮助那些站不起来人群的脊髓深脑刺激器。

而阿里巴巴集团技术委员会主席王坚的一席话令人对这个全球开放的大平台充满信心。诚如他所说：“建设城西科创大走廊，要向硅谷学习。但大走廊的定位和目标一定要跳出硅谷来看，硅谷是过去几十年发展的成果，而大走廊必然是面向未来30年发展的，我们要在这个认知前提下去发掘大走廊的优势和独特性。”王坚认为，“在大走廊上培育出两三家能有世界影响力的企业，让整个大走廊变成原生动力的创新极，我对此很有信心。以阿里为例，你们会看到她未来十年的变化将远远大于前一个十年”。

是的，杭州城西科创大走廊已然集聚了大批人才、资本、项目等高端要素，这里极有可能成为未来产业的新引擎，也将成为汇聚世界级科创能量的大平台。

“让整个大走廊变成原生动力的创新极。”也许，这才是杭州城西科创大走廊的终极目的。

|思　考|

杭州凭什么打造“天堂硅谷”?

不能不承认,与北京、深圳相比,打造“硅谷”,杭州是后起之秀。

无论是高校资源还是人才集聚功能;无论产业基础,还是资本力量,杭州都与北京中关村有着较大的距离;而与深圳相比,杭州既没有与港澳相邻的“地利”;也没有深交所、深圳高交会等资本市场和知识产权平台的辐射红利。

那么,杭州凭什么打造中国硅谷?

如果说杭州的政治地位不及北京,缺乏“天时”之利;资本市场稍逊深圳,“地利”不如深圳;那么,杭州还有“人和”的优势。

这个“人和”,得益于杭州市政府前瞻的产业政策,以人才聚合推动“一号工程”;还因为民营经济的内生力量,激发出“大众创业、万众创新”磅礴的创新动能。

是的,杭州是一个政府能够前瞻决策,民众积极创造,内生力量与开放力量良性互动、和谐发展的城市。是一个具有数字化灵魂,又有赋能生态的城市。

所以说,凭借民营经济“人和”的力量与数字经济的先发优势,独辟“数字化灵魂+赋能生态”的杭州路径,“天堂硅谷”实现“弯道超车”决非纸上谈兵。

前瞻决策、先行先试，“一号工程”开启数字经济马达

早在2003年，浙江省就出台《数字浙江建设规划纲要（2003—2007年）》，开启了数字浙江建设新征程。

在这样的背景下，杭州市一马当先勇闯数字经济。市委、市政府在新世纪初就提出了打造以“两港三区”为重点的“天堂硅谷”，即当时的“一号工程”；2014年7月，杭州启动实施以发展信息经济、推动智慧应用为主要内容的“一号工程”；2015年初，又提出要深入实施“一号工程”，以打造“中国硅谷”为目标，以智能制造为突破口，加快云栖小镇等创业创新平台载体建设，推动信息化、工业化深度融合，促进杭州经济的转型升级、结构调整、提质增效。近20年来，杭州的“一号工程”不断升级，目标始终是“天堂硅谷”。

诚如杭州市领导在2018云栖大会上所说：

“从新世纪初建设‘天堂硅谷’到发展信息经济、推进智慧应用，再到近年来大力发展数字经济，我们坚定不移走创新驱动发展之路，持续发力‘一号工程’，形成了信息软件、电子商务、云计算大数据、数字内容等优势产业，涌现了阿里巴巴、网易、海康威视等龙头企业，孕育了云栖小镇、梦想小镇、物联网小镇等特色小镇，集聚了西湖大学、之江实验室、阿里达摩院等科研机构，数字经济成为杭州走向世界的一张精美名片。”

2018年10月，杭州市提出要打造全国数字经济第一城，要面向世界、面向未来，坚持创新驱动，争取在数字经济前沿基础和关键核心技术创新、重点产业领域数字化转型、社会治理数字化应用等方面领跑全国乃至领跑全球，为数字中国建设当好先锋、提供样本。

事实上，当各个城市正着力推进信息化与工业化的“两化融合”之际，杭州已提出了“数字产业化”“产业数字化”“城市数字化”的“三化融合”。在2016云栖大会上就宣布为杭州市安装一个人工智能中枢——杭州城市数据大脑。

所以说,城市数字化的意义非同寻常。它将使这个城市的发展从科技创新驱动到科技创新与数据驱动的双轮驱动。“数字”之于杭州,既是联通世界的桥梁,也是连接未来的钥匙。

毫无疑问,前瞻决策、先行先试,使杭州在世纪初就拉开了打造“中国硅谷”的序幕。换句话说,“因为相信而看见”,因为相信未来而提前出发,才有了杭州数字经济的今天。

“赋能”小微企业,打造创业创新生态圈

毫无疑问,数字经济时代的竞争,关键是生态系统的竞争。杭州由此积极打造创业创新生态圈。

从杭州的实践看,特色小镇等创客平台,是与时代精神相匹配的,最有可能实现中国硅谷梦的一种载体。因为特色小镇的灵魂就是“赋能”。

而袁家军省长在2018云栖大会上的一段讲话则让人领略到浙江特色小镇,这种创新生态圈的独特魅力:

“越来越多怀揣梦想的年轻人之所以愿意到云栖小镇创业,秘诀就在于云栖小镇已形成了完整的小镇创新生态圈,建立了现代产业体系的‘典型单元’。在这里,有创新政策的‘阳光’,包括财政、税收、金融、要素、技术等鼓励创新的激励性政策,让创业创新门槛更低、成本更小。有创新平台的‘土壤’,建设一批众创空间、孵化器,举办各类创业活动,促进产业链、创新链、人才链的‘无缝对接’。有服务保障的‘雨露’,引进集聚金融资本、中介机构、科技服务业等,建立健全覆盖创业创新全链条的服务体系。有创新环境的‘空气’,深化‘最多跑一次’改革,营造‘保护产权、支持创新’的制度环境,打造最佳营商环境。有创新人才的‘种子’,推动‘人才新政’率先在小镇落地,吸引集聚高端人才和高端团队。有数字化的‘灵魂’,推动‘互联网+’、大数据、云计算为代表的信息技术运用,让数字化成为小镇高质量发展的加速器……”

一段话，把杭州的创新生态圈描述得详尽而生动。积极打造创新生态圈还成为浙江全省的积极行动。目前，全省有省级数字经济小镇3个（梦想小镇、云栖小镇、德清地理小镇）、创建类和培育类小镇33个，这些以“创新生态圈”为内涵的特色小镇，坚信它们将成为浙江新经济的发动机。

事实上，杭州打造创业创新生态圈并不局限于特色小镇；更是在全市范围内，营造了政府引导、民间参与、资本助力的创新氛围。

比如杭州于2008年就率先成立了杭州市创投引导基金，借助市场化的手段放大财政资金杠杆。目前杭州市引导基金已与近80家基金机构合作，累计投资项目近400个。2014年，杭州还设立了不以营利为目的的政策性基金——蒲公英天使投资引导基金。

与此同时，2014年末，杭州创新“走出去”，到美国硅谷成立了全国首个孵化器，直接到海外去就地孵化高科技项目，并吸引人才回归落户杭州。

在众多的利好政策下，杭州的小微企业正经历着从量变到质变的飞跃。以小微企业拥有的有效授权专利数而言，截至2015年底是55422项，截至2016年9月达到了71550项，增加了近一半。2016年前8个月，杭州市小微企业新增授权专利数、授权发明专利数已分别占全市专利总数的51.05%和30.51%，成为科技创新不可或缺的生力军。而杭州硅谷引导基金，谋划从1600万美元到5000万美元的跳跃，并筹划建立跨境投资联盟和海创之家。借助海客驿站、海创俱乐部这些平台，把杭州的创新项目和创业资金与国外先进生产力作更有效的对接。

注重顶层设计和布局引导，通过培育本土众创品牌和引进国际知名创新型孵化器相结合，杭州突出“创业投资＋创业服务”特点，打造创业生态，引导众创空间专业化发展，成效显著。

目前，杭州拥有的国家级孵化器数量连续5年居省会城市和副省级城市第一，平均每天诞生602个市场主体、举办10场以上创业活动，以阿里系、浙商系、海归系、高校系为代表的创新创业“新四军”不断超越自我、创造传奇，创新活力正在钱塘江两岸竞相迸发、充分涌流。

以“才”引“财”,“从1到N”的量级扩张

科技、人才与资本一旦结合,就能形成协同创新的巨大能量。

正所谓兵马未行粮草先动。打造天堂硅谷也当以人才为先。杭州已连续7年入选“外籍人才眼中最具吸引力的十大城市”,2017年人才净流入率、海外人才净流入率均居全国城市第一。

2018年初,杭州市委、市政府出台《关于加快推进杭州人才国际化的实施意见》,这是继2015年出台杭州“人才新政27条”、2016年出台杭州人才“若干意见22条”后,又一重大人才政策。

杭州市人才政策中的“全球聚才十条”重点倾向对外国人才招引、创业创新支持等。外国人才携项目来杭创办企业,符合杭州产业发展导向的,经评审给予20万—500万元不等的创业资助,特别优秀的人才项目可“一事一议”,最高给予1亿元资助。

当然,在引进外国人才的同时,杭州也注重培养本土人才,推进本土人才国际化。未来十年,杭州还将引进建设一批国内外有重要影响力的高水平大学和科研院所。

重视人才,实行“人才强市”是杭州市各级政府的共识。为此,各个城区、高新区等争相出台更高规格的人才政策。比如,2018年初,杭州高新区制定了倾斜度比杭州更大的“人才新政30条”,将高端人才培养和引进力度放在了更加突出的位置。

一方面,是大力度的人才引进;一方面,是对本土创新人才的扶持,造就了创业创新的“千军万马”。而探究杭州之所以能成为人才净流入城市的一个原因,还因为以“才”引“财”、以“财”带“才”的良性循环。也就是说,资本跟着人才走,而人才因资本的加持而集聚。

浙大管理学院创新创业与战略系副教授、博士生导师郑刚介绍了浙江大学管理学院硅谷创业实验室的故事，从而揭示出杭州硅谷“从1到N”的独特路径。

在郑教授看来，硅谷创业是以科技创新为导向，实现的是“0到1”的创业，微软、苹果、谷歌等企业都是如此；国内创业并不局限于科技领域，更多的是实现“从1到N”的过程，也就是把一个已有的模式进行改良、放大，阿里巴巴、淘宝、腾讯等企业都是如此。

比如，在阿里模式放大的过程中，资本围绕着阿里系创新人才流动；而阿里系资本又吸附了更多的人才。其他如浙大系、海归系等创客群的崛起亦如此。

毫无疑问，杭州正日益成为中国的硅谷，成为全球创新人才的聚集地。

有报道说，来自硅谷的创业团队uSens凌感科技开发出了全球首款VR＋AR移动头显设备，在正式发布前进行的众筹过程中，仅用3天时间就完成超募300%。而这款代表着虚拟现实未来的产品，将打上“杭州创造”的印记。因为这是杭州在美国硅谷设立孵化器的筹建初期，就引进落户杭州的一个项目。

另有消息：作为杭州创客聚集地之一的杭州湾信息港，由萧山区人民政府全资投入，从2014年1月15日正式开园以来，已经吸引了包括中国最大的云计算家居平台数联中国、注册资本达1.5亿元的口袋购物、互联网医疗就诊平台挂号网等228家创业企业入驻。

正是创业创新的“万马奔腾”，几年间，杭州不动声色把“贸易之都”的帽子从广州头上摘了过来，以电商的形式不仅解构了广交会，而且改变了民众的商业生活形态。如今，杭州已悄然成为全球最大的移动支付之城；正向“数字经济第一城”全力挺进。

如此，市场主体的内生力量澎湃汹涌；政府营造赋能的创新生态；吸引全球创业创新人才的流入和集聚……天上有“云”连接世界，城市有激情鼓舞创业人才，中国硅谷还会遥远吗？

第二篇
杭商崛起:“新四军”修炼记

提起浙商,人们最先想到的是“白天当老板,晚上睡地板”的温州商人。相比之下,杭商是个“后起”的概念。

如果说温州商人是浙商创业的典范;杭商则算得上浙商转型升级的先行军,创新浙商的代表。

杭商有“学历担当”的浙大系、海归系;还有“青春担当”的阿里系;更有活力担当的浙商系……他们以“蜕变”的力量,崛起于颠覆的时代。近20年间,他们推动着杭州这座城市,从工业之城发展到科技之城、再到数字之城。

是的,创业“新四军”共同点燃了杭州这座城市创业创新的火把,将这座城市推向灯火璀璨处……

弄潮儿勇立潮头。

扑面而来的“大众创业、万众创新”浪潮，气势磅礴、蔚为壮观。

杭州，这艘“双创”方舟，乘载着浙大系、阿里系、浙商系和海归系四大创业群体。

他们或者毕业于浙江大学，或者曾经在阿里巴巴工作过，或者是浙商再创业，或者是海归精英，在创业的圈子里被戏称为“新四军”。

当“新四军”涌动，成为杭州一道独特的风景时，创新型经济便在杭城开出人才经济的“花千树”。

当然，“新四军”也非杭商的全部，如果用“系”来表达的话，或者还有“网易系”“浙工大系”等创业力量……

| 第一章 |

阿里系：狼性基因，激情创业

都说马云爱把自己比为《笑傲江湖》里的风轻扬，可我总觉得他有点像孙悟空。紧急关头拔下一把汗毛，再吹一口气，“变”出一群小悟空。

据统计，阿里系的创业公司已达七八百家，总估值已超万亿元，而阿里系出来的创业大佬中，第一名已超越京东、网易。阿里厉害，比阿里更厉害的也许就是阿里系。

创业圈中杀出阿里系

曾经有一篇文章被刷屏。文章的标题很唬人——阿里系创业人“团灭”，淘宝城2.5千米外是创业“坟场”。描述的是阿里系创业者像一群温室里的小花，龟缩在杭州淘宝城附近的杭州梦想小镇，寄希望最大程度利用阿里资源，而且缺乏包容、迷信KPI，以至于只能靠烧VC钱过活，最终大批溃败。

事实果真如此吗？

2017年初，初橙资本发布的2016阿里校友创业黄埔榜上，阿里校友创立公司680家，据称总估值高达1万亿元。相比之下，根据元璟资本的统计，腾讯校友和百度校友创立公司分别为429家和321家。到了这一年的7月，初橙资本这份阿里校友创业黄埔榜中，上榜公司数量已经增长到764家。其中，陈琪的美丽联合集团、张良伦的贝贝网等，都是估值10亿美元以上的“独角兽”，程维的滴滴出行估值更是高达数百亿美元。毫无疑问，阿里系创业者已成为一支极引人瞩目的力量。

暖男陈琪：蘑菇街的“美丽”传说

几年前，我曾以评选专家的身份走访当时的电商新贵“蘑菇街”。从推开“蘑菇街”办公大门的那一刻，就能感受到无处不在的青春气息。

“私密电话亭”、免费冷饮角、员工相片墙，办公楼的装修别具一格。会议室在这里被叫成了“塞浦路斯”“巴林”“梵蒂冈”……开放式的办公桌上，摆着年轻人钟爱的苹果笔记本电脑。“男女有别，男生用苹果Pro系列，女生则选用苹果Air系列。”蘑菇街品牌部资深经理徐达介绍说。走访中了解到，蘑菇街的创始人陈琪，在创业前曾担任淘宝产品经理；而蘑菇街的核心成员岳旭强、李研珠也都来自淘宝。“蘑菇街”的办公室文化，那种个性飞扬的青春气息也像是从阿里“克隆”而来。

2010年，在淘宝网工作了数年的陈琪，辞去了从浙大毕业后的第一份工作开始创业。那是2010年4月的一天（周三），陈琪打电话给自己的浙大校友魏一搏（美丽联合集团联合创始人，花名“大饼”），说：“我要创业了，你是我的好兄弟，这个重要的决定要跟你分享。”没想到魏一搏周五就从深圳飞到了杭州，跟陈琪聊了两天，决定一起干。陈琪卖了一套杭州的房子，100万元；魏一搏卖了一套深圳的房子，50万元；俩人凑了150万元作为启动资金。不到一年时间，2011年2月14日，“蘑菇街”正式上线。

当然了，草创阶段也是非常艰辛。简单地说，“蘑菇街”是从“7个同事＋2条狗”的组合开始的，一开始的工作场地也只能是毛坯房、地下室。短短两年，“蘑菇街”就发展到150人的庞大团队，用户发展到5000多万人。但帅气阳光的陈琪，脸上却没有留下任何艰辛的痕迹。当时将蘑菇街作为国内最大女性社会化电商平台的定位,是从他甘为妻子的“美丽顾问”而得到的启发。所以说,他不仅仅是技术男,更是热爱生活、情感细腻的“暖男”一枚。

走访中,给我印象最深的是他们公司的员工座椅。“好的椅子对腰部的保护更好,(我)特别看中椅子能对肘部有所支撑。”陈琪介绍说自己在采购员工桌椅的时候特别用心,因为程序员最怕“鼠标手”。也难怪,“技术男”出身的老板,当然懂得对程序员的体贴。所以,每张座椅的价格超过200美元。

又隔三年,从媒体报道上看到消息:2016年6月15日,蘑菇街与曾经的竞争对手——美丽说、淘世界正式宣布联合,新集团命名为美丽联合集团,陈琪担任集团CEO。美丽联合估值30亿美元。而美丽联合集团联合创始人、美丽说总经理岳旭强和陈琪一样,也是阿里的老兵。

大男孩岳旭强:“独孤”不败,因“联合”更美丽

花名“独孤”,自称“95后”的岳旭强,是前蘑菇街CTO。他在2004年加入淘宝,曾经是淘宝的首席架构师,也曾经历过2008年末淘宝和淘宝商城(天猫)的融合。2010年11月的一天,蘑菇街正式上线前,陈琪把岳旭强拉到他跟魏一搏草创的公司“观光”。让他看到了“自由的讨论空间、仓库风格的办公室、月末的自由集市、免费开放的茶水间、充满激情的年轻的脸”。

于是,岳旭强几乎没有任何犹豫,这位前淘宝首席架构师辞掉了淘宝的工作,放弃了千万期权,加入陈琪和魏一搏的创业团队。理由很简单:“这里像极了7年前的淘宝,活力、自由、激情,有想法就立刻去做。这是经历过淘宝草创阶段的人最怀念的。”岳旭强说。

对淘宝初创阶段的创业文化有一种天然的热爱,这也许是阿里系创业者的共性。相比于三四十年前,许多草根浙商因“穷则思变”而创业;今天的许多创业者是把创业当作一种热爱、一种事业、一种追求,甚至是一种激情。

那么,像陈琪、岳旭强一样师出阿里的创业者究竟有多少?阿里出去创业的最早一批创业者中,最知名的也许要数李治国。

李治国:二进二出,"口碑"却日盛

李治国拥有一长串的头衔:挖财CEO,口碑网创始人,阿米巴资本管理合伙人……1999年就加入阿里的他,曾是第46号员工,主要成就是开发了诚信通。2004年,李治国在阿里工作了5年,所负责的产品诚信通已经有2.3亿元的收入了。但"年轻人不买房"的他几乎每年都要搬一次家。因为搬家就得到处找房子,发现好房子很难找。于是,他就从这个"痛点"中找到了灵感。想着把阿里巴巴的成功经验,复制到生活服务的领域,让大家找房子更方便一点、找餐馆更方便一点。于是,他在这一年离开阿里,成立了口碑网,主打本地生活服务,这应该是阿里系创业者的第一个明星项目。

当然,他离开阿里之前也是很纠结的。一方面,觉得阿里巴巴真的不错,职业发展的上升空间也很大;另一方面,又觉得自己创业的点子不错,过两年恐怕被别人抢了市场先机。

李治国曾对媒体记者讲述了他的离职经过。2004年4月的一天,李治国很早就醒了,打开电脑上网,收到了马云通过"雅虎通"发来的消息,聊了几句后,如鲠在喉的李治国忽然脱口而出:"马总,我想离开阿里去创业。""你今年几岁?"马云并不正面回复,反而这样询问。2004年,李治国27岁。"你年龄还没到,在阿里再锻炼两年,再出去创业。"他给李治国建议。但李治国知道,再过两年,自己可能积累了更多的经验,但进军生活服务领域的机会就错过了。大众点评差不多是2003年成立的,58同城、赶集网是2005年成立的。

第二天一早,李治国就找到直属上司、马云的太太张瑛去提出辞职。后来的故事很多人都知道:怀揣8万元做口碑网的李治国,做了差不多一两年,又融不到钱,张瑛就以非阿里人的身份给他投了200万元,解了李治国的燃眉之急,对此李治国至今仍然充满感激。

2005年8月,阿里巴巴宣布全资收购雅虎中国。不久之后,马云找到李治国,问其对口碑网日后的打算:"是想让口碑独立上市呢,还是回到阿里一起干针对2C的事？"由于马云的盛情邀请，加上对马云的认可和感激之情，李治国并未多想便选择了后者。2006年10月26日，阿里巴巴以1500万美元的价格，正式战略投资口碑网。2015年，阿里、蚂蚁金服注资60亿元大力发展口碑，以对抗美团点评。2017胡润独角兽指数新鲜出炉，口碑网连同它的投资方蚂蚁金服，双双杀入榜单前十。

张良伦："爆款猎手"的"贝贝"奇遇

"资本寒冬和我们没什么关系，贝贝网从今年10月份开始就实现连续规模化盈利，预计未来也将长期保持盈利状态。"两年前，张良伦——这位业界口中的创业精英、贝贝网创始人及CEO，很自信地对媒体记者说。其时，贝贝网刚获得1亿美元的D轮投资。在创业路上走了两年多，即以最快速度走出烧钱困局，并搭建了相对健康的品类结构。张良伦怎能不意气风发？正像他自己所说："贝贝网一直在避免进入别人的节奏，而是让别人进入我们的节奏。"

1986年出生的张良伦，本科念的是吉林大学通信工程专业，硕士毕业于华中科技大学信息与通信工程专业。还在大学读书时，他就在校园内创业多次，是许多知名数码品牌在吉林大学的校园代理。2009年7月，研究生刚毕业的他进了阿里巴巴。刚开始的时候，名义上虽然是个产品规划师，但其实只是个"打酱油"的小角色，给其他产品经理当助理、打杂。但这样也有一个好处，做了一圈助理，阿里核心的业务线，除了搜索，他都接触了一遍。随着不断地积累，张良伦终于迎来了自己第一个独立负责的项目——"阿波罗"。

这之后，他很快从产品规划师上升为产品经理。在接连负责了几个项目之后，恰逢阿里组织结构调整，张良伦得到上级的赏识，从产品经理上升到了产品线的负责人，并且在取得不错的成绩之后开始带"旺铺"这支阿里巴巴核心业务之一的产品线。到2010年，他已经连升两级，如果没有离开，到2011年底，连升三级已成定局。但最终他放弃了这一切诱惑。

张良伦说，进入阿里之前，他给了自己两年时间进行沉淀，现在时间到了，到了该离开的时候了。因为创业是从大学，甚至更早之前就已经决定的事，容不得半点妥协和改变。职场生涯最得意的时候，却是他感到最害怕的时候，他感到自己的创业激情在消退，这让他无所适从。所以，他必须赶快从阿里的“得意场”中撤离出来。2011年底，张良伦离职阿里，创办了围绕淘宝生态的返利网站“米折网”——主要通过收取返利商家的销售佣金提成获利。彼时的电商导购网站正站在风口，蘑菇街、美丽说这些“前辈”已是资本的宠儿，米折也同样受到了投资机构的青睐。

值得一提的是，米折网有三个联合创始人，除张良伦之外，还有一位是米折网的CTO郁佳杰，他是原来阿里旺铺的技术经理。两个人合作过两年，彼此间非常熟悉。“他是一个非常懂产品的技术人员。”张良伦说，他磨破了嘴皮子才把这个人从阿里“忽悠”了出来。

2013年下半年起，阿里对外放出信号，将不再支持针对淘宝站内购物返现金给会员或卖家的模式。对许多电商返利网站来说，这是一记闷棍，但实际上，它也是新机遇的开始。现在反观当时的环境，移动互联网兴起了，资本开始涌向互联网母婴阵地。张良伦在米折后台发现母婴市场的增速数据趋势后，敏锐地嗅到了这块蛋糕的香味。

2014年4月，贝贝网正式上线。当年8月，贝贝网获得高榕资本、IDG等投机机构的亿元级注资。媒体报道称，上线4个月时间，它快速突破绝大多数电商难以逾越的月营业额6000万元大关，并每月以超100%的速度成长。至创立9个月之时，贝贝网已完成C轮融资。2016年6月，贝贝获得来自北极光、新天域领投，高榕资本、今日资本跟投的1亿美元D轮融资。2018年3月，在杭州市创业投资协会与微链共同发布的《杭州独角兽企业榜单》中，贝贝为杭州26只创业“独角兽”之一，估值10亿美元。

基于社群经济兴起的贝店是张良伦的全新尝试。在线上平台流量增长趋缓的态势下，裂变迅速的社群被张良伦认为是电商“新武器”。“贝店相当于是‘基础设施’，在这个‘基础设施’之上，产品的采购、供应链的管理等都由贝店承担,前来开店的店主只需专注于粉丝运营。"

张良伦在杭州创业生活已有10个年头。他说,对青年创业的支持和关注让他无比热爱这座城市。"要为生在这个时代,为生在这个城市,努力奋斗50年。"如今,距离东方电子商务园2000米外,一座全新的、贝贝自有的大楼已经落成,张良伦和贝贝的全新时代正策马而来。

当然,阿里系创业者可谓群星灿烂。耳熟能详的还有运满满创始人张晖、音悦台创始人张斗、淘实惠创始人陈伟、六艺星空创始人周楷程……尽管在资本寒冬大背景下,这两年初创公司获得融资的数量大幅降低。不过,仍然有相当多的阿里校友创业公司拿到天使种子轮融资。而且,多家阿里系创业公司2017年上半年在A轮、B轮及以上获得数以千万元计,数以亿元计,乃至更多金额的融资,如滴滴、挖财、袋鼠云、奇点云、淘实惠、海拍客、荷马金融、九曳供应链等。到了2018年上半年,有几十家阿里校友获得了巨额融资,几十家成长为B轮以上的成熟公司和"独角兽"……

阿里与阿里系的故事

阿里校友会的由来

2014年11月24日,感恩节。阿里巴巴集团在杭州召开了国内大型企业前所未有的会议——离职员工大会。马云和蚂蚁金融服务集团CEO彭蕾等高层出席,2000多名前阿里巴巴员工到场。据悉,阿里巴巴当时在职员工人数为3万人,而创业15年来有5万名员工离职创业。

在阿里的公司文化中,同事间互称"同学",员工离职称"毕业",所以这场大会又叫"阿里校友会"。这是一次场面震撼的校友会。体育场内的大屏幕滚动播放VCR:"1999—2014年阿里大事记"和"向15年来很傻很天真的阿里人致敬"。彭蕾在会上表示,办"校友会"是把5万名离职员工做一次连接,"今天没有主题，就是好久不见了，一起见见面说说话”。前一天还身在印度的马云匆匆赶回，在这个“校友会”上发表激情洋溢的演讲。

他说：“阿里的工号是保留的，每个工作过的员工都有自己的工号，哪怕只工作过一天。我一直相信，会有这么一天，外面的阿里人比公司里的多。”

马云表示，阿里和阿里人谁都不欠谁的，大家是有缘分，“在座肯定有一些人离开时是难过、郁闷的，因为阿里带给你理想、快乐，也会有沮丧”。马云把离职的阿里员工戏称为“敌后的外援”，“即使你加入腾讯、百度、京东——任何竞争对手，阿里不会有任何生气，只希望你把阿里‘让天下没有难做的生意’的使命感带过去”。不能不说，马云的演讲很煽情。很多前员工当场泪奔。

对于外界有阿里巴巴封杀前员工创业的说法，彭蕾也作了开诚公布的解释。她说：“很多阿里人出来创业做的事情和阿里密切相关，有些离开的同事创业，通过走捷径，拿到本来拿不到的资源。这让我很难过。平台上有很多界限好像要划清，但无法划清，所以我们干脆采取了相对保守的态度。前些年我们说过，在一段时间内对离开的同事不会投资。不过，未来可能会改变。”

后来，在2015年主题为“技术拓展商业边界”的第六届阿里巴巴技术论坛上，彭蕾在现场再度就阿里投资方向的话题发布讲话。她表示阿里也会建立基金，不分内外(即阿里员工和前员工)，都会投资。

应该说，阿里的这一改变是非常及时、非常睿智的。一次“阿里校友会”，永久保留工号，这样的感召，把许多可能的对手变成合作的伙伴，还为企业发展储备了未来的投资资源。

2016年11月24日，同样是感恩节，阿里集团第二届阿里校友大会同步在杭州、北京、香港举办。1000多名提前“毕业”的“同学”从世界各地赶来。

在此次校友会上，包括阿里集团CEO张勇在内的阿里高层悉数到场，与校友对话交流。因在国外出差未能赶到现场的马云则录制视频向离职校友表示感谢，在视频里马云表示，今天是阿里巴巴很重要的日子，选择在感恩节举办校友会，是希望感恩所有今天在公司和离开公司的人共同作出的巨大贡献,使得阿里巴巴有今天。

海纳百川才能成其大。阿里终于带着其远大的使命、雄伟的理想和服务社会的价值观开始了把阿里从一个公司转变为一所培养和孵化更多优秀公司的大学校。

艾媒咨询CEO张毅说过,阿里的企业文化造就了一大批有狼性、乐于创业的人。选择离职,或许是这群狼性的阿里人想接触到阿里之外更多新鲜的互联网模式。如果有一天,阿里的身边围绕着无数前阿里员工创业的新公司,这样的关系和结构或许才是真正的阿里系。

阿里系的狼性基因

"阿里基因"确实有很大好处,至少可以帮助阿里系创业者更容易拿到种子天使轮融资。但是,能否一路前行,就不能只靠阿里的光环。阿里系的创业一样是"步步惊心"。

2017年8月,《阿里系创业人团灭,淘宝城2.5千米外是创业"坟场"》的文章就给阿里系涂上一层悲凉的色彩。该文列举了2017年8月,唐永波创办的空格App宣布暂停,以及2017年5月前阿里校友李立恒创办车蚂蚁发布解散声明的例子。该文甚至指出,梦想小镇上当前阿里系创业项目平均生存时间仅3—6个月,在未获下一轮融资的局面下至多不超过1年。

阿里系创业者也有自己的硬伤。阿里巴巴B2B业务前CEO、嘉御基金创始人卫哲在"2016初橙·互联网创新创业大会"上提醒,阿里系创业者可能会有三大致命伤:找人不注重"杂交",不注重长线找钱,找方向的时候容易有大平台病。"阿里系创业者在换方向的时候,最容易导致犯错的却是因为原来的优点:我们执行力太强了。"卫哲说,"做方向切换的时候,方向盘和刹车同时踩,这样会翻车的。"

根据IT桔子数据,2016年上半年,包括红杉资本、IDG资本、经纬中国、真格基金、险峰华兴等在内,许多机构的投资次数与2015年同期相比出现腰斩式甚至断崖式下跌。而截至2016年底，今日资本甚至将近一年没有投资新的项目。资本寒冬中，会有更多的创业者日子不好过。阿里校友的创业表现在寒冬中其实算不错了，但也会有人倒下。

例如，2017年3月，做分时租赁的友友用车宣布停止运营。但创始人李宇坦然面对媒体，反思失败经历。谈到创业失败时，李宇感叹：虽然从用户的角度看，分时租赁的需求是存在的；但从商业角度而言，分时租赁是一个不成立的商业模式。为了让用户方便，友友用车付出了极大的车辆和运营成本，而用户付出的费用并不能覆盖这些成本，所以在没有投资款项继续进入的背景下，友友用车只能无奈宣布停业。

阿里系是一个光环与硬伤同在的创业群体。虽然也有自己的硬伤，但阿里人的“狼性”文化与精神支撑着他们在创业中愈挫弥坚，百折不挠地追寻自己的梦想。

阿里人创业最显著的特征是，他们有别人听起来有些“天真”的使命和愿景，“如果没有这些，那就是做生意，而不是创业了。也正因为此，创业过程中的收获，会比结果更为重要”。正如业内人士所评说，阿里系创业者其实都是在不确定中前行，但不少人意志坚定，愿景清晰，这才是决定创业成败最重要的特质之一。许多投资人正是看到了这种特质而决定参投，而非仅仅是因为一个“阿里巴巴”的光环。

正是阿里系创业者身上的“狼性”基因，使得他们披荆斩棘，创下赫赫战功。而阿里系更是为人们展现了一拨70后、80后，甚至90后创业者的生机与活力。

九曳供应链创始人张冰。这位原阿里巴巴天猫物流部宅配经理，他在阿里的花名就是“九曳”。他深知生鲜电商对冷链物流的需求，但很多中小商家却很难被传统冷链物流企业提供的服务满足。其公司2014年11月创立，2017年1月宣布完成B轮2亿元融资。

天猫国际创始人赵晨。他曾在阿里待了9年，做过运营和产品，带过业务线,管过物流。2013年负责创立天猫国际,2年内将业务带到20亿/年,招募了数千海外品牌。

2014年,政策红利使海外产品能以更低的门槛进入中国。也正是这一年,大批新老玩家相继涌入,通过烧钱迅速攻城略地。瞬间被点燃的海淘市场,让赵晨看到了国内对海外产品的巨大需求。为此,2015年4月,他从阿里离职,创立海拍客,对接海外品牌商和国内线下母婴店的消费者。一年时间即已覆盖9个省近2万家母婴店。2016年底,他宣布完成2500万美元B轮融资。

值得一提的是,海拍客创始团队称得上"豪华",大多是阿里高管出身。COO吴涛在阿里待了10年,是阿里中国供应商最早一批铁军的管理层;CTO肖建涛曾任聚划算早期团队技术负责人,经历了聚划算从无到有;运营合伙人徐虹是淘金币业务创始人,从0开始将淘金币打造成一个DAU1000万的平台;采购负责人倪欢则是赵晨20多年的老同学,之前是贝塔斯曼上海采购负责人。

依图科技林晨曦。2016年9月,一则16年前的杀人犯被逮的消息,令一套叫作"蜻蜓眼"的人像识别比对系统被大众所知。研发这套人工智能系统的企业名叫依图科技,林晨曦是创始人之一,曾为阿里云第一任技术总监。依图科技2017年5月宣布完成3.8亿元C轮融资。据报道,依图的"蜻蜓眼"人像大平台服务上百个地市公安系统;招商银行1500多个网点接入依图系统,"刷脸取款"在国内银行领域创下先河。

还有越来越多的阿里校友投身于人工智能领域创业,如前阿里M实验室负责人祝铭明的智能音箱品牌Rokid已经面市,在阿里从事数据研究的韦啸和伙伴们创立了艾耕科技。

阿里系的杭州情结

既然从阿里离职创业,选择在杭州创立公司,可能是最自然不过的想法。元璟资本和初橙资本的数据均显示,四成以上阿里系创业者选择在杭州创业。

为什么选择杭州?选择杭州,首先是选择文化与生态。这里不得不说杭州阿里总部的办公环境,阿里人在这里上班,感受到的是一种文化、一种生态。

比如杭州支付宝总部大楼,位于西溪湿地南侧西溪谷,项目占地49亩,建筑面积8万平方米,可容8000人左右办公。整个项目由美国第二大、世界第三大建筑设计公司——美国NBBJ建筑设计公司设计。

阿里巴巴园区总共有6栋建物,每栋建筑物的高度都低于30米,这6栋建物由名为“Link”、全长超过1000米的长方形空间串联在一起。在这个空间里,设置了图书馆、会议室、运动中心、银行、邮局、餐厅等,不仅能够满足员工一天之中的所有需求,将园区摇身一变为自给自足的小聚落。平时工作烦闷时,也能换个环境、转换心情。就算是工作场所,也要让员工可以选择自己所处的空间。浸泡在这样诗意般的环境里,无论是程序员还是设计师,都会觉得精神焕发、神情自然。所以,离职之后,自然会寻找相似的环境和生态。

于是,距离阿里总部仅两三千米的梦想小镇就成了阿里系的热爱。据不完全统计,2014年底至2017年中旬,梦想小镇4个园区累计创业项目超过1000个,其中直接由阿里创业人组建的项目约占40%以上。仅良仓孵化器提供的资料显示,旗下100多个项目中有50%团队直接来自前阿里人。而小镇其他项目乃至整个杭州创业圈中有前阿里员工直接或间接参与的团队几乎占据90%以上。

当然,杭州的创业者不止聚集在未来科技城。文三路一带,距离蚂蚁金服不远,曾经是淘宝、天猫总部,如今聚集着美丽联合集团(原蘑菇街、美丽说)、挖财、有赞、树熊网络、51信用卡等公司。在九堡,服装制造厂家扎堆,催生了网红等产业,代表公司包括贝贝网,网红孵化器缇苏、如涵,以及一大拨女装网店。在网易和阿里巴巴滨江园区附近,则形成健康娱乐创业群,有丁香园、微医(原挂号网)等公司。此外,还有汇集大数据、云计算相关企业的人工智能小镇。事实上,阿里校友已经带热了杭州的创业土壤。

此外,2017年上半年,杭州集中在初创期的融资事件占比40%,同期北京和上海分别为33%和24%,说明杭州初创市场热度高于这两座超级城市。

当然,阿里系创业者喜欢杭州,还有一个非常重要的因素——阿里系资本。

看到过一篇题为"瞄准8万+阿里校友,淘宝8号员工寿远再创业"的文章,讲的是淘宝早期8号员工寿远创办初橙资本的故事。初橙资本成立于2015年,是一家提供早期天使投资、创业服务的机构,尤其关注阿里巴巴系创业团队。公司创始人兼CEO寿远,是淘宝早期8号员工,2002年5月加入阿里巴巴,2003年5月加入淘宝创始团队,2015年成立了初橙资本。寿远说他见证了一家世界级伟大公司在创始初期的成长,也见证了阿里校友创造万亿元估值的企业成长。

根据初橙的数据,2016年元璟资本做了一个详尽的数据分析,阿里系已经成为中国的"创业第一帮派"。而同样的数据是:随着阿里的不断发展壮大,阿里校友也在2017年突破了8万,并分布在海内外30多个地区。

又比如,元璟资本就是由阿里巴巴联合创始人吴泳铭和资深投资人王琦于2015年创立。阿里巴巴集团资深副总裁吴泳铭在阿里的花名是"东邪",人称"吴妈",杭州人。1996年毕业于浙江工业大学计算机系,后加入了中国黄页。1997年,吴泳铭随马云进京做当时外经贸部的网站,一人负责网站技术开发。1999年,吴泳铭又跟随马云回杭州创办阿里巴巴,曾任一淘网总裁。阿里巴巴十八罗汉,其占一席。

2018年5月11日消息,在"2018元璟资本CEO峰会"上,元璟资本宣布已完成超5亿美元新基金的募资,元璟资本管理的资金规模已超7.5亿美元。元璟资本新募集的资金得到众多出资人支持,LP包括科技产业集团、国际主权基金、国际养老金、境内外母基金、国家和地方产业集团、知名上市公司、知名产业高管个人等。截至2018年5月,元璟资本已完成对超过50个项目的投资,投资项目中不乏每日优鲜、探探、思必驰、ofo、新潮传媒、二更等明星公司和准独角兽企业。

正如初橙资本寿远在介绍“阿里校友创业黄埔榜”时所说，这个榜单有三大作用：扩大阿里校友的集体品牌影响力，促进阿里校友获得下一轮融资，帮助阿里校友甄别具有阿里way的公司。

事实上，岂止是阿里系资本钟情阿里系创业者？在杭州，还有许多非阿里系资本，诸如华睿投资的宗佩民，这位曾连续5年入选福布斯最佳50投资人的浙江创投界的元老，他所创办的华睿投资旗下拥有基金60余支，管理资本规模超过百亿元，仍然对阿里系、浙大系的“小鲜肉”们给予极大的关注。

“投资机构对整个行业的发展起到助推作用，我们有上百家合作机构，通过“阿里校友创业黄埔榜”，来寻找想要扶持的未来明星，他们已经看到了这么多的阿里系的成功案例，也看到了阿里系骨子里自我超越、永不放弃的精神。

投资和创业的生态关系是密切的，我们也看到有众多的阿里校友在各个投资机构担任着很重要的职位，这是一个非常繁荣的生态圈，它是一个互相促进的正循环：阿里校友获得越来越多的成就和成长，我们就越来越有影响力，这份影响力帮助更多的阿里校友越来越成功，所以这是一件非常开心的事儿。”这样的表述，让人恍然明白：为什么资本会不约而同都关注着阿里系创业者的动态，随时准备着成为优秀创业公司的孵化者。

无论是阿里系资本还是阿里资本，无疑都对杭州情有独钟。

“老母鸡”阿里：构建生机勃勃的创新生态链

马云曾说，2017年开始，阿里巴巴将不再提电子商务这个说法，因为这只是一个“摆渡的船”，然后抛出来五个词——“新零售、新制造、新金融、新技术、新能源”。

2016年第二季度财报发布时，阿里首次分列四大板块：核心电商、云计算、数字媒体及娱乐、创新项目及其他。虽然到2016年底,电商占比仍高达86%,但其他业务开始发飙。比如阿里云,连续第8个季度营收保持三位数增幅。到2016年四季度,阿里云已完成对世界主要市场的基础设施覆盖。德意志银行预计:到2020年,云计算收入将超千亿元,占据阿里总体收入的27%。有数据显示:整个2018财年,阿里巴巴集团收入2502.66亿元,同比增长58%,创下IPO以来最高增速。2018年8月23日,阿里巴巴公布了2019财年截至6月30日的第一季度财报。该季度内,阿里巴巴共营收809.2亿元,同比增长61%。其中,云计算业务收入46.98亿元,同比增长93%,是阿里增长最快的业务。

菜鸟网络到2016年底日均投递包裹5700万个,并开始布局海外。这不是纯物流设施布局,而是与计算能力结合、提前匹配需求的投送能力。eWTP战略在2016年提出之后,接连进入G20公报和联合国议题。2018年5月,由阿里巴巴集团和蚂蚁金服集团投资的eWTP生态基金在中国香港正式发布,阿里巴巴集团合伙人俞永福出任基金创始合伙人及董事长。“国际版淘宝”速卖通,2017年4月全球买家破1亿户。

阿里2019财年一季度(2018年4月到6月)财报还显示:以进口业务、盒马鲜生和银泰百货为核心的新零售业务(中国零售业务—其他)收入增长超过340%,显示新零售所促进的线上线下融合的全新业态以及新零售业务快速扩展的规模化效应,为阿里在业绩表现和业务增长的高速发展提供了爆发式的动能。

大文娱方面,根据阿里巴巴集团公布2019财年第一季度(2018年4月到6月)业绩显示,阿里大文娱归属的数字媒体与娱乐板块,在报告期内实现收入59.75亿元,较2017年同期的40.81亿元上升46%。数字媒体和娱乐业务的收入增长,主要是由于来自优酷的订阅收入增加,以及由UCWeb提供的移动增值服务的收入增加。

对于聚焦商业的阿里,这部分可以说是打通了C端用户的另一片天地。与阿里无缝对接的蚂蚁金服,于2018年6月完成总额达140亿美元的融资,估值

1500亿美元。而且阿里开始延伸到上游实体:2015年开始,阿里和富士康联合发起“淘富成真”,开放富士康世界级的设计、研发、专利、供应链、智造等能力。

阿里云的云计算平台和大数据处理能力,阿里电商天猫、淘宝的平台能力,同时引入银杏谷资本、云锋基金、猪八戒网、洛可可等企业为创业者提供全链路创新创业服务。林林总总,不离其宗。在全球传统贸易低迷无解的环境下,阿里在构建一个创新经济体,并凭借逾3万亿元的交易额成为全球第一大零售体,即将成为全球第20大经济体。

现在的阿里巴巴已经不只是一家电商公司了,甚至可以说已经不只是一家互联网公司了。新浪微博、来往、虾米赋予了它社交基因;高德、美团、快的、丁丁、墨迹、淘淘等加强了它本地生活服务的基因;天弘、众安帮它进军互联网金融,还有菜鸟、日日顺为阿里疏通物流网络;它甚至涉足足球领域,投资了恒大足球俱乐部。至此,阿里真正构建起自己的生态。就是上连云端,下接物流,中间完成所有商业的信息流、物流、资金流的智能匹配。

阿里巴巴集团CEO张勇在2018杭州·云栖大会的主论坛致辞中表示:“阿里巴巴永远是一家技术驱动,使商业有所不同,创造商业新赛道的数字经济体。”

张勇还表示,阿里巴巴在两年内就会达到三年前提出的1万亿美元的近期目标,如今在全球超过10个国家开始发展本地钱包,拥有8.7亿用户;物流基础设施每天服务上亿个包裹;阿里云平台每天支撑着数以百万计的企业。“阿里已经形成了一个横跨商业、金融、物流、云计算各个领域的独特的数字经济体。阿里数字经济体正是数字技术在中国过去十年巨大发展的缩影。”

面向未来,这样一个庞大的经济体依然有无尽的想象力。“如今大家想得更多是互联网对经济和消费的影响,面向未来的10年、20年,数字技术和它所承载的新一代互联网,一定会对政治、经济、商业、人文、民生等产生全方位的影响。”张勇认为,阿里巴巴也正在创造一种多元化的生态,并和合作伙伴一起,以此推动数字中国的未来发展。

事实上,阿里+阿里系,才是真正的大阿里系。一个核心在杭州、连通世界的大阿里系,正在向第五大世界经济体发起冲击。

| 第二章 |

浙大系：求是创新，实业报国

2018年7月26日，拼多多敲钟上市了，市值达到240亿美元。从此，拼多多创始人80后的黄峥身价超百亿美元。拼多多上市的消息很火爆。复盘拼多多发展历程，其成长速度之快令人惊讶：同样是突破1000亿元GMV，阿里用了10年，京东用了6年，拼多多只用了不到3年。

提到拼多多，很多朋友的第一反应是消费降级。但黄峥说：你可以说我低级，但你无法忽视我。

更为人津津乐道的是拼多多创始人黄峥背后的男人们的故事。

话说，2001年，网易丁磊为了请教一个技术问题，辗转多方联系上还在浙大读大三的黄峥。黄峥才不相信上市公司的老总会找自己，以为是骗子。一番曲折，两个人才坐下来交了朋友。那一刻就决定了10多年后，即使网易严选（投资对象）已成业内一股清流，丁磊还是毫不犹豫地投资了黄峥创业的项目——拼好货，也就是后来的拼多多。

而丁磊的创业中有一个“雪中送炭”的贵人，就是先后创立小霸王和步步高、“江湖上谁人不识”的段永平。后来，丁磊觉得必须引荐自己的小兄弟给段永平，就说：“来，黄峥，见见你段师兄。”黄峥于是对段永平说：“师兄好，正好有个问题要请教。手里的两个offer，我该去微软，还是去谷歌？”眼光独到的段永平给黄峥说了一番理由,让他选谷歌。黄峥听完,欣然而往。段永平顺便问他,要不要跟他一起去吃个饭。黄峥答应了。这顿饭是和一位老人一起吃的,段永平花了62.01万美元。老人名叫沃伦·巴菲特!

这是“江湖”上流传的一个“老浙大人”扶持他的小师弟创业的故事。于是联想起创业圈中,还有一支赫赫有名的“部队”——浙大系。

看校史:在浙之滨,英俊多方

2017年5月20日,浙大校庆120周年前一天,巨人集团董事长史玉柱出现在浙江大学紫金港校区。当天,这位浙大数学系毕业生宣布向母校捐赠5000万元。

从1897年5月21日求是书院(浙江大学前身)开办以来整整120年,浙大秉承“求是创新”的校训,在培养了大批名师大家的同时,还涌现出大量商界名人。在2016年胡润百富校友榜中,浙大以38人排名第一,比清华多出16人。从浙大毕业的首富正是史玉柱,身家为540亿元。在史玉柱捐赠的同一天,浙大2003届毕业生吴艳和王麒诚夫妇宣布向母校捐赠1亿元。在胡润研究院发布的《2016胡润80后富豪榜》中,创立汉鼎宇佑的这对夫妇,以245亿元的财富登顶。

“国有成均,在浙之滨;启真笃学,求是育英。”

浙大从创建之初就“秉日新又新之义,树本固道固之才”,培育了一批批国之栋梁。有着“东方剑桥”之誉的浙江大学可谓名人荟萃、群星璀璨。浙江大学的名人榜上,既有竺可桢、苏步青、谈家桢等大师级的校长、教授;有李政道、路甬祥、沈昌祥、徐扬生、杨焕明、陈吉余、沈允钢、潘云鹤等科学院士;有马一浮、钱基博等国学大师,丰子恺、沙孟海等艺术大家;有陈独秀、邵飘萍、陈布雷等志士仁人;还有查济民、史玉柱等商界大佬……

浙江大学在120周年校庆期间,发布了一份《浙江大学创新创业生态蓝皮书》，揭示了这所创业率全国第一高校的创业版图。这是一份沉甸甸的浙大系成绩单：上市公司（包括A股、新三板上市公司、海外上市公司）达393家，浙大毕业生现任上市公司创始人、董事长、CEO、总经理级别的有402人，手握总市值超6.5万亿元！除史玉柱、段永平、宋卫平等影响力人物之外，田宁、王麒诚、吴艳、刘若鹏等一批80后CEO也争相崭露头角……在他们的背后，还有一群从浙大校园走出来的投资人，行事低调却在中国创投圈占据着重要的地位。

当然，群星灿烂的浙大英才，在创造了精神财富的同时也为浙大带来了令人垂羡的捐赠：浙大120周年前夕，上海遂真投资管理有限公司就与浙大签约，正式宣布设立"浙江大学教育基金会遂真教育发展基金"，将持续10年共计捐赠11亿元；2017年5月9日，总规模为120亿元的浙大校友母基金正式成立，作为管理公司，浙大未来创新投资管理公司也决定将管理公司所得部分收益捐赠给浙大；2017年5月12日，"浙江大学校友会Z20基金"正式成立，首期规模10亿元。该基金是由赛伯乐投资集团董事长朱敏等20名曾经就读于浙大的知名企业家发起并推动成立的公益项目，用于大学生创业、奖助学金、学生活动等项目。

秉校训：经世致用，创业创新

"求是创新，实业救国"是20世纪初浙大人的理想。而今，浙大人仍坚持"求是创新"的精神，秉持"实业兴国"的理念，鼓励学生创业创新。

改革开放伊始，浙大系的"天之骄子"中就有一拨人"奋不顾身"地跳下海去。巨人集团史玉柱、"步步高"段永平、绿城集团宋卫平、通策医疗吕建明、海康威视陈宗年、科发资本陈晓锋等50后、60后创业者乘势而起，与鲁冠球、宗庆后、南存辉等草根浙商一起，"起了个大早"，成为中国市场经济的弄潮儿。

宋卫平的进与退

宋卫平

浙大系的宋卫平,是杭州城市发展中不能不提的一个人物。即便是绿城已经成为央企,不再是宋卫平的绿城,但宋卫平作为绿城的创始人、中国房地产界的一位“教父”,仍和绿城的品牌紧紧连在了一起。

如果拿宋卫平做案例分析,我觉得至少可以做成三个课件。一是作为杭州房地产曾经的“一哥”,绿城曾经的狂飙猛进和英雄落寞。二是被央企收购后,作为混合所有制企业的绿城之道。三是出售绿城之后,宋卫平又搞出一个“蓝城”及其特色小镇的经营之道。

宋卫平的故事大概人们都已耳熟能详。1982年,从杭州大学历史系毕业后,宋卫平被分配到舟山地委党校任教。1987年,他从舟山辞职去了珠海。然后于1994年回到杭州,跟妻子夏一波、校友寿柏年一同创办了绿城。据说是借了15万元,开始投资房地产,后来又向朋友借了300万元来投标项目和买地。

一年之后,他就在杭州开发了丹桂花园、金桂花园、银桂花园、月桂花园等楼盘,赚了个盆满钵满。此后一路狂飙猛进,成为浙江省最大的房地产开发商。而他本人则当选为2003中国房地产十大风云人物。2006年7月公司在香港交易所主板挂牌上市,成为中国大陆房地产界排名前10位的上市公司……到2009年底,绿城达到了巅峰:全年销售额达到510亿元,跃居全国第二,仅比万科的销售额少120亿元,而且绿城的平均售价达到14530元/平方米,比万科高了5000多元。于是宋卫平放言未来将是绿城的天下,3—5年内销售额要突破千亿元,并超越万科成为行业霸主。

然而,就在2009年之后,绿城陷入了快速扩张带来的资金链危机,不得已在2014年底，在结束与融创的纷争之后，将绿城卖给了央企中交集团。那么，中交集团为什么在收购之后仍然要宋卫平继续担任联席董事局主席？人们最直接的反应是：宋卫平对产品品质的追求，使得他本人成为绿城产品的活广告。

坊间有一些广为流传的段子：因为立面颜色不好看，敲掉重做；因为一个窗户弧度不够好，敲掉重做。据说宋卫平能用肉眼看出极小的工程误差，发现了就要重做。还有人说，绿城做桃花源项目时，一块景观石都要从福建采购，再运到几千千米外的广东打造，光运费就超过石材本身。桃花源项目完工后，宋卫平亲自带队前往视察，他说自己挑不出毛病。

应该说，宋卫平在最浮华的地产行业用产品阐释了一种罕见的价值观。即事物自有其理想状态，要按它最理想的状态去努力，如此世界才能变得更好。也许正因为宋卫平对品质和质量的追求，奠定了他的"教父"权威。也正因此，央企在收购绿城之后，仍要他作为绿城的核心继续发挥作用。

而学历史出身的宋卫平，也终于懂得了"拿起"与"放下"。他"放下"了绿城，但没有舍弃对绿城品质的影响；他在"放下"绿城之后，更是"拿起"了蓝城。所以，2015年开始，他转而成立了蓝城生活服务集团，布局新的事业版图。

2016年12月3日，"小镇在中国"发布会在杭州云栖小镇举行，鲜少露面的宋卫平一改原来坐讲台发言的方式，而是全程站着，洋洋洒洒阐述了自己的小镇梦想。

此时，蓝城正在开发的小镇已经有10个，包括乌镇雅园、杭州桃李春风、莫干山观云小镇、杭州春风长乐、上海崇明岛小镇、春风江南、嵊州越剧小镇、成都多利桃花源、厦门桃李春风、北京桃李春风。其中，杭州春风长乐就是浙江物产集团多年前屯着的一块风水宝地，曾经开发过农业项目，后期中断，如今终于在和蓝城的合作中体现价值。

宋卫平宣布在未来的5—10年做出5—10个小镇样板，主要位于上海、杭州和北京周边，这样的小镇并不只是地产开发，而是把支撑小镇的基础农业包含在内。

与此同时,绿城中国成为典型的混合所有制企业,目前的股权结构,中交约占股28%,九龙仓约占25%,宋卫平为主的创始团队占18.5%。混合所有制之后,绿城中国也获得了快速的发展。在2015年、2016年、2017年和2018年上半年分别实现了719亿元、1139亿元、1463亿元和754亿元的销售额,成功突破千亿元销售额,稳居房企第一梯队。这样的成效,让宋卫平发自内心地感慨道:“出售绿城,是我一生中最正确的一个决定。”“退步原来是向前。”“放下”绿城之后,宋卫平不仅成为特色小镇的经营大师,还转而做“资产赋能者和行业标准建立者”。

经过20年的物业管理,绿城旗下的物业管理公司走过了从1.0时代到4.0时代的跨越。从最早的房屋维修、园区管理和设备维护的1.0时代,到2007年,在全国范围内推广园区生活服务体系,着重将物业服务的重心从“物的管理”转移到“物的管理和人的服务并重”上来,绿城服务进入2.0时代;2014年,绿城又推出了智慧园区,服务体系进入3.0时代,并在2016年将绿城服务在香港上市;最近两年,绿城又提出从“物的管理”到“幸福生活服务商”,绿城服务开始解锁4.0时代。

而绿城,也从纯粹的房地产开发企业,成为房地产开发、小镇运营和现代服务业并举的行业引领者。绿城有一套完善的园区服务体系,在很多业界人士的评价中,绿城物业服务甚至超过万科。除了对居民日常生活的服务之外,还有像“海豚计划”这样打着宋氏烙印的服务项目。他希望绿城小区中所有的孩子都学会游泳,从蛙泳开始学,这样可以保持优美的泳姿,而且一定要请专业教练来教游泳,所有的费用由绿城负担。正因为良好的社区服务,使得早前绿城服务就已经布局了杭州云栖小镇、梦想小镇、海创园等多个产业园和小镇。2017年,绿城服务成立了绿城产业科技服务有限公司,全面开启产业服务领域的布局。

如今,绿城与我们这个时代、与我们的城市贴得更紧密,服务得更周到。

而宋卫平，也在运筹帷幄之外，在杭州的山水间，在某个棋院的一角，在悠闲落子的时候露出灿烂的微笑。

21世纪初，浙大系创业高潮渐起，70后、80后创业者如陈伟星、陈琪、王铁磊、王麒诚、吴艳、刘若鹏争相崭露头角……

70后田宁的"向死而生"

这位2000年浙大毕业，75后的盘石网盟创始人，如今担任了中国电子商务协会副理事长。1999年，田宁还是浙江大学大三学生，与两名同学一起，凭着一腔热情和对IT行业的热爱，凑了10万元的启动资金，开始了草根创业之路。共同创建了浙江大学首家在校大学生创办企业——浙江大学盘石计算机网络技术有限公司，从事计算机销售和贸易，即大家熟知的浙大盘石电脑。

田宁

创业之初，不仅难以得到社会融资，甚至连大学生担任法人代表的大门都还没有开放。但田宁是一个幸运儿，他的创业想法在当时得到了杭州市灵隐街道科协的支持，公司法人代表的问题解决了。田宁和另外两个创业伙伴一道，以西湖区灵隐街道科协老年人活动中心为办公地点，开始了创业征程。

缺乏经验、资金不足，初创的公司经历着"生意惨淡"的艰辛。田宁还把学生干部的优势带到了创业过程中，经常到其他高校去搞活动，慢慢为公司积攒人气。他们公司还曾组织浙江省计算机DIY大赛，每场都能吸引成千上万的参赛者。2000年毕业之前，田宁的公司已经发展到几十名员工、3个店铺的规模了。当年他们在服务上的许多创新，现在已经成了行业内的规则；利用大卖场卖电脑的形式，也是现在最流行的电脑销售方式。

2004年,田宁的计算机硬件销售公司已是如日中天,但田宁没有忘记当初促使自己创业的最初动力。"这个世界每天都在变化,唯一不变的就是变化。"因为激情和坚持,田宁从头开始,创立了盘石信息技术有限公司。从2004年开始,他不断摸索,他终于找到了方向:互联网广告。"小微企业比较多,对于他们来说,互联网广告更实惠,投放也更精准。我们就为这些企业服务,让他们做得起广告。"

经过10年发展,盘石已成为全球最大的中文网站联盟,覆盖超过95%的中国网民,拥有1000多名全球顶尖的网站联盟技术研发工程师和客户服务顾问,是全球提供中文网盟广告服务最专注、最专业的行业领袖公司。田宁也因此成为备受尊崇的中国青年商界领袖,收获了一大串耀眼的头衔:2008年成为世界经济论坛达沃斯全球成长型企业领军代表;2011年成为G20杭州峰会区域企业领袖代表;2012年初接棒马云成为中国电子商务之都杭州新一届电子商务协会掌门人,还被世界经济论坛(WEF)授予"全球青年领袖";2017年还当选浙江省工商联副会长……

作为一名篮球的超级爱好者,田宁深深懂得:球场上只有跑得更快、跳得更高、投得更准才能取胜。因而,他说:"在全球移动互联网浪潮推动下,我们迎来了全世界的新经济浪潮。当我们看到互联网改变行业、改变世界、改变我们的时候,我们要意识到很多时候改变是有牺牲的,改变是有付出的,改变是痛苦的,我们的改变很多时候会让我们自己死亡。在中国每年有100万的年轻人投入创业,但是你记住,在未来三年97%的中小企业都会死掉,所以每个创业者一定要以归零心态,做好准备随时向死而生。我说的向死而生不是躲避,是责任,是勇气,是担当。"是深受"实业兴国"校训影响的浙大系创客的一种情怀。

80后陈伟星的"游戏人生"

无独有偶的是,跟田宁一样,陈伟星也是浙大在读的大三时期正式开始创业。2003年才进浙大的他，在2004年10月，就担任了浙江大学学生科学技术协会主席，并负责组织两届挑战杯创业计划竞赛；并于这一年的12月，创办浙大《科创》杂志，担任编委会主任。

这里穿插一下陈伟星的小故事。据说，他出生于个体经济活跃的绍兴，从小就爱“折腾”。他的第一次创业是卖河沙。高三毕业那年，陈伟星又为当地的服装加工厂写了一份营销方案。他想成立一个虚拟的营销公司，把家庭作坊都合在一起，为他们做设计、做品牌。他带着方案去见工厂老板，结果签了21份合同。

如果说高中时的创业还只停留于模糊的想法以及不成熟的商业理念，那么大学时的陈伟星有了更大的野心。2006年8月，正读大三的陈伟星开始创业，与7个同学，东拼西凑了17万元，成立了杭州泛城科技有限公司（FUNCITY INC.），专注于网页游戏和移动互联网应用的开发和运营。

当然，几乎所有的创业都不是一帆风顺的。陈伟星在互联网行业的第一个孵化项目是商务寻呼平台，在杭州试水酒店、参观预订服务。当时还没有移动互联网或O2O，电话仍然是通信的主流模式。但项目最终没有存活下来。不过这次折戟仅仅是陈伟星不断试错的开始。2010年，陈伟星因为魔力学堂的成功而顺利融到了4000万元的投资；而“快的”则是陈伟星在各种质疑声中坚持推出来的一个App，2013年4月，“快的”拿到了来自阿里的投资……

折腾无止境的陈伟星，10年间已从一介书生到创业达人，从白手起家到位列杭州游戏公司三甲……陈伟星的“游戏人生”创造了一个又一个传奇。他的公司在无端网游和网络动漫领域，处于国内乃至国际领先的地位。而他本人也获得了2015年第19届“中国青年五四奖章”的至高荣誉。

创新永远需要年轻人的深度参与。90后是互联网的原住民，他们对创新有着天然的基因。有报道说，在浙大党委学工部直属学生组织“浙江大学微创业联盟”中，就有150多支创业团队，在浙大的通识课中，有15%都是和创新创业相关的课程。新时代，90后浙大系创客像强劲的风扑面而来。

邱懿武的"智行车"

2015年5月6日,全球首款智能电动折叠车正式投产。邱懿武,这个刚从浙大工业设计系研究生毕业的"学生娃",正是这种"智行车"的缔造者。

学设计的邱懿武,大学期间拿过12个红点设计大奖,这在设计界可谓"神话"。他成立的云造科技公司,是雷军投资的第一个90后创办的公司。

"电子代步是时尚潮流,未来的世界是云的世界,是互联网的世界。"对于未来,邱懿武充满了信心,"今后我们的衣食住行都会在云上链接在一起,我们现在做的产品,将来都会成为物联网中的一环"。"云造科技"的墙上写着"这是一个属于我们的时代,在这里,我们选择改变与创造。"这,也正是这一代人的信条。

在两轮共计千万元级的天使融资以及6个月的艰辛打磨后,邱懿武团队的"云马X1"智行车已开始投入量产。有意思的是,为这些90后年轻人做产品代工的却是大名鼎鼎的富士康。"创客也许很小众,但汇集的创意是无限的。"邱懿武这样坚信,未来一定会是创意领航的世界。

易昊翔的可穿戴设备

就在邱懿武的"智行车"投入量产的同时,2015年中国国际动漫节上演了一场意念控制秀——用脑电波控制赛车速度,浙大生物医学工程专业2014届毕业生易昊翔和他的团队"回车电子"做到了。"我大三的时候在脑电波实验室帮忙干了半年活,那里的技术是国际最前沿的。"

易昊翔当时就想为什么这样的技术不能在商业上做一些设想?大四那年,易昊翔放弃了美国约翰·霍普金斯大学生物医学专业的博士生资格,选择做创客。2016年4月,他和3个同学一起成立了回车电子公司,开始做起可穿戴设备的研发。

作为国内脑电领域的新秀,易昊翔说,他的企业旨在让"智能温暖你的生活，健康和快乐带给每一个人”。他介绍公司之所以取名“回车科技”，是有其深义的。第一，键盘上的回车键，键盘会让人联想到电脑，从而联想到技术革命；而技术革命给大家的生活带来了天翻地覆的变化。希望我们的技术产品也能给大家的生活带来变化。第二，Enter键是确认、进入的意思，希望把消费者带到一个未来的科技世界。取名“回车”，是想通过这个名字构建黑科技和便捷生活的桥梁。

易昊翔还介绍说，2014年大学毕业时，刚好赶上国内创业的热潮，而同校已创业成功的学姐（花姐）则表示愿意进行投资，这让他感觉到国内，特别是杭州的创业环境很好。在谈到创业动机时，还特别分享了他合伙人母亲的一席话：“国家培养大学生不是为了让你找到工作，而是希望你做更有意义和价值的事。”

“做有意义和价值的事”，“想到就去做了，就是这么简单”。在采访90后创客的过程中，你会从这样的回答里看到“速度与激情”。

郭洋的“云格子铺”

2016年，郭洋还是一个大三在读学生，就已成功拿到两轮600万元融资，成为浙江大学最年轻的创客之一。

曾经独闯支付宝大楼，只为见马云一面，完成一时所愿；他白天上课、晚上编程，曾将办公室搬进宿舍，学习创业两不误；他说自己是造梦的蝴蝶，正挥动梦想的翅膀，翱翔于创业创新的蓝天下。

他所创办的“云格子铺”是一款针对高校学生的二手品交易App，也就是闲置品电商平台。只要是注册过的大学生，都可以分享各自的闲置品信息，从而获得收益。之所以做闲置品电商平台，大概跟他自己的经历有关。郭洋曾对媒体介绍，他自己是一个狂热的电子产品发烧友，大一一年换过二十几台电脑、三十几部手机，都是卖掉一台买一台，许多都是二手产品。因为交易的需求，他体验过国内有的各类闲置物品交易平台类似于58同城、赶集网之类，也试过各种数码论坛。但是他发现因为市场太过宽泛,用户门槛比较低,导致用户质量不高,于是产生了自己要做一个平台来弥补这些不足的想法。这就是“云格子铺”最初创意的灵感来源。

为了兼顾学业,郭洋每天的作息是早上8点去上课,晚上常熬夜工作到两三点,“趁着年轻,做自己想做的事,这个过程虽然辛苦,但你不会觉得累”。郭洋给公司起名为造风电子商务,他对此的解说是:“我们不是风口的猪,而是造风的蝴蝶,会一直迎风奔跑下去。”

在青年创客圈里,“996”是一句行话。意思是“早上9点上班,晚上9点下班,每周工作6天”。实际上,创客的工作时间远远超过“996”,工作到深夜十一二点是常态,“没有人要求我们这样,但大家都很投入,不知不觉就会工作很久”。这是采访中听到的最多的回答。“觉得我们很拼是吗?创客都是这样,每天有新鲜的创意和念头,每天都在追逐理想,没有人叫苦。”

沈爱翔的“订单来了”

2017年7月20日下午,福布斯中国在深圳举行新闻发布会,并公布2017年度中国30位30岁以下精英(Forbes 30 Under 30 Asia,简称30U30)榜单。杭州旅居星球网络科技有限公司CEO、“订单来了”和“易露营”创始人沈爱翔入选该榜单。“他们可能是下一位扎克伯格或马云,未来不可限量。”该项目负责人Bridge、Kang的一句话让中国有为青年看到无限可能。

作为“零售与电商”行业榜上最年轻的男性CEO,沈爱翔生于1993年,毕业于浙江大学竺可桢学院化学专业,曾就职于宝洁中国市场部,2015年胡润财富新势力50强,2017年福布斯中国30位30岁以下精英。

与不少创客一样,沈爱翔一开始做创客是因为“好玩”,购置了一批帐篷、睡袋等专业露营设备,开始为向往大自然、渴望尝试露营的人提供设备租赁。

后来,在浙大大学生创业发展中心成立仪式上,新东方创始人俞敏洪、天使投资人徐小平、优米网创始人王利芬观看本科生创业团队展示,沈爱翔的这个“易露营”就在其中，3位导师给了沈爱翔团队很多建议。在后来的交往中，徐小平还拿出10万元，不求任何回报，只希望能够帮助这个项目成长。2015年9月，易露营获得初心资本Pre-A轮融资。

“感谢一路走来那些帮助我们的人，我们也希望自己能帮助别人。”沈爱翔的“易露营”，在四川雅安地震时，毅然为灾区捐赠睡袋、防潮垫、帐篷灯等设备。“这是一个好时代，我们在感恩中拼搏。”

除了“易露营”之外，他的“订单来了”第三代移动互联云PMS已服务超过16个省1000多家度假酒店、度假景区、房车营地及高端民宿，是巅峰集团、Discovery极限探索基地、港中旅、逸景营地等国内顶尖度假品牌的战略合作伙伴。目前已累计完成3轮数千万元融资，致力于为整个旅游行业的信息化提质增效。

学霸陈文慧的“极爱”

大眼睛女孩陈文慧1993年出生于温州苍南，6岁时举家搬迁至杭州，初中、高中在杭州著名的陈经纶体校度过，2011年以体育特招的方式考进浙江大学。“谁说运动员不会读书？”作为曾经的职业标枪运动员，陈文慧立志当个学霸，然后就有了这样的成绩：3年专业成绩第一，一等奖学金每年不落，此外还获得2次国家奖学金，1次竺可桢奖学金。曾任教育学院学生会副主席、浙大微创业联盟副主席、浙大社团精英班班长。

2013年，陈文慧带领的团队做的第一个创业项目“聚好玩”就拿下全国挑战杯移动互联网专项赛国家金奖，填补了浙大6年来的空缺，该项目更是被一家企业一眼相中，以150万元成功收购。2015年9月，陈文慧成立杭州舒跑网络技术有限公司并担任CEO，运营“跃动客”青少年体育品牌。一年半之后，2017年初，陈文慧又拉起了一个团队，创办了杭州极爱网络公司。

说起极爱网的创办，还有一个非常有趣的故事——

因为实在太忙，陈文慧和男朋友的关系有段时间降至“冰点”。面对爱玩

LOL(英雄联盟)的男友,与其他束手无策的姑娘不一样,陈文慧选择的是努力练习一个暑假,在赢过男朋友之后,让他几乎不再对游戏感兴趣。而为了增进跟男朋友的互动和沟通,陈文慧萌生了做一款情侣应用的想法,“加上当时的天使投资人,也希望我们能够做一个更有新意的项目”。于是陈文慧带着10多人的团队,成立了新的杭州极爱网络公司。极爱网络公司成立仅仅3个月,陈文慧的团队就完成了一个社交App的研发,成功在安卓上线,首期吸引风投150万元,接下去融资将近千万元。

“这个时代,越来越多的创意集中于高新技术产业,没有一定的知识结构是无法实现的。”陈文慧骄傲地说,自己的合伙人都是学霸级人物,团队的草创资金就是靠大家的奖学金打底的。

像陈文慧这样的学霸创客,在浙江的高校里如雨后春笋般涌现,“学而优则创”已成一股潮流。他们在续演着田宁、陈伟星们的创业传奇。

位于杭州西溪路525号的浙江大学国家大学科技园,便是浙大系创业者的摇篮。这个地处西溪僻静之处的创业孵化基地,占地52亩,有6.8万平方米的孵化楼。成立以来,累计入园企业总数为1200多家,培育高新技术企业70多家,有3家公司上市,科技孵化企业达1000余家,孵化毕业企业300多家,大学生创业企业400多家。其中,园区内70%的初创企业的核心团队都是浙大人。如今,这支年轻版的浙大系创业大军已涌现出了个推、瑞杰珑、泛城科技、乐港科技、哲信信息、利珀科技、爱听科技、赤霄科技等一大批优秀学生创业团队和创业企业。

走进浙大学子的科技文化展,你会发现:空气洗手装置、意念赛车、智能LED手术无影灯等新鲜的创意和独特的技术吸引着来者,一张张青春飞扬的面庞声情并茂地描绘着似乎就要触到的梦想。你或许不知道,这些令人惊叹的产品早已是各路投资人争相追逐的对象,而追溯这些项目的源头,尽是90后甚至95后的年轻学子……

这些青年创客虽然一开始“四无”——无经验、无资金、无人脉、无场地,但是，他们有梦想、有知识、有技术、有激情。这“四有”就可以“无”中生“有”，让梦想成真。

扬校风：原创为本，求是为魂，制造为基

浙大系企业家讲究踏实，要服务口碑，这是浙大精神深入骨髓的求是魂。跟阿里系创业大多在互联网领域所不同的是，在众多浙大系创业企业中，制造业占比最高，并且涌现出了一批跑在前头的中小型企业。

的确，从浙大系上市公司的领域分布上看，排列前三的分别为制造业、企业服务与环保新能源。其中，仅制造业单领域在所有上市公司中占比就高达33.25%，这与浙大理工科的强势实力不无关系。比如，浙大的机械工程、控制科学与工程、光学工程等皆为一级学科国家重点学科。

与此同时，浙大系上市公司管理层中，校友人数较多的专业是机械工程学系、理学院、管理学院、化学工程与生物工程学系及电气学院。比如，来自机械工程学系的上市公司掌门人共12人，行业多集中在装备制造和电子信息领域，如杭锅股份董事长吴南平、苏试试验董事长钟琼华、晶盛机电董事长邱敏秀等。

从行业版图来看，机械设备、计算机、电子、医药生物、房地产等各大行业中，浙大系各领风骚；从商业链条来看，从制造企业，到创投公司，到第三方服务，用资本为产业输血，用创新为资本加码，浙大系企业环环相继；从产品线来看，“高精尖新”层出不穷，衣食住行各有其位……

总体来说，浙大系的创业相对集中在产业上游，而具备原创技术、利用技术创新则是浙大系的创业基础。在浙大管理学院科技创业中心主任郑刚看来，“基于创新的创业”是浙大系创业的一大特点——不像其他群体创业有过多的路径依赖，且基于浙大的理工科优势，技术含量都很高，其中有很大一部分是从实验室走向商业化，创业的成功率比快速模仿要高。

“在创新创业教育上,浙大很早就投入开展并施行一系列积极举措,虽然不一定广为人知,但时间会证明我们的价值。真正能够创造价值的事物,才是有生命力的。”浙江大学管理学院院长吴晓波认为,正是在“求是创新”精神的引导下,浙大才能成为创业大潮中的引领者。

“这一轮创新创业的浪潮将会带来更多的发展机会。以原创性的技术进行创业,将对智慧制造起到非常关键的作用。而浙大系的创业者将在下一轮制造业升级中发挥更大的作用。”吴晓波院长如此说。

现如今,西溪科创园、海创基地、福地创业园、青山湖高新技术产业园、杭州湾信息港、浙大科技园……寻访青年创客的轨迹,能让人感受到创新正在改变的风向——这些“高校系”青年创客在智能制造、可穿戴、物联网、互联网金融、软件、媒体、设计、养老服务等领域叱咤风云,他们与高新技术共舞,灵感涌动,产品迭出,想象无极限。

此外,浙大系上市公司管理层中,来自管理学院的毕业生拥有数量上的绝对优势,其次为电气工程学院、机械学院。而四百来家浙大系上市公司构成了浙大毕业生在创新创业的强大产业背景下,也为浙大人的创业环境提供如资金、人才等强有力的资源支持,夯实了创业基础。

特别值得一说的,是浙大系创业企业的“催生婆”——浙大系资本。

教父段永平

段永平

创立了“小霸王”“步步高”的浙大校友段永平被认为是包括黄峥在内的许多浙大系创业者的导师,堪称“教父级”人物。甚至浙大系中,都能再分出个“段永平系”来。

16岁考入浙大的学霸、花62万美元拍下巴菲特午餐的明星企业家、40岁就提前“退休”的甩手掌柜……段永平身上总是贴着一些标签。

20世纪90年代创立了“小霸王”和“步步高”，并屡屡成为央视广告标王的故事大概成了EMBA的经典案例了。新世纪以来，段永平就渐渐隐至幕后，到2006年与巴菲特共进午餐之后，他就把精力放在了投资上。

而在投资逻辑上，段永平的确深受巴菲特的影响。巴菲特告诉他：不要做不懂的东西、不要做空、不要借钱，这让他受益终生。他曾表示，“我投资上赚的钱比我做实业10年赚的还要多”。最经典的案例就是2002年，段永平花费200万美元投资网易，不到两年的时间就收获了近100倍的回报。

2000年6月29日，网易成功登陆纳斯达克。网易刚一上市就遭遇互联网泡沫破灭，纳斯达克指数从最高点5048点一路下跌至最低的1114点，跌幅达到78%，网易也难以幸免。同时，当年第二季度网易被查出涉嫌会计造假，过半收入不翼而飞。雪上加霜，网易股价下跌至0.64美元，市值不足200万美元，9月4日纳斯达克宣布暂停网易股票交易。

2002年初，网易正准备推出网络游戏《大话西游2》，营销是其短板，丁磊只好去请教他的师兄、已经成功打造“小霸王”和“步步高”品牌的段永平。

段永平发现网易估值十分划算：拥有6000万美元现金、负债仅1400万美元，但市值只有200万美元，而且当时网易为中国移动与中国联通提供的短信以及其他增值服务业务正在迅猛发展。

于是，段永平决定大笔投资网易。2002年4月，段永平夫妇在公开市场花200万美元买入了152万股网易股票，占网易总股本的5.05%。果然，网易依靠网游起死回生，股价涨到了70美元。两年时间，段永平实现了近100倍的回报，书写了“段菲特”神话。

而段永平回馈给浙大的不仅仅是捐款，也不仅仅是对学弟学妹们的创业投资，更重要的还是一种精神的传递。黄峥曾说：“老段对我的影响非常大，我是他下一代的徒弟。”段永平带出来的另外三个徒弟，分别是OPPO创始人陈明永、vivo创始人沈炜、步步高的CEO金志江。

说到段永平，不能不提网易的丁磊，这位跟马云同时代的互联网巨子。

网易丁磊的浙大情

丁磊

丁磊对段永平的“救市”善举总是心怀感激,甚至爱屋及乌,因此爱上了浙大、爱上了杭州。2016年国庆前夕,与段永平携手为浙大捐款。于是,新闻报道说:“步步高董事长段永平3000万美元,网易首席执行官丁磊1000万美元,合计3.2亿元人民币的巨额捐赠,这是迄今为止国内高校接收到的最大一笔个人捐款。”

捐款给浙大,这里有对段永平的投桃报李之心;而且还有一个重要的原因,是因为杭州,也是网易公司的研发重镇,而要扎根杭州,浙大将是网易的人才储备库。

2006年3月,网易宣布投资近3800万美元建立杭州新研发基地,也正是网易杭州研究院的前身。随后在2008年,网易杭州研发中心破土动工,3年半之后,网易的互联网产品及部分游戏产品正式扎根杭州。

和其他互联网公司的研究院不同,网易杭州研究院主要承担了创新业务孵化、互联网公共技术平台和技术体系,以及为互联网应用提供运维保障的职能。或许正是因为这样的定位,杭州成了网易系互联网产品新的大本营。

网易杭州孵化出的产品越来越多,最早的网易博客、网易相册,曾经的LOFTER、网易云阅读、网易云课堂,再到盛极一时的网易云音乐、网易考拉海购、网易严选,以及后续的网易云、网易美学、网易味央等,不一而足。

杭州是电商的天堂,置身其中的网易也不例外。2015年初才公测的网易考拉海购,凭借自营为主的创新模式,仅一年时间便跻身跨境电商第一梯队,并成为增长速度最快的电商企业之一。同样的神话还发生在网易严选身上,正式上线一年多的网易严选，已经成为ODM模式电商的代名词。

在网易发布的2017年Q2财报中，邮箱及电商业务营收33.5亿元，同比增长68.9%，营收占比首次超过25%。要知道，网易考拉海购正式上线仅两年有余，网易严选则刚刚满周岁，以至于丁磊喊出了在电商领域再造一个网易的新目标。

此外，因为市场上缺少优秀的音乐App，作为音乐爱好者的丁磊主导了网易云音乐项目。2017年4月，网易云音乐完成了7.5亿元的A轮融资，估值80亿元。成立4年时间，3亿用户积累，网易云音乐很好地诠释了"网易出品，必属精品"的坊间论调。

而随着网易在杭州的项目越来越多，从全球各地赶来网易大楼里上班的技术团队、高层管理人才也越来越多……应该感谢段永平，间接帮助杭州引进了网易。而杭州，则因为两家互联网巨头的入驻，才有了"中国互联网之都"的称号。

华旦天使投资张洁与她的"个推"先生

江湖人称"花姐"，原名张洁，华旦投资CEO，涌泉基金发起人，2013年度浙江省优秀天使投资人。这一连串光环的背后，她也是一个6岁女孩的母亲，乐于帮助创业团队孵化早期项目走上正轨。当然，她还有一个身份——个推"老板娘"。也就是说，她的先生就是大名鼎鼎的方毅，个推创始人兼CEO，浙江每日互动网络科技股份有限公司董事长。

方毅是浙江大学竺可桢学院混合班特优毕业生、计算机学院研究生，曾获由中宣部、教育部和团中央评选的"全国大学生建功立业重大典型"，在由科技部联合多个部委举办的中国创新创业大赛中荣获互联网和移动互联网行业总决赛第一名，并获得由浙江省科技厅评选的"最美科技人"荣誉，现任浙江省青年企业家协会副会长、浙江省青联科技组组长、杭州市大创联盟主席等。

方毅作为连续创业者,先后创立了备备、个信、个推等著名产品。创业10多年,公司市值年均增长3倍,2015年下半年完成C轮融资和VIE架构拆除回归总额超7亿元募资,并于2016年完成D轮数亿元融资。

方毅无愧于浙江大学竺可桢学院混合班特优毕业生,连续创业10多年,不断刷新技术新成就:2005年,方毅开始创业的首个产品——"备备"手机通讯录备份充电器;2010年,方毅团队推出了当时国内首个基于通讯录的IP短信即时聊天软件——"个信";2012年10月,又全面开放其核心竞争力——推送技术,为应用提供专业的消息推送技术解决方案——"个推";2015年下半年,基于大数据的场景化移动营销平台——"个灯"正式上线,这是国内首家将地理围栏技术用于程序化交易的广告平台……

"花姐"则是浙大2002级竺可桢学院文科班毕业生,2005年起连续创业,2011年起创立华旦天使投资。2014年开始大范围投项目,包括做智能硬件的"回车科技"、做在线教育的"老师来了"和"答疑君",以及精准定位客户人群的B2C项目"易露营"等,都获得了"花姐"的青睐。

2014年美国《纽约时报》在报道时,用"母鸡妈妈"和"严厉教官"形容她的工作。在"花姐"看来,这个评价十分的妥当,她说浙大学生、海归团队、在杭州创业、移动互联网项目是她的偏爱,每天她都呵护着自己的90后"小鲜肉"们。"初创的企业就跟初生的婴儿一样,需要很多的关注,你给他及时的引导,就能够帮助他完成快速的、几何倍数的增长,所以确实是有'母鸡妈妈'的成分在里面。"她爽快地说。

在"花姐"的朋友圈内,每天都轮流播放着这些年轻项目的动态,好比是一个个小广告,潜移默化地植入到了媒体人士、朋友、创业人士的脑海。而今,她投资的20多个项目,已有数个拿到了A轮融资。

私募黑马陈晓锋

科发资本董事长陈晓锋20世纪80年代毕业于浙江大学机械系,毕业后留校成了浙大的团委副书记，浙大老师的这一段经历给他后来的投资带来了弥足珍贵的重要意义，私募“校友圈”的种子在那时就悄悄埋下了。

陈晓锋在杭州的私募圈里算是后来者，但却是一匹后来居上的“黑马”，这很大程度上得益于他的“浙大校友圈”。这样的浙大情结，肯定是对投资浙大系创业者情有独钟。

据介绍，科发当初决定投资万鹏的时候只花了半天时间，而促使科发如此快速抉择的原因之一便是万鹏创始人也是浙大人。“他是浙大机械系毕业的，我在周遭好好打听了一番以后，发现他人很靠谱，他做的教育行业前景很好，他们的财务也很规范，我们半天就签约了。”

浙大系出身，又有庞大的浙大系资源，使得科发资本很快成为行业翘楚。另据介绍：科发所投的企业当中，2018年已经在排队的就有4家，IPO拟报项目近10家，其中包括了大维高新、臻善科技、永发智能等高端制造、互联网科技类优秀企业。除此之外，2018年还将成立2个基金支持“凤凰行动”，截至2017年底，根据中国基金业协会统计数据：科发资本创业投资规模进入中国30强，名列浙江省前列。

钟情于投资浙大系的资本还有很多，比如银杏谷资本陈向明、天使湾创投、紫金港资本、藕舫天使基金等，浙大人帮浙大人已形成一个有趣的现象。

当然，圈内所熟知的还有赛伯乐投资集团董事长朱敏，IDG资本合伙人俞信华，IDG资本合伙人朱建寰，鼎晖创投管理合伙人黄炎，东方富海总裁、创始合伙人程厚博，浙商创投创始合伙人、董事长陈越孟，紫金港资本的陈军，经纬中国的黄云刚，均德同资本投资合伙人耿健，金沙江创投董事总经理潘晓锋……此外，还有一批80后浙大系投资人活跃在国内创投圈，比如线性资本创始人王淮、汉鼎宇佑资本创始人王麒诚等。这些手握重金的学长学姐们，为后来走上创业路的浙大校友提供了天然的资本优势。

2016年12月18日，由浙商创投、紫金港资本等校友企业发起的“浙大紫金港未来创新母基金”启动，拟在未来5年内达到120亿元的规模，以支持校友创业、创投和母校的教育、科研建设。

事实上,浙大系是比阿里系更低调的一支学院派商业力量,浙大系背景的商圈涵盖了投资人、创业者和行业大佬等多个层级。据说,涉及浙大的项目大约由三个部分构成,第一个是浙大的创业者,第二个是投资机构,很多都是直系学长办的投资机构,第三个是由做到上市公司的资深校友所创办。

杭州石头教育公司的陶仁毕业于浙大国际文化系,这位80后创业者告诉媒体记者说:在创业圈里,但凡提到自己是浙大毕业,总是会格外受到投资人特别是浙大系投资人的青睐。他甚至带点玩笑的口吻说,在北京高校校友的饭桌上,很多人谈的都是时政和娱乐,而在浙大校友的饭桌上,很多人谈的都是商业模式。

“公司的每一次变革,都离不开藏在骨子里的那种求是创新的精神。”田宁告诉媒体记者说,与老一辈的浙大系实业家相比,年轻的浙大创业者可能更加互联网化,但不管是实业还是互联网经济,浙大系企业家讲究踏实,要服务口碑,这是浙大精神深入骨髓的求是魂。

“对于浙大人来说,浙大精神所呈现出来的适变与创新,已经深入浙大人的血液,提醒着我们在遇到困难时能积极进取。”田宁如是说。

| 第三章 |

海归系：归去来兮，圆梦杭城

改革开放，在打开市场经济之门的同时，也掀起了中国学生的出国留学潮。教育部官网显示：2017年，我国出国留学人数首次突破60万人大关，持续保持世界最大留学生生源国地位。与此同时，中国正形成新中国成立以来最大规模的留学人才归国潮：出国与回国人数比例已从2006年的3.15:1下降到2015年的1.28:1。

而在国家大力支持创新创业的背景下，"海归"正成为创业大军中一支非常抢眼的生力军。都说北京、上海是"海归"的大本营，殊不知近年来杭州对海外人才的引进也是不遗余力。有数据显示：上海市引进海外人才2015年的数字是20159人，而杭州市也已累计引进海外留学人才2.5万人（截至2016年底），外籍人才1.5万名、国家"千人计划"专家341名、浙江省"千人计划"专家506名。其中，外国人注册（担任法人）的企业4980余家，仅"千人计划"专家创办企业就达171家。并已连续7年入选"外籍人才眼中最具吸引力的十大城市"。

另据全球最大职场社交平台LinkedIn（领英）、猎聘网等第三方机构数据显示，2016年和2017年上半年，杭州海外人才净流入率居全国第一位。当然，也有一种说法是：留学生回国，找工作当去上海（上海的外企多）；创业则应该到杭州。

杭州有"海创基地"(高新区国家海外高层次人才创新创业基地)、"海创园"(杭州未来科技城浙江海外高层次人才创新园),还有"东部软件园""梦想小镇"等海归创业者的"根据地"。

杭州已拥有11个留学人员创业园。各个创业园都呈现欣欣向荣的景象。比如未来科技城,在2579名海归中,诞生了3200家科技企业,税收年均增幅达到了66.2%。而比未来科技城起步更早的是高新区(滨江),早在1998年,就开始了海外引才;而2010年开始的面向海外高层次人才的"5050计划",让滨江全球揽才数量位居全省之首。

早在"海创园"创立之前的10年,杭州市就提出了打造"天堂硅谷"的口号,杭州高新区(滨江)、"东部软件园"等创业园区就开始积极招揽海外人才。所以,在21世纪初,阿里巴巴、神州数码、中兴通讯、华为杭研所、联想科技、Amdocs、CSK、Webex等国内外著名的高科技企业就云集于东部软件园,天夏科技、中正生物、家和智能、星软科技、国芯科技等一大批中小型科技企业在东软得到快速的成长。

早期跟海归浙商的接触,就源于东部软件园。在那里,认识了从美国归来的夏建统博士与郑秋枫、李慧博士……

踏着世纪初的脚步,他们追梦而来

郑秋枫,政府和企业的"诸葛亮"

2004年,我还在《浙商》杂志的时候,采访了郑秋枫以及他的合伙创始人李慧,以及他们的海归专业团队。

高博技术与战略研究所(杭州)有限公司的董事长李慧看上去颇为干练与外向。早期在杭州的一家金融公司工作,1992年被派往香港富春公司工作,

1997年，自费到美国攻读MBA，之后还在波士顿创立了自己的咨询公司。

郑秋枫，曾经的杭州后备干部——四季乡挂职副乡长，则在1989年就出国留学，先后在杜邦、NEC、朗讯等公司任高级电脑工程师及ORECLE DBA认证导师，美国一所大学里的研究生院CS特聘教授，于1998年在美国创建了行业互联网平台公司。海外创业的图景十分令人羡慕，但是他还是在2002年底选择了回国，在杭州东部软件园注册了高博咨询公司。他坦承，之所以选择杭州创业，与深藏于他内心的杭州情结是分不开的。

作为恢复高考后的首批大学生，郑秋枫20世纪80年代初毕业于浙江大学，在美国波士顿大学管理信息系统读完硕士之后，郑秋枫成了"系统护理师"。先后在多家全球大型企业从事IT管理和项目开发工作，任公司数据部负责人等职务，具有丰富的中间件及后台数据库系统整合经验和项目管理经验。为此，他的回国创业选择——从接手信息化"烂尾楼"开始。

"三个礼拜跑下来，发现浙江企业已经懂得说信息化的大有人在。各种各样的软件不断地被推到老板面前。但很多企业只知道要上信息化，却不知道要什么。'许多企业上信息化工程，会请大学老师或者其他人开发一个软件，做完之后却往往没有人去管它了，更没有人去给软件做升级。结果呢?企业花一大堆钱造起来的信息化工程成了烂尾楼工程……"

我在2005年采写的这一段文字，也从另一个侧面体现了10多年前杭州的信息化程度。"既然有那么多的'烂尾楼'，就得有人去整治，那不正好是我们创业很好的切入点吗?"郑秋枫正是从中找到了创业的切入点，也从而成为众多企业，甚至这个城市信息化进程的推动者。

在10多年前的杭州，一个"理工男"自信满满地说要给企业做咨询服务，多少有些让人捏把汗。但郑秋枫认为他们的优势是既懂中国的管理体系又拥有当时最先进的IT管理技术，能把管理与技术结合起来。这样，在给企业做信息化规划的时候，先结合企业发展战略规划、根据企业组织结构、流程优化方案、人力资源与绩效考核、市场分析与营销策略等规划来做。

事实证明,郑秋枫的判断具有前瞻性。乐于接受新鲜事物的浙商率先成为企业信息化的试水者。传化集团、新安化工、西子奥的斯、卧龙控股、盾安精工、精工钢构、光宇集团、亚厦集团等一大批民企都成为其客户。随着企业管理咨询和信息化咨询的成功经验,逐渐地引起了政府部门的注意力,并且力邀参与浙江省的电子政务建设和项目管理(监理)。高博进入电子商务的第一个项目就是交通厅的门户网站设计。这个设计让交通门户网站连续10年获得了交通部和浙江省评选的第一名。

高博咨询还为国内多个城市的政府部门、科技园区和国有企业提供咨询和项目实施服务,以提供战略规划、组织人力、流程改造、信息化规划、需求分析、信息化监理全方位的服务,特别是为杭州的跨境贸易、城市公交以及政府信息化提供了信息技术的支撑服务,成为这个城市信息化的有力推动者。与此同时,高博咨询成为国家信息技术服务标准工作组成员和首批“两化融合”管理体系贯标咨询服务机构。

高博咨询最炫目的也许还是它的海外人才团队。这里有包括来自麦肯锡、罗兰贝格、普华永道等世界著名咨询公司的专家,在朗讯、阿尔卡特、NEC、通用电器等跨国企业IT、网络部门工作多年的工程技术专家,以及创业多年具有丰富管理经验的企业家……

身为全国青联海外学人联谊会成员、浙江省海创会执行会长、杭州海创会轮值会长的李慧,可谓是郑秋枫的黄金搭档。他俩一个主战略规划与技术支撑,一个主市场营销与开拓,使得高博咨询不仅仅成为一家具有市场竞争力的咨询公司,更是成为助推杭州智慧经济发展的政府智库。

成为政府智库的同时,还担纲浙大导师。2017年4月30日,作为三届浙大求是强鹰导师的李慧,参加了浙大求是强鹰十周年庆典活动,并被授予“金鹰导师”,并且为北美强鹰分部授旗。

丁列明，就想做总部在中国的跨国药企

丁列明

了解丁列明博士的创业故事，是因为2017年，第五届品质杭商的评选活动。在此之前的2017年6月3日，在2017杭州生活品质总点评交流发布会上，见到了丁博士的风采。

那个发布会上，Eric（范大勇）和贝达药业董事长丁列明同为“双创”之都吸引人才流入现象的年度人物。他们一个是洋人学中医，一个是华商研制西药。发布会现场，Eric和丁列明上演了一场“中西医对决”。丁列明笑着说：“我会找我的西医同学。”Eric自信地回答：“我会找我的中医老师。”

同样是60后的丁列明，1984年毕业于浙江医科大学（又是一个浙大系），1991年获得浙江医科大学传染病学硕士。1992年6月，丁列明公派去美国弗吉尼亚大学医学院做访问学者。4年之后，他通过美国医学博士考试，并于2000年成为一名病理科执业医师，定居在阿肯色州首府小石城。

2002年夏，由张晓东和王印祥等设计及筛选的一靶向药物获得出色的实验室数据，大家就下一步如何开发展开了讨论：新药开发周期长、投入大、风险高，常说10年时间、10亿美元。靠自己的力量，很难在美国完成其开发的全过程，充其量，在取得某个阶段性成果时，找个大药厂，卖个好价钱。而中国有巨大的市场需求，国家的人才和产业政策又鼓励这样的创新项目。于是大家很快达成了共识：“回祖国创业去！”

2002年8月13日，美国阿肯色州小石城机场。丁列明告别拼搏奋斗了10年的美国，登上泛美航空公司的班机回国。因为他要把伙伴们的科研成果带回国实施产业化。2002年下半年，丁列明和创业伙伴在杭州注册成立了浙江贝达药业有限公司。“取名‘贝达’，主要来自我们的口号‘Better Medicine，BetterLife',也就是做好药,让老百姓生活得更好。"丁列明这样对媒体介绍。

贝达药业从创立之初,就确立了"以自主知识产权创新药物研究和开发为核心"的企业发展理念,通过近10年的艰苦攻关,自主研发了我国首个小分子靶向抗癌药、国家1.1类新药——盐酸埃克替尼(商品名称:凯美纳),先后斩获国家科技进步一等奖和中国工业大奖等诸多荣誉,打破了该领域外资药一统天下的局面,被时任卫生部部长陈竺誉为民生领域的"两弹一星"。如今,这家当初从20多万元启动资金起步的公司已在2016年成功登陆主板市场。

尽管身披"海归创业""千人计划"专家等多个光环,但创业过程仍然艰辛曲折。研发过程中,面临过各种困难,资金、技术、设备、工艺、人才,等等,任何一种困难都会使项目夭折。2008年,受金融危机的影响,贝达的资金链断裂,无力启动耗资4800万元的Ⅲ期临床试验,好在公司所在地余杭区政府雪中送炭,出资1500万元帮贝达购买了进口阳性对照药,让试验得以顺利进行。

现在回想起来,丁列明仍觉得后怕,"很难想象,如果我们没有选择回国,在美国继续该项研究,我们是否还能取得现在的成绩。充其量,我们能完成阶段性的研究,把项目转给某个大公司"。

如今,他的团队也越来越壮大了,贝达药业现有100多名新药研发人员,其中4位博士入选了国家"千人计划"。除已成功研发的国家1类新药埃克替尼外,还拥有在研的新药项目包括6个国家一类及二类新药,14个国家三类及四类仿制药,主要涉及抗肿瘤、糖尿病、心血管等重大疾病领域。

必须强调的是,在杭州这个"双创之城"创业,一定是科技与市场双向并进的。为此,丁列明博士面对媒体记者侃侃而谈:从公司发展的层面来说,我们确立了"自主研发、战略合作、市场销售"的三驾马车,不断加强自主创新,打造完整的医药创新产业链,重点针对恶性肿瘤、心脑血管疾病、糖尿病等严重威胁人类健康的重大疾病,强化源头创新和转化研究,努力为中国百姓创制更多普惠良药……

与此同时,贝达药业与美国安进、XCOVERY公司等进行了国际战略合作。因为贝达的目标是做“总部在中国的跨国制药公司”，国际化与全球化是其必需的路径。

感应着天堂硅谷的呼唤，他们踏浪而来

范渊，一个“安防英雄”的中国心

2014年10月，在做客杭州电视台《我们圆桌会》的谈话节目时，围绕着“杭商，一个时代的风骨和精神”的主题，有幸与范渊同框。至此开始了解这位文质彬彬却“骁勇善战”的“国家千人计划”专家。如果不是听他如数家珍地谈网络安全技术，很难想到他是没有硝烟、你争我夺的网络“战场”的顶尖高手，也想不到他在短短10年内，带领团队把我国网络安全研究能力提升到世界领先水平，成为守卫网络空间疆土的重要力量。

范渊出生于浙江金华。2003年7月，他从美国圣何塞加州州立大学获得计算机科学硕士学位，进入硅谷一家国际著名的安全公司工作。同年，他第一次参加了BLACK HAT(黑帽子)大会，业内的全球最高盛会让他燃起了梦想的火焰。两年后，在2005年的BLACK HAT(黑帽子)大会讲台，他所做的有关“异常入侵检测”内容的演讲让业内记住了他。2006年，他第二次登上了这个舞台，做了有关“攻击和渗透测试的方法和工具”的主题演讲。这一次会议结束，很多美国公司都来向他打听网络信息安全的产品，他被人群簇拥着，像明星一样。他因而被贴上“第一个登上黑帽子舞台的中国人”“硅谷英才”等标签。

“未来，互联网应用和数据的安全必将越来越重要，国外需要保障安全产品，中国信息安全基础薄弱，更需要这样的成果。我有责任，为保障祖国的网络安全事业出一份力。”带着产业报国的初心，2007年，范渊辞去了硅谷一家世界顶尖安全公司高管的职务，带着妻儿回到了国内，放弃了令人羡慕的工作和安逸的环境，选择回国开始新的挑战，创立了杭州安恒信息技术有限

公司。

与此同时，杭州高新区（滨江）也在积极招揽海外人才。"当时国内网络安全研究还是空白，他带领着团队能来到高新区（滨江），填补国内的空白，那是件非常了不起的事。"高新区（滨江）人才办有关负责人对媒体介绍说。当时范渊作为海外高层次人才引进，高新区（滨江）在研发资金、办公场所、税收等方面相继给了一些政策扶持。

安恒没有让政府失望。在2008年奥运会上，当时安恒的第一款产品——WEB应用弱点扫描器，有效地抵御了票务系统遭受的黑客新型攻击。范渊领导安恒信息团队在国庆60周年庆典、上海世博会、广州亚运会，连续三届世界互联网大会、G20杭州峰会等一系列国际性活动与会议中，出色地完成了网络安保工作，成为保障这些盛事顺利进行的幕后英雄。

范渊说，安恒的成长离不开政府的帮助。2009年，是安恒最艰难的一年，公司账户只有不到100万元，范渊不得不卖掉在杭州唯一的房子，延长公司10个月的生存期。得知情况的高新区（滨江）组织部人才办主动找上门来。"他们牵线搭桥，我们签下了中心第一个创投项目。"范渊说，这无异于雪中送炭，而更让他感动的是，区政府还为他们提供了中财大厦一层楼3年的免费使用权。

"政府的帮助，让我们全心全意地投入研发，在技术上不断创新。"也是在有关部门的牵线搭桥下，安恒与海康威视联合成立嵌入式设备安全实验室，有望强强联合，在物联网安全发展方面作出更大探索。

党的十九大的召开，更是令他感受到神圣的使命和责任。中国现在正走在由网络大国向网络强国迈进的道路上，十九大报告为中国互联网信息产业未来的发展指明了方向。

作为信息安全领域领导企业的掌舵者，范渊说他的下一个梦想是"让更多政府部门、企业以及金融客户，更快更安全地拥抱云计算和大数据，并参与到中国'智慧城市'和'互联网＋'的信息安全建设中去"。

毛靖翔，从创客到创客资本家

如果说他是一个传奇般的存在，恐怕一点儿也不过分。

1988年出生的毛靖翔是一个地道的北方人，却对杭州情有独钟。据媒体报道，17岁那年，毛靖翔拿到全国奥林匹克竞赛数学和物理双料金牌，赢得名牌大学的保送机会。在北京大学、复旦大学、南开大学、香港大学等选择中，他几乎没有太多犹豫，接过了浙大抛来的橄榄枝。他说原因很简单，“在16岁的时候我就想好了，我要创业”。在他看来，杭州被誉为创新创业之都，当时就已展现出勃勃生机——浙商的牌子名声在外，而阿里巴巴也在彼时崭露头角……

在大学里，毛靖翔一方面延续着他优等生的路径——担任浙江大学学生会副主席、浙江大学创业精英俱乐部主席，收获一系列的奖学金等。另一方面，利用业余时间开始满是折腾的创客生涯。2007年，还在读大二的他创办了杭州东家公寓式酒店连锁，受到学生群体热议追捧，并成功发展杭州、上海两地连锁分店共7家分店。2009年，创办杭州鹏逸科技有限公司并担任CEO。2010年5月，已然瞄准学生市场的他投身餐饮业，投资创办杭州37°C美食工坊餐饮连锁，成为当时最受在校学生喜爱的餐饮之一……

22岁从浙江大学毕业当年，他就被哈佛大学、耶鲁大学、宾夕法尼亚大学等20所顶尖大学同时录取，后选择进入沃顿商学院攻读MBA。2012年从沃顿商学院毕业，24岁的毛靖翔带了另外3名校友一起归国，投资百万元成立了杭州米趣网络科技有限公司。

公司初创经历倒是跟马云有点像，他在杭州租了一间两室一厅的民租房，4个人吃睡在一起，每天进行头脑风暴。最初，他想模仿国外模式，先做概念，奈何初创时一直拉不到资金，学生时攒下的百万资金很快烧光。4名合伙人中1人单飞，还有公司猎头开出300万元的年薪挖他出任企业CEO。整个团队一度陷入悲观情绪，米趣面临存活难关。

但毛靖翔没有被吓倒。从失败中反思,要先解决盈利这个本质问题,再去谋求大的发展。2013年,手游市场兴起,毛靖翔敏锐地洞察到这一点,开始涉足移动游戏业务。很快,米趣科技成功获得深圳创新创业投资集团、红杉资本、IDG资本、横店影视集团等风投老大的投资,短短9个月,就以火箭般的速度完成了四轮融资,创下融资神话。

米趣科技还受到官方的重视。入驻杭州海外高层次人才创新基地,成为国家“5050计划”选中的最年轻的一支队伍。无偿获得政府300万元资金支持和700万元政府产业资金,是当地政府无偿扶持资金最多的企业。

有了钱和项目,米趣开始扩充版图,并购、开设子公司双轨并进。毛靖翔开着玛莎拉蒂到处搜罗人才,公司员工也由最初的几个人壮大到现在的近700人。仅耗时1年4个月,米趣就从3万元资金做到了估值20亿元!如今,米趣科技的估值超过50亿元。

毛靖翔并不满足于一个创客公司的成功,而是将公司致力于打造成熟的项目孵化中心,朝着投资创客的资本家方向努力。为此,他积极鼓励企业员工开动脑筋,内部“创业”。只要员工有成熟的idea,就可以在公司内部获得团队、技术、资金等支持,实现自己的创业梦想。作为激励,一旦项目成功,发起员工就能够获得相应的回报。如果失败,员工也不用承担后果,允许员工大胆“试错”。此外,米趣还成立了2.5亿元的投资基金,专门用于投资优秀的游戏团队。

2014年,米趣科技拆分事业部涉足移动应用业务,设立子公司杭州晨聚网络科技有限公司,开发定位为活动社交平台的产品“多聚App”,目标瞄准热爱组织活动的年轻人群体,旨在“将活在虚拟世界的人拉回到现实中来”。

2015年,米趣又设立子公司河南网娱互动网络科技有限公司,开发出另一款基于网吧竞技约战平台产品“网娱大师App”,布局国内游戏全产业链。上游,孵化游戏研发团队;中游,丰富手游CP产品,向RPG、卡牌等方向发展,并介入运营商游戏分发、社区O2O分发、商场WIFI分发等发行模式;下游,以“网娱大师App”布局全国网吧,打造游戏深度玩家集聚的垂直手游渠道。

事实上，无论“多聚”还是“网娱大师”，都是源自米趣内部的孵化，是在多元激发之下企业内部创业的成功案例。目前，“网娱大师”已获得浙江省金控、深创投等机构1.5亿元A轮融资。针对好玩青年的活动社交产品“多聚App”也于2015年5月独立完成5000万元A轮融资。

到2016年8月，米趣游戏工厂已成功入选市级众创空间，吸引了10余个项目和团队入孵。在此背后，是毛靖翔打造泛娱乐产业平台的目标。“米趣，不只是一家公司，而是一个孵化主体，将来更会是一个泛娱乐化平台。”毛靖翔说。

在2016年完成的融资中，毛靖翔带领公司从深创投、达晨、前海基金、华夏基金等机构完成B轮融资3亿元，目前，公司市场估值约70亿元，成为2014—2016年国内发展最快的移动互联网公司之一。

不光是孵化，还帮团队做资金支持、并购、团队构建，整个产业生态的布局……一个29岁的年轻创客，以这样的气度和胸怀，与他所在的城市一道，用自身打造的平台，融入到创业创新的热潮之中。

也正因此，他在获得资本青睐的同时，也得到荣誉的垂青：2016年达沃斯全球青年领袖、2015（WEnF）世界青年企业家、浙江互联网十大新锐人物、2014年度新锐浙商、浙江省“发现双创之星”、杭州市十大杰出青年、世界杭商大会青年领军人物20强、“5050计划”创业领军人才、“521”全球引进人才计划专家……

诚如“第一好车”联合创始人兼CEO王晟所说，“80后、90后在最好的时代有了最好的机会”。85后“第一好车”联合创始人兼CEO王晟是位“新海归”，2017年刚从剑桥大学毕业。回国后创立了高端二手车交易平台“第一好车”，目前担任公司CEO。

“我身边很多有想法、有激情的年轻人都汇聚在一起，去共同创业，去实现自己的抱负。”在王晟身边，有数十位带着项目和技术回国的剑桥校友，他们大多是博士和硕士学历，正在国内寻求创业机遇。王晟的创业小伙伴中也不乏现象级的公司甚至独角兽企业。

对于自己回国创业的选择，王晟的想法或许能够代表很多海归创业者，"在国家提出'大众创业、万众创新'的大趋势环境下，我们应该拥抱时代，把握机会，体现自己的价值"。

"天使"马海邦

"政府是真正的天使。"换句话说，是杭州市政府孵化了很多"天使"。

浙江省十大天使投资人、杭州枫惠科技董事长马海邦对媒体表示：杭州市政府提供了良好的引才政策，比如对人才来杭州创业给予的大力度资金奖励和研发补助。

在浙江的创投圈里，马海邦是一位标杆性人物。他以天使投资所投的初创企业有70多家，超过50%的企业"长势良好"，浮盈至少超过3亿元。他还创办了全国著名的"六和桥"投融资平台，形成了"北有北京中关村(000931)"车库咖啡"，南有杭州高新(300478)"六和桥沙龙"的创业格局。

西北汉子马海邦于20年前来到杭州，并于2004年成立杭州枫惠科技咨询有限公司，成为杭州最早从事科技中介服务的那批人。经过5年的摸爬滚打，在业内有了一定影响，并于2009年迈出了转型的第一步——联合杭州高新区创办"5050计划"加速器。

"5050计划"加速器是一个区别于传统的新型企业孵化器，采用"政策扶持＋创业导引＋持股孵化＋创业投资"的运营模式，通过企业发展所需的人才、技术、市场、资金四大要素，为初创企业提供方方面面的帮助。这样的加速器显然是政府引导和支持的。就像上文所说的，"国千专家"丁列明、范渊、毛靖翔，就分别得到过余杭区政府和杭州高新区(滨江)的"雪中送炭"。

也正是有着政府在政策上和资金上的支持，马海邦的目标也得以超额完成。"当初的设想是5年之内，引进海外高层次留学创业人才50名(其中符合国家"千人计划"条件的30名)，年销售收入超千万元的留学人员企业达50

家。”但这个目标早已经超额完成了。

顺风顺水之下，马海邦创建了一个投融资平台——“六和桥”投融资平台。2015年5月，马海邦又推出了“独角兽”众创科技孵化器，将孵化项目方向锁定在互联网、IT技术领域。2016年1月初，紧邻浙大紫荆港校区的“不死鸟”众创平台成立。这次，马海邦把“不死鸟”的项目孵化方向定位在大健康领域。已整合了不少于5家生物医药的上市公司进行产业链上下游的孵化，来支持创业者进行创业。同时，还将引进浙江医疗卫生系统新技术新成果的转化，让这个众创空间成为浙江卫生医药系统新的专业及成果的转化基地。

马海邦是推动杭州成为“两创”热土的“天使”。他和创投圈的朋友们一道，帮助这个城市“猎头”海外高层次人才，并帮助他们孵化科技项目。而从另一个角度讲，热衷创新创业的地方政府，是他这个创客天使的“天使”。

林东，带着美国的博士团队回归

他既是创业者，也是天使投资家。卖牛肉干的杭商却跨界做起了新能源，董事长转身为总工程师。这是林东。

林东

“我是总工程师，因此我命令，LHD涡轮水轮机模块开始下海发电并一切顺利，启动！”

2016年7月27日，历时7年研发的世界上首台3.4兆瓦LHD林东模块化大型海洋潮流能首套发电机组，在舟山海域启动发电。同年8月26日，该项目成功并入国家电网，实现了大功率发电、稳定发电、并入电网三大跨越。

至此,中国成了继英国、美国之后,亚洲第一个、世界第三个全面掌握潮流能发电并网技术的国家。而林东,也成为兼具“草根”与“海归”、传统与现代气质的企业家。

虽然是一名70后,但林东早期的创业与一代浙商无异。

1993年,刚满20岁的林东大学毕业。身为温州人,林东也走上了探寻商道的远方。创业之初,他追随着“健力宝”“娃哈哈果奶”等风潮,推出了绿盛的第一款产品——绿盛果粒橙。而当产品进入批量生产时,饮料销售已过了风口期,林东的首次创业以失败告终。几经挫折之后,他的“绿盛牛肉干”终于成为他的“点金棒”,林东,也成为全国最大的牛肉干生产商之一。

然而,林东并不满足于做一个“牛肉干大王”。接受过浙大MBA教育的林东,在目睹2008年的金融危机之后,下决心转型,遂于2009年在美国洛杉矶创办了孵化器。

2009年4月,在美国的洛杉矶,林东和美国南加州大学研究科学家黄长征博士和美国新材料领域研究专家丁兴者博士一起,三人联合创办了美国联合动能科技有限公司,林东取三个人姓氏中汉语拼音的第一个字母作为公司的简称,这就是LHD公司的由来。公司把清洁能源作为主攻方向,最后选择了潮汐能发电。

林东先后考察了美国、英国、法国、意大利、日本、韩国等发达国家,发现这些国家都在政府层面对潮汐能发电项目投了很多钱,都没啥结果,后来又考察了GE、西门子、阿尔斯通等著名企业,发现这些巨头也在搞潮汐能发电,也没搞出什么名堂。“我当时本能地感觉到可能是大家的路径上都出了问题。”于是林东做了2亿元的预算,打算在这个领域搏一把。

他们先在千岛湖建立了一个实验基地,试验多年来的研究成果;2014年开始在舟山进行实地攻关。2016年7月,舟山项目的首台机组最终实现了顺利发电,一个月后并入国家电网。截至2018年8月25日,该平台上安装的首批1兆瓦机组已经并入国家电网两周年,并持续发电15个月,还在不断刷新着“世界之最”。

这个我国首台自主研发生产的、世界装机功率最大的潮汐能发电机组，也是目前世界唯一一台实现全天候稳定发电并网的潮汐能发电项目，获得了2016年度中国海洋十大科技进展等殊荣。2018年5月，国家海洋局向LHD发出了一张1兆瓦机组的设备采购订单，价值7200万元。林东估计，最迟2018年，LHD的设备还将走出国门。

至此，一个上万亿元的市场蓝海已然展现在林东面前……

钱塘江畔，科技长廊，“双创”之风正盛。在杭城“天使”的推动下，一批批的精英人才正从五湖四海汇集而来。

|思　考|

新经济，为有杭商多努力

有数字显示：目前杭州数字经济增加值占全市经济总量超25%，对全市经济增长贡献率逾50%，占全省数字经济比重一半以上；按现有统计口径，预计2018年杭州数字经济总量将突破1万亿元。

以数字经济为代表的新经济，杭州可说是走在了前列。

在"八八战略"的指引下，杭州市委、市政府以"店小二"式的服务打造创业创新生态，良好的生态又造就了一支驰骋在杭州新经济领域的新骑军——号称创业"新四军"的杭商。

提起浙商，人们最先想到的是温州商人。温州商人闯市场形成的"四千精神"（"历尽千辛万苦、说尽千言万语、走遍千山万水、想尽千方百计"），曾经是浙商精神的一种写照。

相比之下，"杭商"是一个后起的概念。直到2003—2004年，在媒体上和经济学界出现了一个全新的名词——杭商。

近年来，杭商迅猛发展，领衔信息经济、共享经济，成为新浙商的代表和标兵。

那么，杭商凭什么成为新浙商的标兵？

在浙商精神的传承中，实现代际跨越，弄潮新经济

在浙商的代际传承中，杭商无疑是做得最好的。正因为杭商既弘扬了浙商的“戒欺精神”和“四千精神”，又突破了家族企业的管理瓶颈，实现了企业家的代际传承，并通过创新驱动完成传统企业的转型升级和新生代的崛起。从而顺利完成从浙商1.0时代到浙商1.5时代，再到浙商2.0时代的传承与跨越。并因跨越而成为弄潮新经济的主角。

戒欺品质与改革精神的传承。冯根生是“江南药王”胡庆余堂的关门弟子，14岁进胡庆余堂当学徒，开启了长达70年的中药生涯，矢志让国药走向世界。他还是国有企业改革、发展的实践者、见证人。执掌企业近40年，被称为“常青树”。

他还是一代商界奇才，以改革先行者之姿承受了种种风雨洗礼，将一家小作坊做到中国最大的中药企业之一。而冯根生留给人们的不仅仅是青春宝跟胡庆余堂的新生，更有精神方面的财富。比如他最看重的“戒欺”品质，以及勇做“出头鸟”的改革精神。

如今，信守“戒欺”的“出头鸟”停止了他心脏的跳动；但他的创业故事已成为传奇；他关于浙商精神的诠释已经成为经典；他以无私、戒欺为护体，飞出射程之外的姿势已成为永久的雕像；而他的精神更是鼓励了一拨又一拨的浙商后来人……

鲁冠球的愚公精神与家族企业启示录。鲁冠球的创业史，也是改革开放一代民营企业家筚路蓝缕的缩影。正因此，他的辞世令万人哀悼，千人送别；四方追思，八方缅怀。

鲁冠球留给后人的不仅仅是一个企业集团，更重要的是家族企业现代化管理的启示。

我国大多数家族企业的所有权与经营权没有实现分离，企业决策程序按

家族程序进行，权力高度集权化，家族企业治理的核心也在于如何规避上述问题。但令人惊奇的是，鲁冠球的家族、企业核心高层，从未有任何不合传闻或者利益纷争流传在市场上。对于家族企业来说，对企业经理阶层进行有效的激励和约束，使企业的控制权在家族成员之间与职业经理人之间不断地优化配置，重视员工在企业治理结构中的作用，才能放大企业的格局。如此看来，倘若能够不计小利、做好激励，那么，家族企业"父子上阵、兄弟齐心"的优势自然会被最大化。以万向为代表的杭商企业，在浙商精神传承和家族企业转型升级方面成为很好的榜样。

万事利的创新和二代传承启示录。万事利创始人、浙商的传奇人物沈爱琴经过20年的艰苦创业，将一个风雨飘摇的农村小厂，发展成为中国屈指可数的"丝绸王国"。进入新世纪之后，她又率先以文化提升传统行业的转型升级战，把万事利的丝绸打进西湖博览会、上海APEC会议等，同时通过资本市场不断提升转型与升级的战斗力。

而沈爱琴更是在家族企业的交接班中带了个好头。如今，屠红燕不仅接过了母亲沈爱琴的家业，还带领着企业走上"中国创造"之路。G20杭州峰会过后，杭州的万事利集团再一次被推上了风口，其在峰会上提供的产品受到各方的认可，一跃成为"国际网红"。从"产品制造""文化创造"到"品牌塑造"，万事利当之无愧成为当今中国丝绸第一品牌。

屠红燕

创新与开放，"老杭商"在转型升级中赋能新经济

传统杭商（浙商系）从1.0时代穿越而来，成功进入浙商2.0时代。比如宗

汪力成

庆后、汪力成、林东、胡季强等浙商在打造了产业基石之后，一方面，通过科技创新不断实现产业升级；另一方面，还通过商业模式和管理创新提升竞争力；同时还借助资本市场与国际化战略做大产业版图；与此同时，还通过资本手段涉足“两创”，赋能新生力量。

赋能新经济，携手打造开放共生的经济生态。华立汪力成、士兰微陈向东、华日陈励君等企业家，绝对是重量级的“老杭商”。

华立集团董事局主席汪力成，这位在丁磊、马云闻达全球资本市场之前已被美国《财富》杂志评为“中国第一商人”的“资本教父”，其在资本市场上的高超财技成就了两个教科书式案例；而他利用资本市场的并购实现产业布局的案例更是具有代表性。

陈向东

陈向东是杭州士兰微电子股份有限公司的董事长。作为专业从事集成电路芯片设计以及半导体微电子相关产品生产的高新技术企业，士兰微电子在中国的集成电路芯片设计业已取得了初步的成功，已成为国内规模最大的集成电路芯片设计与制造一体（IDM）的企业之一，并要做中国半导体业实力最强的IDM公司。

陈励君

浙江华日实业投资有限公司董事长陈励君，从1984年带领十几名侨属创办电冰箱厂算起，已经在“坚守实业、坚持主业”道路上走过了30多个年头。陈励君与华日人不断开发创新，研制出中国首台华日模糊控制智能电冰箱,成为国内同行唯一"国家重点新产品",荣膺"全国发明金奖";提前完成联合国多边基金支持的无氟技术改造,荣获联合国环境署"示范项目杰出贡献奖",成为国内同行唯一获此殊荣的企业……

可以说,他们是清一色的制造业浙商,但他们现在有一个共同的身份——孵化创新企业的"天使"。之所以能够成为创新企业的孵化者,就在于他们都不约而同地用数字化提升产业,主动拥抱了这个变化的时代。

这其中,华日的转型升级具有普遍意义。2017年,华日公司从旧址整体搬迁到了富阳,建立起了物联网全覆盖、拥有全自动生产线和国家级检测中心的全新智能生产基地。和搬迁之前相比,华日的产能扩大了一倍多,而产业工人却减少了50%,这意味着,生产效率提升200%。陈励君为此自豪地说:"像华日这样的传统制造企业都能用数字化驱动转型升级,还有什么企业不可以?"陈励君的微笑里让人看到产业数字化的春天。

是的,杭商。这些传统制造业出身,又依靠创新实现了转型升级的"大佬们",主动做起数字产业化、产业数字化、城市数字化的"民间推手",他们自身也完成了从草根浙商到智慧浙商的完美转型。比如银杏谷的股东们,他们与阿里云一起发起打造云栖小镇,使云栖小镇成为云计算的创业创新高地。

"老树发新枝",杭商基业长青的基因。据美国《财富》杂志报道,美国中小企业平均寿命不到7年,大企业平均寿命不足40年。而中国中小企业的平均寿命仅2.5年,集团企业的平均寿命仅7—8年。但杭州企业家却不乏30年以上的"常青树"。比如万向集团已经49年、华立集团48年、西子联合48年、万事利43年、娃哈哈31年……

华立集团董事局主席汪力成的一段讲话,让人了然了这些"常青树"的长寿基因。

"华立集团是一个有46年历史的老牌民营企业,但我们现在是'老树发新芽'的状况,既有40多年耕耘的根基,但又有在此基础上长出茂盛的新芽。所

宗庆后

以华立非常愿意开放资源，无论是资本，还是管理经验。我认为未来是一个开放的世界，是一个合作共赢的世界。我们更希望自己能成为一个开放的大平台，在这个平台上，大家携手共进，共生共融，合作共赢。”

正是这样的创业不息、奋斗不止，杭商群体能够自我进化、自我循环，掀起一浪又一浪的创业创新大潮。2018年9月，就在54岁的马云宣布明年退休消息的时候，传来73岁的宗庆后再次创业的消息。

追风不止的宗庆后。杭州娃哈哈集团董事长兼总经理宗庆后，在刚刚成立的浙江德清娃哈哈科技创新中心有限公司担任了法人代表。娃哈哈公司在官方微博上称，新成立的公司是创新技术研发企业，今后将从事生物医药、智能制造等方面的技术研发、孵化和转让。这意味着宗庆后真正从传统制造业转向了对新技术、新经济的关注。

关于娃哈哈的创业故事，包括与法国达能的合作及其纠纷，几乎是家喻户晓。2010—2013年，娃哈哈进入了发展史上的“巅峰时刻”。凭借快速上升的业绩，娃哈哈跻身500亿元俱乐部；随后的2013年，集团公司完成饮料产量1270万吨，实现营业收入783亿元，同比增长23%。娃哈哈，这家当年的校办小企业终于成为中国最大、全球第五的食品饮料生产企业，在销售收入、利润、利税等指标上已连续11年位居中国饮料行业首位。

然而，面对瞬息万变的市场，宗庆后也有一下子反应不过来的时候，比如他曾经坚持娃哈哈不上市；比如曾经对马云提出“新技术”“新制造”“新零售”等“五新”的商业概念表示不屑等。但宗庆后并非没有意识到变化，也并非一味拒绝改变。在2017年12月底举办的娃哈哈30周年庆典上，阿里巴巴集团合伙人、蚂蚁金服副总裁彭翼捷现身，宣布双方达成联合营销合作。

事实上，娃哈哈自2015年来就不断试水跨界营销，合作多家新兴互联网企业，强强联合，达成品牌共赢效果。更是积极进军智能化产业以促进企业乃至整个行业的转型发展。2015年，娃哈哈"食品饮料生产智能工厂项目"入选全国首批工信部智能制造试点示范项目，在打造食品饮料全数字化管控的智能工厂上进行了积极探索。

此后，宗庆后，这名七旬老人依然奔赴在追风的路上，在主动拥抱互联网，采用跨界营销，以及积极践行智能制造的同时，宣布进军大健康产业，进行保健品＋社交电商的尝试……

"新四军"成澎湃之势，掀起杭州新经济浪潮

最近五六年，随着阿里系、浙大系、海归系的兴起，并与传统的浙商系一道，以颠覆性的创新掀起浙商转型高潮，并推动杭州新经济的迅猛发展。杭商，逐渐成为新浙商的代表；杭商也成为"改变我们生活"的杭商。

正是在热衷"双创"的杭商引领下，新浙商撬动了浙江信息经济的发展，从而改变了城市和人们的生活。比如阿里云"数据大脑"用于杭州城市道路治堵，平均通行速度提升15%。"互联网＋政务服务"取得新突破，把"打破信息孤岛、实现数据共享"作为迭代推动政府治理数字化转型的重大举措，"让数据多跑路、群众少跑腿"，"最多跑一次"改革成为浙江全面深化改革的金字招牌，政府数据实现开放共享，实现"最多跑一次"事项773项，实现比例达96.99%……

毫无疑问，杭商的发展，已从要素驱动转向创新驱动。在这个新的时期，资本对产业的贡献在下降，而创新，科技创新和数据的驱动，对产业的贡献在逐步上升。具有创新之魂的新杭商，在浙商精神的传承中，利用科技与数据之利器，一定能够谱写转型升级之新辉煌。

元璟资本联合36氪创投助手于2017年8月初发布的《2016—2017杭州创业趋势分析》显示：在全国创业市场出现资本回调的大背景下，杭州表现依然活跃。2016年全年和2017年上半年，杭州人均创业密度不仅超过上海、深圳，还一度超越北京，位列全国第一。

为什么杭州的创业指数能够逆势增长？就在于一代杭商实现自我跨越，与阿里系、浙大系、海归系等新杭商共同成为新经济的追风者。

回想起2017年10月30日，在万向集团公司多功能厅参加鲁冠球追悼会上的一幕。在跟家属告别的时候，在我身前的汪力成来到鲁伟鼎身旁，两个大男人紧紧地拥抱在一起，就在他们紧紧相拥的那一刻，我感受到了一种无形的力量。

问渠哪得清如许？为有源头活水来。

杭商的壮大，也许就在于不断地有新生力量的加入；以及其自身“老树发新芽”的自我革新的力量？

而杭州新经济的浪潮之所以能够一浪高过一浪，就是因为有着这样英姿勃发的杭商群体勇立潮头、扬帆奋进，犹如钱塘江水奔腾不息、滔滔不绝……

第三篇
跨界颠覆:“金融港”生成记

曾记得,王健林与马云1个亿的世纪豪赌;还有小米雷军和格力董明珠10亿元的赌局。也仿佛听到移动在说:搞了这么多年,才发现原来腾讯才是我们的竞争对手。

是的,这是一个跨界竞争的时代。创新者正以前所未有的迅猛之势,从一个领域进入另一个领域。而传统的门缝正在裂开,边界正在模糊,几乎所有的行业,都遭到了门外“野蛮人”的挑战。

在这样跨界竞争的时代,在传统金融领域并不占优势的杭州,凭借着金融科技、私募基金、民间资本等优势,萌发了打造“金融港”的愿望……

在世界金融史上，蚂蚁金服绝对是个奇迹。

世界排名靠前的银行机构，哪一个没有经过几十年甚至几百年的发展？

而蚂蚁金服却只用了4年时间，就构筑起估值近万亿元的“金融帝国”，这个帝国的年利润近100亿元，用户超8亿人，管理着2.2万亿元的业务。

在截至2018年3月31日的财年中，蚂蚁金服旗下支付宝与其全球合资伙伴一起在全球为约8.7亿名活跃用户提供服务。这一数据证明，支付宝已经成为全球最大移动支付服务商。

于是联想起马云那句豪气冲天的名言：“如果银行不改变，那么支付宝就让银行改变！”

而改革开放，就是要允许打破陈规旧习，允许竞争，允许跨界，甚至允许试错。

综观支付宝的诞生，蚂蚁金服的发展，杭州金融港的打造，无一不是因改革、开放而获得的超常规创新发展。

与此同时，浙江省提出到2020年，钱塘江金融港湾将成为全国最重要的金融集聚区之一，全省境内外上市公司努力达到700家，金融业总收入超过1.6万亿元，新金融占比超过30%的目标。

而蚂蚁金服前董事长彭蕾在首届钱塘江论坛发表演讲时曾表示：“从天然良港到数字良港，这是杭州大湾区新的历史机遇，杭州湾也有打造成数字大湾区的优势。”

如此，杭州“金融港”的生成也就顺理成章了。

第一章

当代“票号”支付宝传奇

2018年盛夏的某个清晨。台风来临之前的杭城雨骤风狂。上班高峰期。从地铁站出来的上班族面对大雨纷纷皱起眉头。我叫了辆停在站口的“电驴”，500米冲刺奔向单位。一分钟内到达目的地，高兴地赶紧找零钱。司机摆摆手，扔过来一张小纸条，写着一个手机号码。“你发支付宝吧，慢慢来。”说完，他头也不回骑车走了。

从什么时候开始，现金在杭州差不多成“多余”之物了？如果说，近代“汇通天下”的山西票号，还只限于国内一些城市的汇兑；那么支付宝是真正的一码“扫”天下的“电子票号”。确实，在手机不离手的今天，手机支付已成了年轻人的首选。人们不仅可以用手机支付宝在淘宝上购物付款，还可以在菜场“扫一扫”买菜；超市、商场，甚至地铁、公交、医院，都可以“一码”支付。于是，人们惊呼：无现金时代终于来临。

当然，风靡天下的移动支付巨头，除了支付宝还有微信。但我们最先接触到的还是支付宝。而支付宝开始只是为了淘宝购物支付而成立的第三方支付平台。后来才慢慢发展成为移动支付平台，到2014年，才成了全球最大的移动支付商。短短10年，支付宝从诞生到成为移动支付的世界巨头，不能不说是一个奇迹。

借着支付宝的发展，可以梳理出中国第三方支付所走过的历程，即从电子商务到电子支付，再到移动支付的跨越。而支付宝的诞生、发展、强大的过程，又何尝不是从纸币到无现金支付变迁的一个缩影？

第三方电子支付，不仅是一种新型的平台经济，而且也为电子商务的蓬勃发展提供了资金流的高速公路。从工具来说，电子支付有三种业态：传统电子支付、互联网支付和移动支付。而梳理第三方电子支付的发展，你会发现：仅仅10多年，就从传统的电子支付发展到互联网支付和移动支付，走过了三个跳跃式的阶段。大致来说，2000年以前是电子支付时代，主要以卡支付为主要方式；2000—2011年，随着电子商务的蓬勃发展，到了互联网支付时代；2011年以后，行业则迎来了移动互联网时代，支付覆盖各种移动终端。

换句话说："电子支付还是一个高速发展期，互联网支付则是一个超常规的发展，而移动支付将会是一个爆炸性的发展。"支付宝，就是正好赶上了电子支付超常规和爆发式增长的好时期。

从电子商务到电子支付

2004年，随着中国各大银行纷纷推出了网上银行系统，为电子商务市场提供了大量的电子货币供应。然而人们很快发现，在网上银行和电子商务之间以及不同的网上银行之间，还需要一个专门的第三方支付环节。

在相当长的时间里，能使用网上银行购买东西的地方并不多，基本是卓越、当当等实力雄厚的大型网络零售商，因为要让自己的系统与用户可能使用的数十种银行卡的网上银行对接，是一项成本和技术难度都很高的工作，不仅中小网商不可能承担，即使对于大型网商，也无法做到让用户轻松简便地完成支付。因此，大多数用户还是愿意选择传统的货到付款形式，甚至汇款形式，这显然阻碍了电子商务的发展。

也就是说，网上银行的出现解决了电子支付的第一个基础环节：纸币/银行—网上银行/电子货币。但在数十家网上银行与成千上万的网商及线下商户之间,必须存在一个或者多个平台,来完成"电子货币—商家"之间这个环节。

但是,谁适合来完成这一环节呢?

从银行一方的立场来看,推网银首先是希望作为网络营业厅吸引很多原先在营业厅办理的业务,节约运营费用,其次才是推进电子交易的支付,但任何一家银行都很难有动机让持自家银行卡的客户能够在支付中实现与其他网银的互联互通,或是为一家网络零售商的使用更方便而改进自己的系统。

因支付受阻而倍感焦急的是网商们,其中尤为迫切的便是淘宝和拍拍网这类聚集了个人商户和小B商户的网络购物平台,它们自身没有技术实力,没有能够实行货到付款的配送团队,更因缺乏信用度而受阻。

所以,最初出现的第三方支付公司们,大多数是凭借着独特的技术专长来挖掘这一产业机遇的,它们通常选择的角色是居中平台。第一批踏入第三方支付领域的公司,可以粗略地分为两派:一派是带有浓重互联网味道的、大多由海归所创建的公司,希望抢占先机跑马圈地,复制美国电子支付产业的奇迹;另一派则是依托于易趣、淘宝、拍拍等C2C电子商务网站的自有支付工具,例如淘宝的支付宝、拍拍的财付通等,这类支付工具在诞生之初的目的十分清晰,就是为使用任何银行卡的用户进行网络购物提供方便。

于是,2004年支付宝推出的初衷也就非常明晰——就是解决淘宝购物的需求。即针对淘宝上购物的信用问题,推出"担保交易"模式,让买家在确认满意所购的产品后才将款项发放给卖家,降低网上购物的交易风险。

所以说,支付宝植根于淘宝网购需求,一开始,充当的就是淘宝网资金流工具角色。当时支付宝(淘宝旗下的一个部门)并没有什么长远发展目标,只是一款专为淘宝网的发展需要打造的支付工具。但淘宝网的发展反过来又为支付宝带来源源不断的用户。这使得阿里巴巴管理层认识到支付宝在初步解决淘宝信用瓶颈后,不应该只是淘宝网的一个应用工具,即"支付宝或许可以是个独立的产品，成为所有电子商务网站一个非常基础的服务”。

支付宝自此有了“独立门户”的可能。

从为淘宝的电子支付到“天下通吃”的电子支付

2004年12月，支付宝从淘宝网分拆，支付宝网站上线，并通过浙江支付宝网络科技有限公司独立运营，宣告支付宝从淘宝网的第三方担保平台向独立支付平台发展。

2005年1月，马云在达沃斯经济论坛上表示2005年将是中国电子商务的安全支付年。同年2月，支付宝推出了全额赔付制度；是年3月，与中国工商银行达成战略合作伙伴协议，在原有基础上进一步加强双方电子商务领域支付领域合作的范围和深度，随后又与农行、VISA等达成战略合作协议。

但当时网络消费仍处于初步发展阶段，支付宝外部拓展空间有限，淘宝是其单一客户，这也与支付特性有关，即支付需要在某个应用场景下发生，人们不会无缘无故使用支付宝的服务，也就意味着支付宝的独立发展需要借助整个互联网电子商务的发展。

支付宝首先切入的是网游、航空机票、B2C等网络化较高的外部市场。在电子商务迅速发展的驱动下，截至2006年底，使用支付宝作为支付工具的非淘宝网商家，如数码通信、游戏点卡等企业已经达到30万家以上，支付宝独立支付平台的身份也开始被外界所接受。

2007年，支付宝分别与第九城市、南方航空等一系列外部企业达成合作，当年支付宝全年交易额476亿元（占整个电子支付市场47.6%的份额），其中大约70%来自淘宝，外部商家占比30%左右。另外，2007年支付宝针对商家（淘宝网和阿里巴巴网站的交易除外）展开收费。

2008年，对支付宝的战略规划来说是个关键节点。上半年，支付宝的用户数量呈现出惊人的增长，7月突破9000万人。而在7月19日凌晨，支付宝实施了代号为“哥伦布计划”的战略升级计划,一夜之间,它的会员承载量提升到了2亿人以上,而此时PayPal的全球用户数不过1.8亿人。这为它接下来的扩张提供了技术基础,也暗示了支付宝作为普适性支付工具的野心。

从电子商务支付到电子支付,支付宝进入的新空间不只是膨胀几倍而已。2009年,支付宝已经是国内前三大在线旅行公司芒果网、艺龙和携程的合作伙伴,网上支付工具的普及使得国内航空客票网上支付交易额比上年大涨440.7%,达到近500亿元规模,但此时中国航空票务市场每年的总体规模早已达到2000亿元。

而另一个电子支付发展迅速的领域是移动通信行业,仅移动、联通、电信三家的营收总和便超过7000亿元。保险、公用事业等这些领域的总体规模大都在千亿元之巨,任何支付公司只要能够占据其中一个行业应用的主要支付供应商的地位,便无须担心生存问题。这也是在支付宝之后的多家第三方支付公司的生存之道。

截至2009年12月,支付宝外部商家已经增长到46万家,全年交易额2871亿元,市场份额49.8%,2010年4月阿里巴巴集团宣布将在未来5年内,继续向支付宝投资50亿元,同年11月支付宝启动“聚生活”战略,即建设无形的开放平台,从“缴费服务”向“整合生活资源”进行战略转型,实现市、县级的水电煤缴费、信用卡还款、缴纳罚款、缴纳学费、行政类缴费以及网络捐赠等多项服务。这一战略转型,可谓是颠覆了传统的生活方式。

2010年12月,支付宝用户突破5.5亿人,除淘宝和阿里巴巴外,支持使用支付宝交易服务的商家已经超过46万家,同时支付宝推出“快捷支付”,用户无须开通网银便可用银行卡进行网上交易支付(目前合作银行80家左右)。2011年5月,京东商城宣布放弃与支付宝合作,京东CEO解释主要是支付宝费率较快钱、财付通、汇付天下更高,京东商城的支付宝交易额占支付宝总交易额不到千分之一(2010年数据,京东商城货到付款占比90%)。

2011年5月,中国人民银行宣布支付宝、财付通、易宝支付等27家公司获得央行颁布的首批第三方支付牌照，支付宝业务范围涵盖货币汇兑、互联网支付、移动电话支付、预付卡发行与受理（仅限于线上实名支付账户充值）、银行卡收单等，这也意味着第三方支付无序状态的结束，新一轮业务深耕的开始。

与其说支付宝的成功是源于拥有一个实力雄厚的“靠山”淘宝，倒不如说是因为它最早找到电子商务这个切实存在且不断成长的应用之所。而近几年支付宝的爆发则更多归功于两个延伸：从淘宝向淘宝之外的电子商务零售商延伸，从电子商务向更多传统支付领域延伸。

从境内第三方支付到跨境电子支付

“出门不带钱包，带了钱包也没钱”是不少人的真实写照，越来越便利的电子支付，也让很多人感慨，一部手机在手，走遍中国都不愁。可是，支付宝的目光，并不局限于国内市场，早在2013年，支付宝就成立了国际事业部。近年来，支付宝明显加快了脚步，多个国家地区频繁传来支付宝的声音。在国内第三方支付行业竞争大局趋于稳定后，支付宝、快钱等龙头企业不约而同地开始将触角伸向跨境电子支付领域。

2007年，银联成为国内首家开展跨境支付业务的第三方支付公司。支付宝此时开展跨境支付业务，意味着与银联展开竞争。为此，支付宝首先从跨境收购入手。2011年9月5日，支付宝收购了安卡国际集团旗下安卡支付，在进入国际航空支付领域的同时奠定了深度拓展跨境业务的基础。2012年，世界贸易组织认定银联存在垄断行为。为了更好地发展第三方支付市场，终于允许其他第三方支付公司进入跨境支付服务领域。

当然，支付宝从来不是市场的独享者。2013年9月，国家外管局发放了首批17张跨境支付牌照。2014年，第二批共5家第三方支付平台获得跨境支付牌照。进入2015年，跨境支付走上了法制化和规范化道路。国家外汇管理局正式发布了《国家外汇管理局关于开展支付机构跨境外汇支付业务试点的通知》和《支付机构跨境外汇支付业务试点指导意见》。允许部分拥有《支付业务许可证》且支付业务为互联网支付的第三方支付公司开展跨境业务试点。截至2015年底,获得该资格的支付平台数量为27家。2016年,跨境业务试点企业数量维持不变。直至2017年春季,外管局又批准3家参与跨境试点。自此,拥有跨境支付资格的支付平台数量达到30家。

就目前而言,从事跨境支付业务的支付平台主要采用两种业务模式:第一,卡组织合作:跨境支付平台与国际信用卡组织合作,货币转换、清算资金由卡组织完成。第二,银行合作:跨境支付平台与境内、境外各个银行达成合作,银行协助买家购买外汇,并完成支付。跨境支付包括境外线下消费、跨境转账汇款、跨境网络消费三种途径。而第三方支付中的跨境支付平台也是跨境转账汇款三种主要途径之一,另外两种途径分别为商业银行和专业汇款公司。

对于国内第三方支付行业进军跨境支付,有专家指出,之前电子支付企业的竞争主要集中在航空、网购等热点领域。而外贸电商这样的新兴领域因其庞大的市场规模和频繁的资金流动需求,无疑为支付企业提供了新的成长空间。而随着"一带一路"的推进,跨境支付无疑成为第三方支付的新战场。

据阿里研究报告:预计到2020年,中国跨境电商交易规模将达12万亿元,约占中国进出口总额的37.6%;其中,中国跨境电商零售交易额将超过3.6万亿元,年均增幅约37%。支付宝在跨境电商发展中起到推波助澜的作用。尽管近年来跨境电商发展迅速成为跨境支付的最大市场,但其占跨境支付份额才达到25%,与紧随其后的酒店住宿、留学教育和航空机票等三个大类没有拉开多少差距。这四类业务加在一起占据着八成左右的份额,换句话说,当前跨境支付的市场主要集中在服务行业和跨境电商业务上。

阿里自2014年2月19日上线天猫国际,直接搭建跨境电商平台;7个月之后,又成功登陆美国资本市场。上市之后,阿里巴巴"全球买手"马云一次次地飞赴海外，开启阿里跨境电商新元年。2017年，支付宝加快了伴随中国人“走出去”的脚步，累计接入36个境外国家和地区的数十万商户，支付总笔数较2016年增长了306%。2018年8月1日，支付宝宣布在暑假期间支持支付宝线下移动支付的国家和地区已经达到40个，支持支付宝手机退税的机场也增加到了80个，支付宝的退税业务已经覆盖到全球34个国家和地区。可以说，支付宝真正做到了“汇通全球”。

当然，跨境支付之所以会成为第三方支付的新战场，除了市场状况和企业策略外，还有一定的客观有利因素。央行于2015年推出的人民币跨境支付系统（CIPS），从业务流程、服务协议、技术规范等多方面构建起了人民币跨境支付业务的基础。相比传统的大额支付系统，CIPS的优势非常明显。

尽管央行推出人民币跨境支付系统的目的是为了推动人民币在全球范围的使用，并最终成为全球货币，但客观上为第三方支付企业开展跨境支付创造了有利条件。

从电子支付到移动支付

2011年开始，支付宝进入爆炸式发展新阶段。这个阶段可谓是一年一个大动作，三年一个新时代。

2011年，支付宝开启了移动支付的“扫码时代”。2011年7月，支付宝推出手机支付产品——条码支付（BarcodePay），进军线下支付市场，消费者和商家间通过支付宝条码进行交易，无须银行卡，支付宝用远程支付模拟近场支付，推行线下支付网络化发展。2011年9月1日支付宝的交易额达到30.4亿元，创历史新高。同日的交易笔数达到1130万笔。这一交易额已经打破2010年11月11日淘宝商城“双十一”大促时支付宝创下的日交易额29.1亿元的全球纪录。支付宝在交易额和交易笔数上已经远远超越此前的全球领先的支付公司PayPal。2011年11月11日，淘宝商城支付宝交易额突破33.6亿元，支付宝当天支付成功3369万笔,再度刷新世界纪录。其中,无线支付笔数就达到171万笔,快捷支付笔数达到1150万笔。

2012年2月8日起,支付宝关闭信用卡充值服务,但可继续使用信用卡付款。2012年4月19日,支付宝水、电、煤缴费开通信用卡快捷支付。除了以往支持的借记卡卡通、网银和支付宝余额这些方式,用户可以使用信用卡以及快捷支付缴纳水、电、燃气费。2012年5月11日,支付宝获得基金第三方支付牌照,开始对接基金公司。2012年11月11日,支付宝在“双十一”当天成功交易1亿零580万笔,交易额突破191亿元,其中无线支付近900万笔。

2013年,支付宝开启了“宝宝时代”。2013年6月17日,余额宝服务正式上线。余额宝的出现,令银行等金融机构大呼“狼来了”。因为这意味着支付宝不仅仅是支付工具,某种程度上,还拥有了银行的存储功能。余额宝是支付宝打造的余额增值服务,把钱转入余额宝即购买了由天弘基金提供的天弘余额宝货币市场基金,可获得收益。余额宝内的资金还能随时用于网购支付,灵活提取。到2013年7月1日,仅仅18天,余额宝用户就突破250万。2013年12月31日,余额宝的客户数达到4303万人,规模1853亿元,累计带给用户17.9亿元收益;2014年9月底,余额宝用户数增至1.49亿人,规模达到5349亿元;截至2016年6月,余额宝的用户数为2.69亿……

实际上,用户转入余额宝账户的资金相当于购买天弘基金管理有限公司旗下的增利宝货币基金。目前,增利宝货币基金已成为世界第四大货币基金,中国规模最大的货币基金。

2013年11月11日全天,支付宝成交额350.19亿元,实现手机支付笔数4518万笔,占支付宝整体交易笔数的24.03%,支付宝手机支付额突破113亿元。

移动支付的“蚂蚁”时代

2013年3月，支付宝的母公司——浙江阿里巴巴电子商务有限公司，宣布将以支付宝为主体筹建小微金融服务集团，即蚂蚁金服的前身。2014年10月蚂蚁金服正式成立。

蚂蚁金服的第一笔对外投资是在2013年10月，以11.8亿元认购天弘基金管理有限公司2.623亿元的注册资本，持51%股份，成为天弘基金最大控股股东。

2014年10月蚂蚁金服正式成立后，蚂蚁金服将自己定位为互联网金融服务生态系统，通过对外投资与内生性发展，逐步形成了五大业务板块：支付、理财、融资、综合金融与金融基础设施。

之所以定位为“生态系统”，业内有人评说是受到微信的启示。因为支付宝虽然在移动支付领域占据很大的优势，但拥有社交基因的微信，以“红包”的形式，迅速把微信支付做了起来，让支付宝如坐针毡。更关键的是，相比于微信来说，支付宝只是一种支付工具，而微信构建的是一个生态系统。

在移动互联网时代，工具类产品的可替代性非常高，存活率极低。所以支付宝必须从纯工具向平台转型。支付场景与生态之争，将成为未来一年支付宝和微信支付的竞争主题。

在蚂蚁金服的投资中，如果说那些与金融业务相关的投资是为了进攻、为了扩大业务版图，那么另一些看似与金融业务无关的投资，比如口碑网、饿了么、滴滴出行、淘宝电影、百盛中国等，则是为了投资场景，以巩固支付宝的市场占有率，这一类投资是防御。

蚂蚁金服在支付入口和场景方面的投资，主要跟随支付宝的变化而进行。随着支付宝从担保交易工具逐渐发展为移动支付工具，更多想象空间被打开了。蚂蚁金服首席战略官陈龙曾在2015年7月表示：“未来支付行业的竞争，在支付以外。”这意味着蚂蚁金服以支付宝为平台，开始构建更多金融与生活支付场景。

根据中国互联网络信息中心2018年1月31日发布的数据，截至2017年底，中国约47%的农村网民使用了移动支付，一年前这一比例为31.7%。的确，对于中国城市人口而言，互联网已经成为日常生活的一部分，可以看电影、跨境购物、叫外卖。相对来说，生活在农村地区的人们一度被互联网革命甩在了后面，现在正是利用互联网缩小城乡差距的好时机。

据媒体报道：在2018年1月30日国新办举行的新闻发布会上，工信部总工程师张峰表示，截至2017年10月底，我国移动支付交易规模近150万亿元，居全球首位。另有报告显示，我国手机支付用户规模增长迅速，截至2017年12月，达到5.27亿人，较2016年底增加5783万人。另悉：截至2018年3月，全球支付宝及其合作伙伴们已经服务了约8.7亿名活跃用户；其中，国内活跃用户数已达5.52亿人。

另有《2017移动支付用户调研报告》显示：2017年，98.1%的用户表示最常在生活类场景使用移动支付，如购买吃穿用方面的生活所需品等；其次为票务类，如购买电影票、演出票等，占比为80.6%；酒店、机票等商旅方面的支出排名第三，占比为68.9%；公共事业类缴费排名第四，占比为61.5%；通过移动支付在娱乐业务下载场景和投资理财场景进行支付的用户，分别占比为55.2%和40.2%。以上应用场景下的移动支付使用多数较2016年有显著提升，可以说，移动支付已广泛应用于日常生活的方方面面。

毫无疑问，在整个第三方支付飞速发展的背景下，移动支付已成为未来新趋势。

比尔·盖茨曾说：传统的银行方式会成为21世纪的恐龙。新的模式会出来替代原有模式。随着移动时代全方位的到来，中国近代商帮各大票号"汇通天下"的梦想通过支付宝、微信支付等形式得以实现。

"阿里巴巴，有一本书它叫天方夜谭，很奇妙又好看……"

古老的传说正被中国一个叫"阿里巴巴"的快乐"青年"诠释和演绎。

第二章

蚂蚁金服的"大象"之志

孕妇员工有专用的躺椅;员工食堂一天供4餐,可以吃到全球美食;为了坐得舒服,每个员工都配了一把进口座椅,即使坐上一天也不累;办公室美得不像话,身处其中更像在休闲吧……

历时5年的设计和施工,2017年8月9日,蚂蚁金服花11.3亿元在杭州西溪路上建成的新大楼正式启用,蚂蚁"Z空间"也揭开了神秘面纱,位于杭州西溪路和天目山路之间,占地50亩,由4幢不规则且相互连接的大楼组成,整体造型呈Z字形。不少网友直呼想跳槽。

这是阿里巴巴集团继滨江总部和余杭淘宝城以外,在杭州的第三个自建园区。也是继2009年6000名阿里员工跨江迁至滨江总部,和2013年阿里再次动员万人搬迁余杭淘宝城之后的第三次大规模搬迁。

新园区建成以前,蚂蚁金服的员工租用的是2千米以外的黄龙时代广场B座。蚂蚁金服的前身支付宝,2004年创立之初有22名员工,但随着业务扩大,旧楼很快显得局促。2012年,蚂蚁金服还未成立,新大楼开始破土动工,此时支付宝员工已有3600多人。

蚂蚁"Z空间"由美国NBBJ建筑事务所操刀设计。关于这家美国公司,最为人津津乐道的设计作品,包括美国西雅图的星巴克集团和挪威奥斯陆的世

蚂蚁金服新大楼

界电信总部等。和这些知名建筑一样，"Z空间"按照美国绿色建筑LEED金牌认证的标准设计，内部是许多人梦寐以求的工作天堂，有网友说甚至可以媲美"全球最佳雇主公司"谷歌总部。

蚂蚁"Z空间"总共有9层，可容纳8000人。大楼里分布着工作区、就餐厅、健身房、孕妇休息室等，整体设计风格是年轻人大爱的简约风和小清新。

蚂蚁金服旗下有支付宝、余额宝、招财宝、蚂蚁聚宝、网商银行、蚂蚁花呗、芝麻信用、蚂蚁金融云、蚂蚁达客等子业务板块。率先入驻Z空间的3000多名员工大多来自口碑、国际业务和客服部的员工。园区内剩余的5000多个空位还未开放，但行政人员却说，它们是为阿里大文娱的员工准备的。至于那些还留在原址的蚂蚁金服员工们，将会在未来几年搬进几千米外的另一栋新大楼。

蚂蚁金服融资估值是从2015年完成将近18.5亿美元的A轮融资，估值300亿美元开始，蚂蚁金服的估值一路水涨船高。2018年6月8日，蚂蚁金服宣布完成140亿美元的C轮融资，市场给出的估值普遍超过1500亿美元，位列中国独角兽之首。

一家2014年10月才正式成立的公司，何以在短短4年时间里，实现首轮融资估值就超450亿美元、B轮融资估值达600亿美元、C轮融资估值超1500亿美元的成绩？

答案是：这个"蚂蚁"不一般，智能科技的蚂蚁有"神通"。

做普惠金融，为小微服务的"蚂蚁"愿景

蚂蚁金服方面表示，"之所以选择这个名字，是因为我们是从小微做起，我们只对小微的世界感兴趣，就像蚂蚁一样，虽然渺小，但它们齐心协力，焕发出惊人的力量，在去目的地的道路上永不放弃"。

做普惠金融，曾是蚂蚁金服的定位与使命。

起步于支付宝，依靠移动互联网、大数据、云计算为基础的蚂蚁金服，天生就具备了信用采集的优势。于是，蚂蚁金服喊出了"让信用等于财富"的口号，致力于打造开放的生态系统，通过"互联网推进器计划"，助力金融机构和合作伙伴加速迈向"互联网＋"，为小微企业和个人消费者提供普惠金融服务。

比如蚂蚁金服旗下的芝麻信用，通过云计算、机器学习等技术客观呈现个人的信用状况，一经推出，便在信用卡、消费金融、融资租赁、酒店、租房、出行、婚恋、分类信息、学生服务、公共事业服务等上百个场景为用户、商户提供信用服务。

余额宝就是普惠金融最典型的代表。其"1元起购"的特点降低了理财门槛，提高了理财收益，满足了居民日益增长的资产配置需求。截至2017年年末，余额宝的用户数达到了4.74亿户，同比增速达到45.85%，其中个人投资者占到了99.94%。余额宝持有人这一数据还在发展，到2018年8月底到了5.6

亿人。

用户规模的快速增长使得余额宝的规模高速增长，从2014年底的5789亿元增长到2017年底的1.58万亿元，年复合增长率达到39.72%（同期国内排名第二的货币基金融通汇财宝规模仅为282.8亿元，余额宝是其55.83倍）。余额宝的净利润总额也从2014年底的1.85亿元上升到2017年底的4.74亿元，年复合增长率36.84%。

普惠金融的另一个代表是网商银行，截至2016年12月底已为277万家小微企业提供了便捷高效的金融服务，累计为用户提供信贷资金超过879亿元。2016年网商银行营业收入26.37亿元，同比增长942.29%；税后净利润达到3.16亿元，同比增长357.97%。2017年净资产规模达到45.87亿元。

毋庸置疑，多年开疆拓土至今，蚂蚁金服早就不是一家纯粹的支付公司，它既是一个持有众多金融牌照的金融集团，也是一个具有强大的数据和技术能力的科技公司。

有业内人士分析：蚂蚁金服最核心的就是支付宝，而目前支付宝的用户规模与交易量都远远超过PayPal，单凭这一点，蚂蚁金服就可以坐拥千亿美元市值。

但事实上支付宝的商业模式有别于PayPal。PayPal的平均支付费率在4%左右，所以尽管其交易量远不及支付宝和微信支付，却依然赚得盆满钵满。

相形之下，支付宝在国内面临与微信支付的持久战，而这场支付战争的实质是阿里与腾讯的生态之争，因此双方均不惜代价，使得国内第三方支付的费率远远低于国际同行。所以说，高费率模式现阶段在国内行不通，支付宝没法像PayPal、VISA一样轻松地坐地收钱。

所以说，蚂蚁金服是一家以支付为核心业务的公司，但是没法主要靠支付赚钱，目前的盈利支柱是典型的消费金融业务。消费金融尤其是现金贷才是蚂蚁金服现阶段的主要盈利来源，但是这块业务正在承受较大的监管压力。随着监管套利空间的收窄，蚂蚁金服的盈利空间亦将受到影响（不过，蚂蚁金服直到2018年2月，才正式申请消费金融牌照，该消费金融公司将设在重庆。重庆也是蚂蚁金服旗下两家小贷公司的注册地）。

尽管面临竞争对手的挑战和监管的压力，蚂蚁金服仍在努力征战之中。

很多人或许不知道，目前支付宝钱包是仅次于微信和QQ的第三大移动互联网入口，超过了淘宝以及阿里系任何App。不仅如此，支付宝用户主要是相对高价值的金融用户。

历史上，由于支付宝早期主要服务于阿里巴巴电商体系，因此并没有很早推出App，直到2009年6月，支付宝才推出App。接下来，支付宝做对了几件事情，并抓住了历史性的机遇，包括推出快捷支付和条码支付，大力拓展线下支付场景，余额宝一炮而红，以及开放平台战略。

一个堪称里程碑的节点是，在余额宝横空出世的2013年11月，支付宝钱包用户数接近1亿，支付宝钱包正式宣布成为独立品牌。更具深远意义的是，2014年8月，支付宝钱包宣布正式推出开放平台，开放七大类60多个接口，拓展移动应用场景。当年10月，支付宝钱包移动用户达到1.9亿人，半年之后达到2.7亿人。

2017年全年，蚂蚁金服以支付知识产权及技术服务费名义，向阿里巴巴支付的利润分成合计达到49.46亿元；按照37.5%的分润比例折算，2017年全年，蚂蚁金服的税前利润达到131.89亿元。

概括起来，在移动互联网江湖，腾讯依靠微信和QQ占据绝对优势，支付宝是目前阿里系最有分量的App，其渗透率和影响力超过淘宝。客观地说，在移动互联网时代里，电商与支付应用的相对低频特征，使得其在与腾讯的社交应用竞争中天然处于劣势，但支付宝钱包在跌跌撞撞中越做越大，以多维对抗高频，为阿里扳回了关键一局。

另据财报显示，在截至2018年3月31日的财年中，蚂蚁金服旗下支付宝与其全球合资伙伴一起在全球为约8.7亿名活跃用户提供服务。而这一数据证明，支付宝已经成为全球最大的移动支付服务商。

"奉子成婚"与"左拥右抱"的扩张术

虽说蚂蚁金服的愿景是为小微服务,但也不排斥成为拥有金融全牌照金融帝国的"大象"之志。因而,蚂蚁金服从筹备成立以来,短短3年多,走的是跳跃式的开疆拓土之路。

蚂蚁金服作为一家金融服务集团,是典型的"先有儿子,再有老子"的模式。2014年5月,蚂蚁金服(当时的小微金服)提出了"稳妥创新、拥抱监管、激活金融、服务实体"的十六字方针。2014年8月,蚂蚁金服(当时的小微金服)再推理财新平台:招财宝正式面世。2014年10月16日,小微金融服务集团以蚂蚁金融服务集团的名义正式成立,旗下业务包括支付宝、余额宝、招财宝、蚂蚁小贷(后逐渐整合至网商银行)和网商银行(筹)等。

但这些还不够。蚂蚁长成大象就得要有大手笔的兼并收购与创新拓展。

恒生电子在2015年6月8日晚间公告,公司控股股东恒生集团之母公司浙江融信的股东马云及谢世煌与蚂蚁金服签署相关协议,蚂蚁金服将通过认购浙江融信新增股本并收购现有股东剩余股权的方式,获得浙江融信100%的股权。至此,蚂蚁金服成为恒生电子的实际控制人。

而在此之前的2014年4月,阿里巴巴董事局主席马云通过浙江融信收购了恒生电子控股股东恒生集团100%的股份,交易完成后,浙江融信通过恒生集团持有恒生电子20.62%的股份。

事实上,恒生电子并非蚂蚁金服对外扩张的第一步。其第一笔对外投资是在2013年10月,以11.8亿元认购天弘基金管理有限公司2.623亿元的注册资本,持51%股份,成为天弘基金最大的控股股东。

成功控股恒生电子和天弘基金之后,蚂蚁金服于2015年7月初,对外宣布已完成A轮融资,引入了包括全国社保基金、国开金融、国内大型保险公司等在内的8家战略投资者。按照融资额以及占股比例倒推计算,蚂蚁金服当时的市场估值已经超过450亿美元。

完成首轮融资之后，蚂蚁金服迈出了业务创新和投资收购的大步子。

在业务创新方面：2015年7月8日，新支付宝9.0正式发布，新版支付宝增加了社交元素，被认为是支付宝借助关系链提升金融服务质量的重要改版；同年8月18日，蚂蚁金服旗下智慧理财平台——蚂蚁聚宝正式上线；9月，蚂蚁金服宣布启动“互联网推进器计划”，表示将在渠道、技术、数据、征信乃至资本层面，与金融机构加大合作，计划在5年内助力超过1000家金融机构向新金融转型升级；同年10月16日，在蚂蚁金服2015年分享日上宣布，推出专门面向金融行业的云计算服务“蚂蚁金融云”，正式向金融机构开放云计算能力和技术组件；2016年3月，蚂蚁金服发起成立的网商银行，推出了其App，为小微企业及部分个人用户提供贷款、理财、转账等金融服务；2016年3月28日，蚂蚁金服在浙江湖州的安吉县启动“千县万亿”计划，计划整合“互联网＋”的城市服务、生活商圈、创业金融等多个单元，为县域经济和居民生活的“互联网＋”提供推进器。蚂蚁金服表示，希望在3—5年时间里在全国1000个县助推和完善“互联网＋”商业、公共服务和创业金融的平台，通过蚂蚁金服的大数据、技术能力和各地基层政府大数据相结合，撬动万亿元社会信贷资源共同参与县域升级，助推城乡均衡发展……

2016年4月26日，蚂蚁金服对外宣布，公司已于日前完成B轮融资，融资额为45亿美元。这也是全球互联网行业迄今为止最大的单笔私募融资。本轮融资新增战略投资者包括中投海外和建信信托（中国建设银行下属子公司）分别领衔的投资团，而包括中国人寿在内的多家保险公司、中邮集团（邮储银行母公司）、国开金融以及春华资本等在内的A轮战略投资者也都继续进行了投资。

2018年6月完成140亿美元的C轮融资后，公司主要股东为杭州君瀚和杭州君澳，两者合计控制了蚂蚁金服76.43%的股权，企业所有人均为阿里集团高管。C轮融资前，蚂蚁金服引入了国字号投资机构全国社保、中投海外、中国人寿、中邮资本、建银建信、太平洋保险、人保、新华人寿等资本巨头,合计占据了蚂蚁金服10.96%的股权。未来60%的股权为战略投资者持有,40%将作为对全体员工的分享和激励。

在投资并购方面:蚂蚁金服自2014年10月正式成立后,随即加快了对外投资的脚步。其在2014年剩余的两个月内完成了2起对外投资。2015年,蚂蚁金服投资了18家企业,主要集中在金融领域,除投资印度版"支付宝"Paytm外,还投资了趣店、36氪、网商银行、德邦基金、网金社等一大批企业。2016年,蚂蚁金服投资了24家企业,其中包括中和农信、恒生聚源、国泰产险、浙商银行、金贝塔、尚芸飞流等金融企业,还包括人工智能EyeVerify,企业服务企业易佰股份、未来安全、吉大正元、雅座、人力窝WoWooHR等。同年在出行方面投资了大搜车、滴滴出行,在餐饮业投资布局了百胜中国、二维火、饿了么,在传媒方面投资了财新传媒、趣拍云,还在电子商务领域投资了淘票票。

在成立不到4年的时间里,蚂蚁金服投资了64家企业,覆盖了包括银行、股票、证券、保险、基金、消费金融、人工智能、企业服务、汽车出行、餐饮、媒体、影视等诸多领域。

2017年12月,蚂蚁金服全资子公司上海云鑫通过近20亿元增资,成为哈罗单车运营者低碳科技的第一大股东。此次进军共享单车,再次壮大了蚂蚁金服的投资版图。

至此,蚂蚁金服拥有了支付、基金、保险、银行牌照,除了传统行业的基金销售、民营银行、保险、证券,还具有传统金融机构没有的第三方支付、股权众筹以及个人征信等。

与此同时,蚂蚁金服加快了海外扩张的步伐。随着中国的支付市场竞争日益激烈,蚂蚁金服加强了在海外拓展。

Paytm被称为印度版支付宝。2015年1月和9月,蚂蚁金服联合阿里巴巴对Paytm开展两轮投资,合计9亿多美元,占股40%。

蚂蚁金服还于2016年11月战略投资泰国支付企业AscendMoney;2017年

2月注资菲律宾数字金融公司Mynt，同期向韩国互联网公司Kakao旗下的移动金融公司KakaoPay注资2亿美元；两个月后，与印度尼西亚Emtek集团成立一家合资移动支付公司。

通过投资接连进入5个国家后，蚂蚁金服正在以印度Paytm项目为蓝本——借助当地合作伙伴解决牌照和监管问题，同时输出技术和商业模式——构建全球化支付系统。

2017年4月，蚂蚁金服在海外的投资结出了第一颗果实：印度Paytm的用户数已增长至2.2亿人，这意味着Paytm超越PayPal，成为印度第一、全球第三大电子钱包。在印度Paytm成熟后，蚂蚁金服开始把这套经验向其他国家输出，并希望建立一个全球范围的生态系统。为此，蚂蚁金服瞄上了MoneyGram（速汇金）。

总部位于美国达拉斯的MoneyGram是全球第二大国际汇款服务公司，在全球200多个国家拥有近35万个网点，其快速汇款业务能让资金直达全球约24亿个账户。蚂蚁金服考虑收购速汇金，与其说是看重它的美国业务，倒不如说是为了在中国以外的新兴市场进行扩张。

然而，经过亲密接触、反复磋商的蚂蚁金服与速汇金，于2018年1月2日表示：美国外国在美投资委员会（CFIUS）以国家安全为由否决了二者的合并计划。这是特朗普上台以来触礁的最新一起中资企业并购交易。蚂蚁金服为交易破裂向速汇金支付了3000万美元的分手费。

挫折中求变，永不气馁的“蚂蚁”

遇阻的不止MoneyGram（速汇金）这样的海外收购。

2018年2月1日，很多人收到这样的一条短信：“因余额宝规则调整……”这是指，天弘基金对余额宝这一产品在2018年2月1日到3月15日期间设置了每日申购总量，“防止余额宝货币市场基金规模过快增长”。

2013年,余额宝诞生,4年来已成长为全球首支万亿元规模的货币基金产品。余额宝是蚂蚁金服最大的大象级产品,它依托于支付宝的庞大沉淀资金,一边对接成千上万投资者形成庞大资产,一边转手变存款,对接各家银行分支行网点,稳赚中间利差。一般而言,流动性与收益性不可兼得,但余额宝颠覆了这一“规律”。2017年,央行主导成立网联,剑指包括支付宝在内的第三方支付机构直联银行、备付金等问题。

而在余额宝之外,蚂蚁金服其他板块很难创造一样的奇迹,无法为蚂蚁金服带来以数十亿元计的利润:网商银行受制定位于小存小贷和30%的控股比例,目前和腾讯旗下微众银行类似,年利润在3亿多元;主打销售理财产品平台的招财宝在收缩;销售基金产品的蚂蚁聚宝波澜不惊。

但就在这两年,花呗、借呗因消费金融市场蓬勃发展而生,再因小贷ABS(资产证券化)迅速放量,成为蚂蚁金服另一个现象级产品。2017年,花呗和借呗发行的个人消费贷款ABS呈现井喷趋势,随之而来的是净利润的快速增长。花呗发行了1875亿元的个人消费贷款,同比增幅292%。借呗发行了1399亿元的个人消费贷款,同比增幅750%。2017年,两者合计为蚂蚁金服带来了四五十亿元的年利润,正好补上了因为政策面取消备付金利息的缺口。

2017年12月1日出台的141号文《关于规范整顿“现金贷”业务的通知》中,要求网络小贷公司以信贷资产转让、资产证券化等名义融入的资金应与表内融资合并计算,与表内融资合并计算后的融资总额与资本净额的比例,不得超过既有规定。

如此一来,在去杠杆之路上,以表外融资见长的蚂蚁金服首当其冲。

彼时,蚂蚁金服旗下两家小额贷款公司发行的ABS产品存量规模已达3500亿元,占据沪、深交易所的半壁江山。其中,截至2017年底,在交易所市场发行的蚂蚁花呗ABS存量达1961亿元、借呗1346亿元,占到了中国消费类资产证券化市场的90%以上。

花呗的主体是重庆市蚂蚁小微小额贷款有限公司(下称蚂蚁小微),主打消费分期；借呗的主体是重庆市蚂蚁商诚小额贷款有限公司（下称蚂蚁小贷），主打个人信用贷款。而这两家小额贷款公司的注册资本合计只有38亿元，若ABS回表计算则杠杆率达80余倍，远高于重庆市金融办所要求的2.3倍。

为此，蚂蚁金服迅速启动了增资计划：2017年12月18日，蚂蚁金服宣布向两家小贷公司新注资82亿元，使得两家公司的资本金达到120亿元。此举显示了诚意，但与蚂蚁小贷业务的规模和增速相比，恐是杯水车薪。相对照之下，按照消费金融公司的标准，蚂蚁小贷的资本缺口相对要小一点。

几天后，传出蚂蚁小贷业务在申请消费金融公司牌照的消息。该消费金融公司将设在重庆。重庆也是蚂蚁金服旗下两家小贷公司的注册地。

蚂蚁金服早就是新金融领域的领军企业，却一直没有获得消费金融牌照。银行牌照都已经有了，为什么没有消费金融牌照？其实不只是蚂蚁金服，BATJ（百度、阿里巴巴、腾讯、京东）都有消费金融业务，但都没有消费金融牌照。

蚂蚁金服并非对牌照没有布局，它已经获得了第三方支付、民营银行、小贷公司等牌照，且布局较早。一直没有获得消费金融牌照，应该还是受资产规模和营收的限制。无论是资产规模600亿元还是营收300亿元，对于早期的蚂蚁金服而言还是一个较高的门槛。

事实上，对于新金融领域的企业而言，消费金融牌照价值更大。获得消费金融牌照意味着可以成为合法的放贷主体，且比小贷牌照有更高的杠杆率。以蚂蚁金服为例，前期大量通过ABS融资发放的贷款需要并入表内，对资本需求非常大。两家小贷公司注册资本扩张到120亿元，以2.3倍的杠杆率，明显还不太够。如果能够获得消费金融牌照，经营杠杆通常可以达到8—9倍，可以在很大程度上消化之前的放贷规模。因而，当客观要求与自身条件都已具备时，申请消费金融牌照应该是水到渠成的。

2018年2月1日，阿里巴巴与蚂蚁金服联合宣布，阿里巴巴将入股蚂蚁金服,并获得33%的股份,同时终止当前的利润分享协议。有分析人士认为蚂蚁金服说服了阿里及阿里的股东们,启动了这一利润换股权的方案。这至少在当下减轻了蚂蚁利润分红对自己补充资本形成的巨大压力。

另据蚂蚁金服2018年初的融资文件,其财富管理业务目前管理着2.2万亿元(合3450亿美元)的资产——这一此前从未公开的数据将使蚂蚁金服成为世界最大的消费者财富管理平台。其中,余额宝管理着1.5万亿元,是世界最大的货币市场基金。

此外,由阿里年报反推,2017年蚂蚁金服税前利润首次破百亿元,达131.9亿元,同比增速高达354%。

从开放赋能到生态共治

据公开消息:2018年9月20日,蚂蚁金服副CTO胡喜对外宣布:蚂蚁金服的金融科技正式全面开放,为行业提供完整的数字金融解决方案,包括容灾系统在内的多项核心技术和解决方案,如金融安全、区块链等都将对合作伙伴开放。

据悉:2018年8月15日,蚂蚁金服开放日广州站上公布了第一期的14位开放生态合伙人名单,主要涉及出行、教育、医疗三大行业,同时也启动了第二期向全行业的开放式招募活动,生态合伙人将和蚂蚁金服开放平台一起探讨所在行业的发展情况并共同制定行业的发展政策。

这是一个重要信号,意味着蚂蚁金服正从开放赋能逐渐走向生态共治。

回过头去看,蚂蚁金服开放平台的搭建过程更像是拼拼图和搭积木,通过阶段性的逐步开放、落地和生态共治,如今已经初步形成与生态伙伴共赢共生的开放生态,接下来,随着蚂蚁金服开放平台的不断扩展,这一拼图还在不断地扩充和壮大中。

第一块拼图是移动支付。无论是高端商圈还是路边烟酒小店,作为“新四大发明”之一的扫码支付早已经变得不再稀奇。数据也能够反映出国内移动支付发展现状，目前过40万亿元的移动支付市场，支付宝以53.76%的市场份额排在第一位，这也在印证着支付宝对于国内移动支付普及的推动。条码支付、扫码支付、App支付、网站支付、VR支付等等，支付宝在支付领域一直在通过自我升级满足着用户的支付需求。

第二块拼图是多能力助力传统行业升级，也就是“互联网＋”的场景延伸和落地。作为连接线上线下、用户与商户之间的支付环节，蚂蚁金服在阿里新零售的排兵布阵中成为非常基础而重要的一环。

阿里巴巴CEO张勇认为，围绕着人、货、场当中所有商业元素的重构是走向新零售非常重要的标志，而其核心就是商业元素的重构能不能有效、能不能真正带来效率。基于对这一理念的认同，蚂蚁金服构建了一个以技术驱动的“支付＋会员＋运营技术金融”的全链路解决方案，利用大数据，从商品、会员、交易、营销等多个方面助力传统商家向新零售转型。尤其是随着蚂蚁金服生态的逐渐开放，各种能力的叠加和组合使得这个拼图的影响力越来越壮大。

第三块拼图就是共治理念下不断扩充的生态圈。需要覆盖如此多行业、场景和维度的服务供给，仅靠蚂蚁金服是肯定无法实现的，在这个商业生态的快速迭代和赋能过程中，蚂蚁金服“生态共治”的理念逐渐清晰起来，一个去中心化的基础能力开放平台雏形初现。

在开放生态之中，蚂蚁金服希望能够有更多合作伙伴和参与者共同建设、共同维护，以使生态良性发展，蚂蚁金服则做好最基础的技术和服务以及连接的工作。

蚂蚁金服对外表示，蚂蚁金服将会做更多“基础设施”建设，把其他利润好的、高附加值的商机让给合作伙伴，“就像我们来建造公路，然后让合作伙伴们的车子在上面跑”。

智能化的"蚂蚁"越战越勇

当前，移动支付已经进入下半场，流量红利已经见顶，未来比拼的是"生态"效应，也就是"支付带来的叠加价值"，包括信用、理财、保险、信贷、营销等多种服务。

事实上，从支付宝成立到现在，蚂蚁金服的业务不断拓展，不但包括银行、股票、证券、保险、基金、消费金融等金融领域，还涉及人工智能、企业服务、汽车出行、餐饮、媒体、影视等非金融领域，业务结构不断多元化，应用场景也可以涵盖餐饮、交通、公共事务、医疗服务等13个不同情景。目前，蚂蚁金服已形成支付、理财、微贷、保险、征信、技术输出为主的六大业务板块，以及普惠金融、科技、全球化为首的三大发展战略。

"货通天下、汇通天下"是千百年来中国商业大亨的最高追求。商业祖师爷陶朱公都没敢这么想，红顶商人胡雪岩和明朝巨富沈万三没有达到这个高度，晋商乔致庸差一点达到但最终失败。现在马云要做的就是前人所没有做到的事情。借助阿里庞大的电商生态体系和蚂蚁金服，已经上市的阿里巴巴集团基本帮助马云达成了"货通天下"的目标。

然而，蚂蚁金服的志向并不仅仅是"汇通天下"。

随着移动互联网的发展，互联网也即将进入万物互联的时代。阿里巴巴近期提出ALLinIoT全面进军物联网领域，主要聚焦智能城市、智能生活、智能制造、智能汽车4个领域。

概览蚂蚁金服的战略发展：蚂蚁金服的前身支付宝的成立正好赶上互联网在中国快速发展的阶段，借助阿里电商平台的引流，支付宝乘势而上，依靠第三方支付业务快速地积累了大量的长尾用户，成为一个巨大的流量入口。借着巨大的流量，蚂蚁金服进一步拓展和推广自己的业务，从支付拓展到理财、微贷、保险、信用，从而全方位覆盖生活的各个场景，为用户提供一站式的服务，以此来进一步吸引更多的用户。这样就形成了一个良好的金融生态闭环，构建起自身的护城河。并且随着产业链的不断拓展，场景会不断丰富，护城河会越来越宽，优势越来越明显，强者恒强。截至2018年6月1日，蚂蚁金服共参与98起投资事件，覆盖金融、人工智能、企业服务、出行、餐饮、文化娱乐、生活服务、农业、房产家居、电子商务10个领域。

2017年，肯德基开设了全球首家刷脸支付餐厅。截至2018年3月，支付宝4.5亿名用户中已有超过1.5亿名用户使用过人脸识别功能……这些对安全性和技术能力要求最高的支付交易场景背后，是蚂蚁金服提供的金融级人脸识别验证技术。

蚂蚁金服很重要的一个成功因素是技术创新，其主要业务的科技水平均走在行业的前列。目前，蚂蚁金服40%的员工都是技术类员工，而在参与决策与战略制定的管理层中，也有四分之一都是技术出身。

自1990年上交所成立至今，中国的金融市场已走过近30个年头，与之相匹配的金融IT发展可以归纳为三个阶段——数字化、网络化、智能化。数字化阶段目前已基本过了顶峰期，互联网金融浪潮正盛，金融将变得更普惠、更平等、更可持续、更具包容性。而随着人工智能、云计算、大数据、区块链等新技术的崛起，智能投顾、智能投研、智能风控等技术正在快速发展，智能化浪潮已经开启。

值得关注的是：蚂蚁金服的收入主要由三部分组成，分别是支付连接、金融服务和技术服务。其中，支付连接的利润率是最低的，其次是金融服务，而技术服务的利润率可以高达60%。蚂蚁金服目前确立了以BASIC技术（区块链、人工智能、安全、物联网、金融云）为核心的战略发展方向，持续不断地从Fin向Tech转型。预计到2021年时，蚂蚁金服的技术服务收入将上升至总收入的65%，超过支付收入成为第一大收入项。

蚂蚁金服成功证明技术可以帮助金融显著提高效率、降低成本，更重要的是能够重构金融的触达方式。通过技术的开放共享，和合作伙伴一起，可以很好地为用户创造价值和体验。而资本市场给科技公司的认同也远高于金融机构，这充分体现了科技创新驱动战略的重大意义。

当然，金融监管是Fintech做大做强的必经之路。中国的证券市场成立至今不到30年，已经取得了举世瞩目的成就，但是在高速发展的背后也存在很多隐患和问题。在经历了以金融自由化、影子银行、资管繁荣为特征的金融扩张周期后，随着经济增速的放缓，经济发展进入结构性改革时期，防范化解金融风险的重要性和紧迫性不言而喻。

侧重于技术服务的蚂蚁金服，即便是在金融强监管的背景下，依托科技创新和模式创新，仍频频传来好消息：

2018年3月1日，据路透社报道，阿里巴巴集团金融关联公司蚂蚁金服和"印度版大众点评"Zomato在周四宣布，蚂蚁金服已向Zomato投资1.5亿美元，这笔交易对后者的估值超过10亿美元。

2018年4月26日晚，孟加拉国最大的移动支付公司bKash和蚂蚁金服联合宣布达成战略合作，后者将通过分享技术和经验与孟方一起为当地消费者提供更方便和安全的数字金融服务。

同天消息，阿里巴巴集团旗下蚂蚁金服出资1.85亿美元入股挪威电信公司在巴基斯坦子公司Telenor Micro Finance Bank，还将在巴发展移动支付和小额信贷服务。

2018年5月18日，蚂蚁金服旗下消费信贷产品花呗宣布向银行等金融机构开放。2018年6月8日，蚂蚁金融服务集团对外宣布新一轮融资，融资总金额140亿美元。2018年6月15日，首批展业名单里的太平洋寿险正式与蚂蚁金服保险平台签约。2018年8月17日消息，蚂蚁金服区块链携手航天信息已经在悄然试水区块链医疗电子票据服务。

智能科技的"蚂蚁"军团，终能逢山开路，遇河架桥，勇往直前……

| 第三章 |

八卦田里“长”出基金小镇

钱塘江畔，玉皇山南。

这座掩映在钱塘江和玉皇山间的玉皇山南小镇，静谧闲适，俨然像剥离出喧嚣的另一个世界。

有报道说，截至2018年4月，玉皇山南基金小镇累计入驻企业2589家，总资产管理规模10599亿元，税收累计43亿元。而此前3年，小镇在上述领域均连续实现“翻一番”。

这就是被誉为东方“格林尼治小镇”的玉皇山南基金小镇。有谁知道，若干年前，这里曾是陈旧杂乱的城中村和旧仓库、旧厂房。短短几年间，从无到有，从诞生到繁荣，已成为大量基金公司和金融才子汇集的天堂。

萋萋荒草地，昔日皇城根

杭州有一个景点“八卦田”。在西湖的盛名之下，“八卦田”似乎有点微不足道。但其在中国农耕文化中却意义不凡。

八卦田占地约150亩，位于西湖风景区东南侧的玉皇山南麓，又称“八丘田”。上面种着八种不同的庄稼，一年四季，八种庄稼呈现出不同的颜色。在八

玉皇山南八卦田

卦田中心，有个圆圆的土墩，那就是太极图。

这可不是一般的农田，而是有着厚重历史底蕴的“皇田”。

话说宋高宗赵构带着一大群皇亲国戚、文武百官，来到杭州。他们看西湖这地方风景很好便停留下来，在凤凰山脚下建造起宫殿和花苑。但皇亲国戚们仍是吃、喝、玩、乐，过着奢侈的生活。杭州的老百姓见此大为不满，街头巷尾议论纷纷。风声传到皇帝的耳朵里。他怕老百姓要作乱，便召集文武百官来商量。有个文官想出一个主意：只要皇上开辟一块籍田，说是皇上亲自耕种，百姓就会心服口服了。于是，皇帝下了一道圣旨：“寡人深念民间疾苦，开辟籍田躬耕，与庶民共尝甘苦……”没过几天，在玉皇山下，果然开出一块籍田。

正史记载说，南宋绍兴十三年(1143)正月，宋高宗赵构为表示对农事的尊重和对丰收的祈祷，采纳了礼部官员的提议，开辟籍田于国都南郊(即目前的八卦田遗址处)，在每年春耕开犁时，皇帝亲率文武百官到此行“籍礼”，执犁三推一拨，以祭先农。自此，八卦田添上了一层皇家色彩。

此后朝廷更迭，八卦田渐渐变为景区，历代文人多有吟咏。到明代以后，籍田一直作为良田由附近居民耕作。

进入20世纪90年代以后，八卦田周围变得既不像农场又不像工厂，既不像景区又不像城区。周围是灰暗的建筑、嘈杂的市场以及污染严重的仓储加工场所，还有废弃的火车轨道等，将这方原为圣地的沃土湮没在市井之中。

10多年之后，随着杭州城市治理的推进，杭州市委、市政府在2007年启动了玉皇山南综合整治工程。工程占地面积为98178平方米，整治内容主要包括基础设施修缮、绿化充实调整及农作物配置和文化陈设展示三个部分。在玉皇山南综合整治工程拉开序幕的同时，上城区也重新定位这个片区的发展战略。

在杭州的几个城区中，作为核心城区与老城区的上城区，可开发利用的空间资源恐怕是最局促的。换句话说，靠廉价出让土地来招商引资的路子似乎行不通。因而，体现集约型、高密度特点的现代服务业成为该区的主攻方向。

而八卦田周围主要是以杭州陶瓷品市场为核心的石材初加工和仓储业，辖区内有铁路机务段、维修厂等大型国营单位，还有大量民居。建筑陈旧，布局散乱，基础设施残破。如何改造这一切，使之成为现代服务业集聚区？

堪舆七星阵，决计种"金银"

后来的事实证明，杭州上城区的创新意识和眼光确实是超前的。

我国真正大力发展私募市场，推进金融体制改革，始于2012年；与此相应的，杭州市提出了《杭州财富管理中心2014—2018年实施纲要》，提出大力推进金融改革与创新，积极打造以私募金融服务为龙头的财富管理"金三角"目标。而上城区，则在2008年就提了玉皇山南国际金融产业园的规划。

这样的规划，是上城区结合自身空间资源局促的特点，以及上城区金融发展态势良好，金融业增加值居全市前列；玉皇山南与上海的金融区位关系，类似于格林尼治与纽约的关系，与上海具有同城效应等因素量身打造的战略布局。

当然,也有人戏说上城区的领导深谙风水之道。

有报道说,这里曾是中国金融文化和商帮文化的重要起源地和集聚地,除了是南宋皇家挑选的籍田所在地,也是最早的由国家发行的纸币——“会子”的印制地,据基金小镇工作人员介绍,“800多年前,这里就是杭城金融业的‘风水宝地’”。也难怪作家莫言在来访后为基金小镇留下一句话:“背靠玉皇,面对钱塘,杭城风水,此地为上。”

还有人说基金小镇,其实就是一个北斗七星阵,北斗七星在中国儒道两教文化中具有很高的地位,寓意财富集聚、吉祥尊贵。如此旺财的风水宝地,不做金融岂不可惜?

于是,在考虑了方方面面的因素之后,一个打造“玉皇山南国际金融产业园”的规划应运而生。

这个总占地面积约2000亩的杭州山南国际金融产业园,北依西湖,南临钱塘江,东靠杭州新CBD——钱江新城,西望群山,规划十个组团,可用于办公的建筑面积约25万平方米。具体的建设方案分了一期、二期、三期、四期,可说是为后来晋级为基金小镇留足了空间。

一份基金小镇提供的材料中记录,基金小镇的整体布局恰如北斗七星之形,天枢、天璇、天玑、天权构成的北斗之“魁”,恰好是小镇的二期和四期位置,玉衡、开阳、摇光构成北斗七星的“杓”,串联起了小镇的一期、三期。

这个落地于2008年的规划,随之带来了上城区一系列变废为宝的新创意:利用旧貌换新的新手段,“三改一拆”来改天换地——改造旧厂房、旧仓库、旧民居,拆除违章建筑。

旧厂房改造,“修旧如旧”,保持原有的结构体系不变,室内加建小型会务、展示体块及周边回廊,形成丰富多变的室内空间。按照花园式办公的理念,改善厂房周边的庭院环境,尽可能做到“一窗一景”。旧仓库改造,修改建筑外立面,调整建筑内部功能,使得建筑、庭院、空间等具有中式传统建筑的特点，用现代设计从内到外演绎诠释“中式韵味”。旧民居改造，对历史地段进行保护性修缮。经此修缮后的安家塘历史地段已成为杭州仅存的都市里的古村落，甘水巷成为杭州新中国成立以来的典型代表性民居群。考虑到私募（对冲）基金的用房有不一样的需求，相关部门还对办公用房及配套设施功能不断优化。同时，规划一定数量的公共配套空间，通过借鉴中关村车库咖啡等模式，为创业者提供开放式的办公环境，以满足私募基金生态圈建设的需要。

大量的违章建筑，都在挖掘机的轰鸣声中消失，一个充满现代化艺术气息的基金小镇露出雏形。

记得大约在2010年的时候，我的工作单位也正寻求新的办公场所，杭州上城区的领导获悉后主动向我们推荐玉皇山南国际金融产业园，非常热心地领着我们来到这个焕然一新的场所。

漫步在一幢幢隐匿于绿树丛中的中式小楼与庭院，仿佛来到红楼梦中的庭院。串起这些小楼的，是并不宽敞但异常整洁的小道。景区一般的氛围，清新的空气，让人如入诗境。上城区领导自信地介绍，这里将引进各种基金公司，就是那种几个人就能掌管数亿、数十亿元资金的公司。“招商引资，我们也是有选择的。选择来这里的都是谈笑间就能操盘上亿甚至百亿元资金的生意。所以，我们这里营造的是诗意般的办公区间，就是要让财富精英们在自然风光与悠闲舒适的环境下演绎财富故事”。多少年过去，那一段介绍犹在耳畔，而上城区的“梦想”似乎还真的实现了。

截至2014年底，玉皇山南基金小镇已集聚了各类基金机构104家，包括敦和资产、赛伯乐投资、清科集团、联创投资、龙庆资本等国内领先的机构，总管理资产规模超过500亿元，2014年一年，园区企业实现营业收入超过50亿元，税收近3亿元。另有数据显示，6年来，上述这一组数据每一年基本上是50%的增速。

水到渠成时,小镇乘势起

经过6年的发展,玉皇山南已经超越了原先"国家金融产业园"的格局。

对照《杭州财富管理中心2014—2018年实施纲要》,以及上城区乃至杭州市"十三五"规划,上城区着力打造杭州财富管理中心和特色基金小镇的思路日渐清晰。

而打造特色小镇必须有对标。

这里山水相依、城湖合璧、历史积淀的自然生态和人文环境优势,其区位、环境及发展条件与美国格林尼治等基金小镇极为相近。

为此,上城区做出这样的战略定位:通过强化投资、高效管理、战略合作等多途径运作,以格林尼治基金小镇为标杆,运用国际先进理念和运作模式,到"十三五"末,玉皇山南基金小镇将以打造高端产业为战略核心,重点引进和培育私募证券基金、私募商品(期货)基金、对冲基金、量化投资基金、私募股权基金等五大类私募基金,形成鲜明的核心业态,并围绕核心业态打造出私募(对冲)基金生态圈和产业链;以引入、培养高素质专业化人才为基础手段,与合作单位共同推进"千里马计划""千人计划"等高端专业人才引进培育项目,成为"基金管理人的摇篮"。未来,玉皇山南基金小镇将建设成为中国一流的私募(对冲)基金聚集区、私募(对冲)基金研究交流中心和培育创新基地,成为我国私募基金集聚发展的典范。

目标明确,底蕴深厚,小镇凭借金融业列入首批浙江省特色小镇创建名单。于是,杭州玉皇山南基金小镇于2015年5月17日正式揭牌。

北临玉皇山,南俯钱塘江,东接宋皇城遗址,西到跑虎路。距离西湖约3千米,距离杭城新CBD钱江新城约4千米。核心区规划总占地面积2.5平方千米,总建筑面积约0.3平方千米。这一次的规划更加清晰,范围在原来的基础上又有新的拓展。

玉皇山南基金小镇街景

规划初期的基金小镇分为四期进行开发：一期八卦田公园片区、二期海月公园片区、三期三角地仓库片区、四期机务段片区。其中，一期八卦田区块，规划为股权投资、私募（对冲）基金类企业；二期开发白塔片海月水景公园区块，包含安家塘、甘水巷两层宿舍的改造建筑、樱桃山独栋及合院农居的改造建筑及临湖建筑群，规划为基金龙头型企业集聚区；三期三角地仓库区块，四期白塔片机务段区块，将引进为基金小镇提供配套金融服务的中介机构、辅助性产业和共生性产业，已经初创及成长性的基金等。

从玉皇山南国际金融产业园到玉皇山南基金小镇，政府自我设置的目标更大了。2008年到2014年间引进了104家金融机构，后来挂牌"基金小镇"之后，目标是在一年内就要力争进园区的企业数达200家，基金小镇管理资产规模突破400亿元！

为了助推产业发展，省市两级政府宣布将为小镇注入100亿元规模的政府性母基金，引导民间资金流向创新型产业。同时，规划在塘北组团设立金融家俱乐部和私募基金研究院。与此同时，选址在樱桃山生态公园内的"车库咖啡"于2015年上半年正式投入使用，成为一个项目、资金对接交流平台。

基金小镇还用"微城市"的理念打造园区，每家企业几乎相当于"独栋"，在保证企业独立空间的同时，又让园区内的金融机构相互连通，实现"亲密有间”。不仅如此,为了吸引相关行业大佬入驻,小镇还将在企业所得税、营业税、落户奖励、购房补贴等多方面给予政策扶持……

种得梧桐树,怎会引不来金凤凰?

2015年7月签约,2016年春节后正式入驻。安丰创投的董事长阮志毅就把公司从黄龙商圈搬进了基金小镇。

他说,首先吸引他的是基金小镇“一步一景”的办公环境——独栋别墅式的办公楼,与商圈的高楼大厦氛围截然不同。但高速宽带网络、职工食堂、健身中心、国际化的医疗机构、教育配套等一系列硬件条件又完全不输于CBD商务区。

小镇行政服务中心实行“五证合一”“一照一码”,新注册企业可以实现一个工作日领证。入驻之后,企业可以享受到“一站式”服务:不出小镇就有银行,还专门成立了国税山南分局,最大程度上为企业做好项目申报、资金扶持对接、银企对接等服务。

“注册,工商有专人服务;办税,小镇的工作人员对我们的行业也是非常了解。”小镇的“软实力”让阮志毅深有感触,“可以说,其他地方只能提供一般化的服务,小镇提供的则是专业化的服务。”

之所以选择落户这里,不光因为美丽的山水风景、优质的硬件配套、贴心的“店小二”服务,更是因为基金小镇构建了一个“金融生态圈”,并且成为创新资源聚集的纽带。“这么多金融机构聚集在一起,我们之间的沟通交流非常多。”阮志毅说。

第一批就入驻基金小镇的浙江赛伯乐创投有限公司也是深有同感。

2015年,赛伯乐新增管理资本30亿元,投资了30多个项目。其中,他们与凯泰资本合作,投资了一个互联网游戏项目。“之前,我们很少尝试游戏、文化娱乐产业,而这正是凯泰资本熟悉的领域。”赛伯乐执行总裁黄昕说,没想到3个月之后,这家游戏公司即被并购,一举升值了3倍,“现代商业的合作应该是开放性的、分享式的,小镇的整体氛围也让我们特别容易找到合适的伙伴”。

很快地，安丰创投、凯泰资本、浙江敦和等私募机构汇聚于此，小镇的资本大咖越来越多。

经过一年的发展，一面打造优美的自然环境，一面布局完备的金融生态产业链——基金小镇很快吸引了省、市政府及部分民间产业母基金落户；吸引了浙商银行等为企业融资服务的商业银行；集聚了财通资管等为代表的资管公司，也吸引到股权投资行业权威数据分析机构、中介机构清科集团入驻。

风水在循环，生态永绵延

浙江省金融业发展促进会秘书长汪炜曾经评说，把块状经济、产业园区按照小镇模式打造，是浙江的又一个创新之举。基金小镇，既满足了投资基金、互联网金融等新金融业态集聚发展、协同创新的需要，又特别符合生态发展理念、特别尊重城镇化建设的规律。

而上城区敢于在金融上进行大胆创新，超前发展私募市场，自有强力支撑：早在2008年的时候，人均GDP达到3.2万美元，每平方千米经济密度达42亿元，在全国省会城市的150余个主城区中列第二位，可以说是全省的“资金洼地”和“资本高地”。

“我们这里起码有三个优越的别人很难比的条件。”基金小镇管委会负责人对记者说。

一是区位条件优越。玉皇山南与上海的金融区位关系，类似于格林尼治与纽约的关系，与上海具有同城效应。借力和对接上海国际金融中心，按照“纽约—格林尼治”模式进行金融产业分工和协同，与上海重点发展的公募基金错位，可以把私募金融产业做大做强。

二是产业资源丰富。眼下的杭州，金融业发展水平仅次于“上北深”。而上城区金融发展态势良好，金融业增加值居全市前列。尤其是上城区股权投资行业起步较早，此前已集聚了多家股权投资企业，走在全省的前列。

三是自然人文融合。玉皇山南位于西湖景区这一世界文化遗产核心地带,拥有国内一流的山水人文环境,具有“三个融合”——历史与人文、环境与文化、金融与文创融合的特征,“这是国内任何私募金融集聚区所无法比拟的,对高端金融人士具有很强吸引力”。

事实上,引得基金公司纷至沓来的,绝不仅仅是这样的硬环境,更主要的是这里能向基金人提供最好的政策软环境。

据介绍,软服务上,小镇深化“店小二”式服务,简化审批手续,通过一站式行政审批服务中心的设立实现办事不出镇、最多跑一次;硬配套上,人才公寓、国际学校、国际医院的打造为企业、人才提供了高品质生活保障。

与国内已建成的金融产业园区相比,基金小镇的税收等政策没有明显的优势。“作为区级政府,倾全区之力,所得税返还也只能到兄弟金融产业园区的一半,对吸引省外龙头企业没有竞争优势。但是,我们‘活用’现有政策资源,积极探索科学的扶持机制。”基金小镇负责人这样说。

他所说的“科学机制”,包括实现省市区扶持政策的叠加,专门成立区私募(对冲)基金小镇领导小组,对基金小镇的政策优惠等进行研究、创新。先行先试,有所突破。

现在的基金小镇,已被列入杭州市深化金融体制改革的试点,相关管理部门对基金小镇也给予了大力支持……玉皇山南基金小镇的开发和快速形成影响,既是其优越的区位条件、优美的生态环境和优秀的文化基因使然,更是省市区政府准确把握时机、专家智库科学定位、行业力量共同推动的结果。

是的,杭州玉皇山南基金小镇,绝不仅仅是杭州上城区的基金小镇,它是融合了省市区各级政府和各要素资源,社会各方共同推动的结果。

2017年12月16日,一个围绕“新金融、新科技、新业态、大湾区”为主题的首届钱塘江论坛在杭州开幕。浙江省委书记车俊在论坛上表示:到2020年,钱塘江金融港湾将成为全国最重要的金融集聚区之一,全省境内外上市公司努力达到700家,金融业总收入超过1.6万亿元,新金融占比超过30%。

时任蚂蚁金服董事长彭蕾在首届钱塘江论坛发表演讲时表示，“从天然良港到数字良港，这是杭州大湾区新的历史机遇，杭州湾也有打造成数字大湾区的优势”。

彭蕾说，以2017年上半年为例，浙江省的GDP增速为8%，但浙江信息产业增加值同比增长了15.9%，占全省经济比重的8.8%。更为重要的是，浙江省有强大的数字化经济的企业基础，今天的浙江不仅是全国民营经济的大本营，也是面向未来的数字经济之都。

在这样的大背景下，基金小镇作为未来杭州国际科技金融中心的一个试点，可谓是众星拱月，顺风顺水。

是的，基金小镇的生命力，绝不止于引进一些私募金融机构，更在于打造了一个循环、共生、共享、共赢的金融业生态圈。

比如，成立私募（对冲）基金研究院，就是这个“生态圈”的一个亮点，也是基金小镇打“服务牌”的一个高招。这个研究院为入驻企业提供专业配套服务，将通过组织私募（对冲）基金论坛、开展私募基金领域研究，建立私募基金管理人的评价和监测系统，发布国内最权威的私募基金行业研究报告，举办金融人才交流活动等。为了这个研究院，上城区本级财政和市级财政，每年拨巨额经费支持。与此相呼应的是，上城区与国务院研究中心合作的新金融研究中心，也已成功落户。

基金小镇还通过组织亚太私募基金峰会，举办金融人才交流活动等方式，举办国内顶级的全球化私募基金论坛，从而提升基金小镇的竞争力和影响力，营造出全球私募基金业精英人士和机构都集结于山南小镇的产业氛围。

基金小镇实现上中下产业链企业的信息互联互通，优势互补，一定程度上形成了资源共享的新金融生态圈，体现在资金、信息和人才等要素实现自由流动，如基金小镇的“路演中心”“基金管理人之家”等，定期举办资本与项目对接活动，引导小镇企业主动拥抱实体经济。小镇还创建了“智·和”同心荟,承载起学习培训、交流互动、路演活动等功能。从2015年开始,每年举办的全球私募基金西湖峰会,也为小镇新金融发展提供高端对话平台,引来了美国格林尼治小镇等“青睐”。

除了构建“金融生态圈”,还得构建生活圈。这几年,上城区出台了一个又一个服务金融业从业人员生活的政策文件。在购房、租房、信息化应用、经营用房装修、人才引进等方面给予高额、细致的资助、补贴。“可以说,通过建造人才公寓,引入超市、娱乐中心、特色餐饮、配套酒吧、茶楼、美容健身等生活娱乐设施,以及其他多种旅游休闲设施,园区形成了完整的生活配套服务体系。”基金小镇负责人介绍说。

基金小镇周边,有不远的传统餐饮汇聚地高银街、中山南路美食街,有创意餐饮集聚地满觉陇、小镇里的杭帮菜博物馆等。小镇周边为杭州市高端生活区,特别是钱塘江北岸沿江大片的高档住宅区,可以为高收入金融界人士提供理想的居住环境。与此相配套的医疗、教育等资源,更是令人顿生羡慕——上城区拥有全省最好的医疗资源,浙一、浙二、省妇保、省中医院等三甲医院密度全省最高,全省知名的中小学也遍布小镇周边,正大力打造的国际化学校,就在不远处……

据统计,截至2018年5月,镇内企业已投向实体经济3428亿元,投资项目1342个,支持企业上市98家。基金小镇在服务浙江实体经济发展过程中的系列作为,也吸引了国家级大型产业基金入驻,如国新国际的国同基金。该基金规模达1500亿元,首期募集超700亿元,帮助中央企业、地方国有企业和民营企业实施国际化战略,参与“一带一路”建设以及企业转型升级发展。

值得欣喜的是,随着国内宏观环境、金融市场等方面的一系列变化,基金小镇对未来的发展模式也有了更清晰的定位。

《杭州市玉皇山南基金小镇三年战略发展规划(2017年—2019年)》(以下简称“《规划》”)显示,小镇在未来将坚持人才强镇战略、协同发展战略、产业生态化战略、国际化战略、文化引领与品牌建设战略,积极提升服务质量,整体提升小镇的核心竞争力，促进小镇可持续发展。

据了解，目前，基金小镇吸引了研究生及以上高学历人才1736人，海归人才400余人，1人入选“国家千人计划”，2人入选“浙江省千人计划”。源源不断的优秀人才资源，已然成为小镇的核心竞争力之一。

只有能够不断自循环的风水才是好风水；只有能够不断繁衍的生态才是好生态。基金小镇要有更美好的未来，必须不断流入优秀的人才，并且不断地创造出新的辉煌。

另有报道说，2017年，借筹办2017全球私募基金西湖峰会的契机，基金小镇与格林尼治建立了合作意向，签订“友好合作备忘录”，并成立玉皇山南基金小镇纽约代表处、伦敦代表处。

而打造世界级基金小镇经典样本是玉皇山南基金小镇的重要目标。此背景下，小镇也开启了从1.0版到2.0版的升级之路。2.0版的玉皇山南将更加侧重功能完善和服务配套，将通过功能、形象、效益“升级”，构建健康有序、完整统一的私募金融生态圈。

经济收益方面，小镇已提出未来3年实现总管理资产规模突破2万亿元，镇内企业投向实体经济5000亿元，投资项目超2000个的目标，无疑会为各地动能转换提供更强推力。

杭州八卦田的当中，是一幅“太极图”，所谓“圣人与天地合其德，日月合其明，四时合其序”。小镇生养之道在于其长期的循环与繁衍生息。故此，唯愿金融小镇不在其名，而在其繁衍金融产业之生态的根本。

|思　考|

跨界创新，走出杭州新金融之路

在传统金融领域，杭州并不占优势。那么，杭州凭什么打造“钱塘江金融港湾”，一个直观的感受是：杭州依靠丰沛的民间资本和近年来崛起的金融科技，走的是错位竞争的路子。

那么，杭州又是如何形成金融科技的优势？答案是跨界创新。比如支付宝和蚂蚁金服的成长。

科技＋模式创新，打破行业垄断的利器

几年前，阿里巴巴董事局主席马云曾放出豪言：“如果银行不改变，我们就改变银行”。这样的豪情，其实是建立在科技支撑和模式创新的基础上的。

回顾淘宝和支付宝的发展，其实就是利用互联网信息技术，不断改变传统商业模式的过程。

众所周知，支付宝开始只是服务于淘宝的一个网上支付工具；而淘宝本身，就是对传统商业模式的一种革命，为的是让商业零售的“成本长度”的显著降低。

事实也如此，2002年，淘宝和支付宝的崛起，改变了人和商品的关系；2009年，O2O出来，改变了人和服务的关系；2014年，有了互联网金融，改变了人和金融的关系；2016年底，马云提出新零售，改变了人和空间的关系……每一次改变，都是科学技术发展与商业模式创新叠加的作用。

比如，随着支付宝越来越完善，安全系统全面升级，客户也越来越放心；而随着技术的不断升级以及模式创新的不断出新，支付宝完成了从电子商务到电子支付，再到移动支付的跨越。

而随着支付宝等第三方支付平台的快速发展，央行终于对这些民营科技公司放开牌照，传统垄断行业被打开一条门缝。所以说，科技与模式创新是打破垄断的利器。

而随着蚂蚁金服等金融科技公司，不断地丰富自身金融理财业务，像蚂蚁花呗、蚂蚁借呗、余额宝、信用卡还款、各种基金的购买等业务，金融科技又推动了普惠金融的发展。

比如蚂蚁金服在2017年推出的“多收多赚”计划：店主们越多使用收钱码，就越大限度享受到即时贷款，做到“多收多免”“多收多赊”“多收多得”“多收多贷”“多收多保”等多维服务。据报道，未来三年蚂蚁金服还将累计为线下小商店提供贷款超过1万亿元。

正是在蚂蚁金服的示范效应下，杭州数字普惠金融发展指数在全国城市中名列第一。对此，杭州市委、市政府表示：今后杭州将充分依托大数据征信，着力破解中小微企业的融资难、融资贵，提高金融供给对实体经济有效需求的吸引性和灵活性，让金融科技真正成为金融回归本源的新动力，包容共享发展的新方式。

从这个角度说，支付宝、蚂蚁金服、网商银行等金融科技公司不仅仅是倒逼银行做出改变，还丰富了银行业态的发展，同时造就了杭州新金融优势。

"互联网+"，让产业数字化、数字产业化、城市数字化

在支付宝等的发展中，人们一方面看到整个数字经济向所有所谓的传统产业进行跨界打击，而被打击的这些产业都在通过数据化的方式进行自我迭代。

是的，人们从支付宝、蚂蚁金服等跨界颠覆的案例中不难领悟：数字可以产业化，而产业更需数字化。

近年来，杭州市抓住"互联网+"的双创浪潮，致力于打造以数字经济为核心的现代化经济体系，在发展数字经济的大潮中培育了独角兽企业。

2017年末，浙江省估值10亿美元以上的独角兽企业有23家，杭州占22家，估值1亿美元以上的企业准独角兽企业全省120家，杭州占87家。同时，全国最大的"独角兽"企业就在杭州，就是总部位于杭州的蚂蚁金服，估值超过1500亿美元。除了蚂蚁金服，阿里还内部孵化出了三只超级"独角兽"——阿里云、菜鸟网络和口碑，另外，淘票票和钉钉估值都是100亿美元。简单相加，阿里旗下的6只"独角兽"估值超过了1.07万亿美元。

而杭州上榜的企业中，除了阿里系的蚂蚁金服、阿里云、菜鸟网络、口碑、淘票票、钉钉外，还有曹操专车、微医、美丽联合、Pingpong、网易云音乐、贝贝网、51信用卡、数梦工场、车猫二手车、同盾科技、盘石等。22家"独角兽"企业只是杭州创业企业的金字塔顶端，杭州还有酷家乐、个推、挖财、元宝铺、古北电子等近百家准独角兽企业，更多的"小兽"已经在高速奔跑的路上。

杭州"独角兽"企业发展呈现出鲜明的地域特征：数字驱动的新业态新模式创新是"独角兽"爆发的主要领域；以阿里巴巴为代表的大企业是"独角兽"企业孵化的重要平台；具有一流创业创新生态的高新区是"独角兽"诞生的集聚基地；众多类型的风险投资是"独角兽"成长的关键因素。总之，"独角兽"企业是新技术、新模式、新业态、新产业的开拓先锋。

而几乎所有的独角兽企业，都是“互联网+”的公司。或者是传统产业+互联网，实现产业数字化，比如菜鸟网络、华立智能制造等；或者是将互联网+产业，实现数字产业化，比如支付宝、蚂蚁金服等。

而数字产业化最显著的成效就是催生了杭州的金融科技。

在信息经济的推动下，除了蚂蚁金服等领军企业，杭州还涌现出了大批金融数据服务企业、私募细分行业龙头企业等金融机构。聚焦于财富资产管理的恒生电子，已是中国领先的金融软件和网络服务供应商；近年发展起来的51信用卡，管理的信用卡应收账款余额突破1500亿元，客户使用深度和活跃度居行业第一；还有在杭州时代高架桥边竖着大广告牌的连连支付，已是中国领先的独立第三方支付机构……

而以技术为支撑的金融科技，在改变人们生活方式的同时，也改变了中国的金融格局。

据了解，杭州先后规划了钱江新城、钱江世纪城、玉皇山南、西溪谷等金融集聚区，通过一系列政策的扶持，迅速集聚了一批金融龙头企业。数据显示，在钱江新城和钱江世纪城，目前就集聚20多家总部级金融机构，还包括规模超1000亿元的浙商产融基金及浙商产融控股基金、规模400亿元的亚奥体育发展基金等。这些金融机构在吸纳了杭州金融科技与民营资本的“地气”之后，加大创新与服务实体经济的力度，进而推动“产业数字化”，成为杭州新经济的推手。

如果说，独角兽企业更多的是数字产业化的成果；那么产业数字化（即工业互联网而非商业互联网）的发展，将是下一拨跨界创新的高潮。

而当“三化融合”，也即推进数字产业化、产业数字化、城市数字化，不断做优存量、做强增量、做大流量，推动互联网、大数据、人工智能与实体经济深入融合，实现人产城、数产城深度融合，杭州经济方能真正的脱胎换骨，走上高质量发展的良性循环。

金融反哺经济，经济生态又提振金融发展

创新的杭州、开放的杭州是"独角兽"企业孕育生长的沃土。而"独角兽"企业群落出现的地方，一定有着良好的新型政商关系，并进而发展良好的金融生态。

作为"大湾区"建设的主战场，杭州在提升金融服务实体经济方面成效显著。近年来，存款余额增速全省第一，成为区域性金融服务中心助力实业转型的样板。

有数字显示：截至2018年5月末，杭州市金融机构本外币存款余额38925.63亿元，比年初增加2442.40亿元，同比多增1634.22亿元；余额同比增长13.84%，高于全省5.63个百分点，增速居全省第一。

此外，杭州民间资本发达，私募股权的快速发展则让这股力量为实体经济的发展注入更多活力。比如南山基金小镇的敦和资产等对冲基金，还通过银杏谷资本、阿里云等基金等投向云计算、大数据等产业发展。而杭州上市公司总数、市值皆名列省会城市首位。这些，都使杭州区域金融中心地位不断提升。

而杭州市发布的一项重磅奖励政策引发了社会各界的又一轮关注。

从2018年4月23日起正式实施的《杭州市人民政府关于全面落实"凤凰行动"计划的实施意见》，不仅首次提出对企业开展并购重组进行奖励，资本市场再融资投资项目最高可获得1000万元的资助；而且首提五大工作机制，全方位给上市公司当好"店小二"。

自2017年浙江省发布了"凤凰行动"计划以来，杭州服务上市公司的举措远不止于此。诸如，为培育创新主体，杭州创造性地推出了科技型中小微企业培育计划、高新技术企业"倍增"计划、"凤凰行动"计划三大计划。

先进的政策制度，加上良好的产业基础，换来了一份沉甸甸的上市成绩

单：截至2018年5月末，杭州拥有境内外上市公司167家，总市值达到5万亿元，总数和市值规模均列全国第四位，仅次于北京、上海和深圳，在省会城市中排名第一。

与此同时，杭州上市公司后备力量充足，下一步企业上市的潜力巨大。从2018中国杭州第二届万物生长大会上发布的榜单来看，杭州目前拥有近100家拟上市和辅导企业，估值超过10亿美元的独角兽企业26家，以及估值在1亿美元的准独角兽105家，总数位居国内第三，市值居国内第二。

直接融资的另一翼债市方面，杭州同样增势稳健。2017年，全市企业在各类市场合计发债1186.1亿元。其中，浙江胄天科技发行全省首支“双创债”；庆春路过江隧道项目资产支持计划成为全国首批发行PPP项目资产证券化产品之一……

事实上，良好的产业经济也是金融业发展的基础。浙江的“八大万亿产业”和杭州良好的产业经济，以及“凤凰计划”，客观上吸引了众多金融机构和投资机构的轧堆进驻。在此基础上，政府顺势引导，将集聚知名的金融产业、金融总部、金融服务机构等，形成更完整的金融产业链。新金融、新科技、新经济正给这片之江大地带来前所未有的机遇，呈现出一片广阔无垠、生机盎然的“蓝海”。

金融是产业的血脉，实业是金融的骨肉。金融与实体经济的水乳交融，科技与模式的创新迭代，是杭州打造“国际金融科技中心”的底气，更是杭州走向未来的有力保障。

第四篇
制度破冰："共生圈"磨合记

杭州是一座富有民营经济基因的城市。阿里、吉利、万向、传化等诸多民企巨头的光芒耀眼，以至于让人或多或少忽略了国有企业。

在"七分民营，三分国有"的浙江，国有企业数量虽是全国倒数第一，却实现了资产总额全国第二、净资产全国第四、营业收入全国第五、利润总额全国第六的成绩。

事实上，杭州还是浙江国企的大本营，每天都上演着国资、民企相互竞争、相互融合，你中有我、我中有你的"共生"大戏……

如果说"四千精神"（千言万语、千山万水、千方百计、千辛万苦）曾经是浙商发展的宝典。那么，新时代浙商（杭商）的成功宝典必须在"四千精神"之外再加上"四共理念"（共享、共生、共融、共赢）……

在2017年世界500强的排行榜上，杭州有3家企业，分别是：阿里巴巴集团、浙江吉利控股集团、物产中大集团。后者是浙江最早入围世界500强的企业，也是浙江首个完成混合所有制改革并实现整体上市的企业。

从物产中大的实践中不难看出，推行混合所有制改革，在体制机制和商业模式上大胆改革创新，将使得国企焕发蓬勃活力。

勇于改革的岂止是以混合所有制为抓手的国有企业？以“敢为人先”著称的民企亦不断杀入曾经的“垄断”领域。如此，民企与国企犹如熠熠生辉的“双子星座”，正合力推动杭州经济迈向高质量发展……

| 第一章 |

混合所有，国企民资的共生之道

2018年8月2日上午。

"'90后'员工邵婕，激动地从公司投资部人员手中接过股权证书。还没回到工位，她已迫不及待地翻开这本红色封皮的证书，端详着印在上面的合伙人姓名、工作证号码、认缴出资额，'我真的做梦也没有想到，自己有一天会成为我们国企单位的股东。'"

来自"浙江新闻"客户端的一则报道，让物产中大的混改再次引起人们关注。

邵婕是物产中大集团旗下物产中大云商有限公司的一名业务员。该企业从2018年开始实施国企员工持股试点，2亿元的首期员工持股资金、战略投资者资金和国有资金全部到位，108名骨干员工成为企业股东，其中有11人为"90后"。

物产中大云商有限公司

"物产云商"的员工持股试点，只是物产中大不断推行混合所有制改革中的一环。而物产中大更是早在1998年就开始了“混改”的探索。党的十八大对深化国企改革提出了要求。在此背景下，在2016年，央企混改“6+1”试点浮出水面，浙江就成了投资界紧盯的“风口”。

所谓的混改“6+1”试点，“6”就是：东航集团、联通集团、南方电网、哈电集团、中国核建、中国船舶六大央企；“1”就是浙江省。

之所以能成为首轮央企混改试点中唯一的地方国资代表，最重要的还在于浙江国企是混改的早起者。早在1998年，物产中大集团就开始了混改的尝试，截至2015年初，省属国有企业产权多元化比例已达到74.5%，领先于全国大多数省份。

另一方面，浙江国企的蓬勃发展也得益于浙商文化的“地气”熏染。

换句话说，在与民营企业的竞争发展中，浙江国企激活了内部经营机制，市场竞争力显著增强。而浙江民营经济的发展，也减轻了国有企业的负担。

在此背景下，杭州市的国资国企改革也卓有成效。根据杭州市国资委网站显示：2017年杭州市属国有企业实现营业收入3058.4亿元，同比增长35.2%；全年实现利润总额171.8亿元，同比增长16.9%。其中15家市国资委监管企业中收入增幅超过20%的有4家，超过30%的有6家。工业企业表现突出，实现营业收入434.8亿元，同比增长20.5%，占市属国有企业营收比重达到14.2%。

10年间崛起了包括杭州市实业投资集团、杭州市商旅集团、杭州市城投集团等国资改革的“杭州军团”。

但国企混合所有制改革，却是一个看上去很美，做起来决不容易的“差使”。

“混改”为何会“叫好不叫座”？

混合所有制对民营资本来说最大的诱惑或许是打破了民营经济的“玻璃门”。比如中石化引进社会及民营资本实现混合所有制经营，曾引得多家民营企业"魂牵梦萦"。然而当许多国有企业信心满满向民企抛出"绣球"的时候,却发现往往"叫好不叫座"。这又是为什么?

首先是因为国企混改的高门槛,让民企"够不着"。比如前几年在杭州召开的"国企民企对接会"上,近50家省属国有企业推出了投资额达3244亿元的拟合作项目129个;204家来自海内外的民营企业参加了会议;但真正能够介入国企项目的可谓凤毛麟角。

另外一个原因是:民企大多没有控股权,因而没有话语权。在国企与民企的合作中,最大的分歧也许就是控制权问题。一个普遍的现象是,国企的诉求是:"混改"之后,国企还是绝对控股,民企只进驻财务。即使民企拿出几个亿甚至十几亿元,也只是没有话语权的小股东。如此,民企对公司的经营决策、人事任免等就很难有话语权,就算能参与公司的经营管理,控股的国企也可用"一票否决"来把民企排除在决策之外。而国企(特别是央企)抛出的多数项目至少是短期不赚钱的"巨无霸",民企出了钱还没有话语权,而且还不赚钱;再就是上下产业链条仍然受制于国企的项目。

正是由于国企与民营的混合仍存在这样那样的问题,才使得混合所有制的"杭州样本"具有非常意义。

不求国有独大,只要共同发展的"杭州样本"

杭温铁路的混合模式

据新华网2017年12月11日消息:串起江苏南京、浙江杭州和温州、福建福州的便捷出行通道杭温铁路项目,将承担起国家混合所有制改革试点任务,民营社会资本方占股51%,合作期为34年。

杭温铁路项目回报机制为"使用者付费+可行性缺口补贴"。根据试点实施方案,杭温铁路项目资本金约为98.06亿元。其中,民营社会资本方占股

51%，通过邀请招标方式确定；中国铁路总公司占股15%，通过单一来源采购方式参与，与民营社会资本同股同权；浙江省交通集团代表省政府出资，占股13.6%；温州市、金华市、台州市政府各指定1家出资代表，分别占股10.2%、8.58%、1.62%。

民营社会资本方占股51%。杭温铁路的混改方案，其同股同权的制度设计消除了民营资本的顾虑，真正让民营资本成为国家混合所有制改革的主角。这样的混改方案无疑具有标本意义。

十九大报告对混合所有制寄予了殷切的期望："深化国有企业改革，发展混合所有制经济，培育具有全球竞争力的世界一流企业。"杭温铁路项目，用国家资本、地方资本和民营资本共同来承建铁路，展示了"混合所有制"的魅力。

令人欣慰的是：在混合所有制改革中，充分尊重各方利益，调动合资方积极性是杭州样本的特色。

杭叉集团的民企身影

2016年11月25日，巨星科技接到参股公司浙江杭叉控股股份有限公司（以下简称"杭叉控股"）通知，其下属控股子公司杭叉集团股份有限公司（以下简称"杭叉集团"）于当日收到中国证监会同意其股票上市的批复。一夜之间，巨星科技身价倍增。

因为巨星科技持有杭叉控股20%的股份，间接持有杭叉集团5534.928万股股份，占杭叉集团发行前股份的10.4%。也就是说，杭叉集团的上市，使巨星科技成为杭叉集团这个百亿市值公司的一个大股东。

说起杭叉，老杭州人都会竖起拇指称赞。原为国有企业的杭叉集团，于2000年改制为民营企业。借助灵活的民营管理机制，杭叉集团成长飞速，到2010年其总收入达到40亿元，同比增速高达41.67%。

之后几年，杭叉在工业化、信息化融合之路上可谓"狂飙突进"，先后打造了数字工厂、智慧仓库和云智能叉车平台,使杭叉旗下的2800种车型、5000多个配置都被公布在杭叉电商平台上,客户可以根据需求任意选择组装甚至定制。叉车驶上云端的同时,企业加速出海。上市之前的2015年,杭叉集团营业收入近50亿元人民币,销量占全球市场的7%左右。这是杭叉自2005年开始,连续11年保持国内行业出口第一的好成绩。

上市又带来了杭叉的快速发展。根据上市公司财报显示:截至2017年12月底,杭叉集团2017年全年实现营业收入70.04亿元,同比增长30.4%;归属于上市公司股东的净利润4.75亿元,同比增长17.86%;经营活动产生的现金流量净额5.19亿元,同比增长36.58%。

客观地说,“杭叉”今天的成绩,与当初的“混改”是分不开的。

早在2000年第一次改制中,杭叉集团就确立了职工控股、国家参股、经营者持股的经营模式。3年后的2003年,公司又通过改制,建立了股份公司的法人治理机构。2005年调整形成以资金为纽带、杭叉母公司辖属40多个生产和经营性子公司的体制。改制完成后,杭叉集团由职工控股,成立了杭叉控股,由700多位改制职工共同持股构成。

《公司法》规定,股份公司发起人法定人数为2人以上200人以下,700多名员工持股的杭叉集团明显不符合规定,因此杭叉集团2006年启动上市计划后,多年未能实现上市。为了给上市扫清障碍,杭叉的股权重组迫在当下。

2011年3月13日,巨星投资控股(巨星科技母公司)正式对外宣布,完成对杭叉控股98.8%的股权收购,而杭叉控股持有杭叉集团68.65%的股权。巨星控股间接控股杭叉集团,成为公司实际控制人。

当初的杭叉是否“贱卖”给民企了呢?2011年的收购报告显示:杭叉控股资产账面价值0.7206亿元,评估价值12.68亿元,增值11.96亿元,增值率达到1659.1%。其中,增值幅度主要来自两个方面:账面价值为0.5008亿元的长期股权投资被评估为11.995亿元,增值率达到2295.01%;账面价值为0.0237亿元的投资性房地产被评估为0.5343亿元,增值率为2154.12%。

仇建平

那么，20倍的资产增值率究竟是什么呢？其实，长期股权投资的增值主要就是来自杭叉控股旗下的杭叉集团。当时，巨星科技解释，溢价主要考虑杭叉集团拥有的账外无形资产，主要为拥有的"杭叉"系列注册商标、4项发明专利、14项实用新型、48项外观设计专利和遍布全国各省市及海外市场的营销网络及渠道。

等到杭叉集团上市，有人说是巨星科技在混改中拣了个大便宜，但很少有人说是巨星科技前瞻性的投资眼光和气魄。另一方面也不能不说，杭叉股份让出控制权之后，也调动了企业的积极性。

1962年出生的仇建平，是恢复高考后的第一批大学生。本科毕业于北京科技大学，研究生毕业于西安交通大学机械铸造专业，这使他的创业更加偏重科技。

他还是地道的"92派"创业者。1992年，仇建平从浙江省机械进出口公司辞职出来创业。辞职第一年，他凭一人之力就实现销售额200万美元。1993年，仇建平创办巨星工具(巨星科技的全资子公司)，销售额达到1000万美元。到2007年，巨星公司外贸出口额已高居杭州市属企业"榜眼"之位。

一家工具企业能够在强手如林的杭州外贸出口企业中位居前列，这在行业中不能不说是一个商业奇迹。然而这还只是开始，在他的率领下，公司多年来一直认真践行"精一至行、大道于心"的企业核心价值理念，成为以机械装备为主，涵盖智能装备智能机器人、激光测量、智能家居、金融、地产、实业投资等领域的多元化企业集团。2010年7月公司上市时，市值近70亿元；至2017年，更是创下了销售额220亿元，员工近万人的成绩，位列中国民营企业500强、浙江省百强民营企业。

董事长仇建平曾经对媒体介绍说，他们持股后推出了一系列的改革，使杭叉股份4年间利润就增长了200%，销售额增长了100%。

海康威视，央企与民资的混改之路

海康威视2018年第一季度报告显示：2018年一季度海康威视当季实现营业收入93.65亿元，同比增长32.95%；归属于上市公司股东的净利润18.16亿元，同比增长22.64%。

这是一份令人惊艳的答卷，相比于2017年一季度的70.44亿元的营业收入，海康威视2018年第一季度更是突破了90亿元的大关。而在发布2018年第一季度财报的同时，海康威视也发布了2017年的年报，年度营业总收入419.05亿元，归属于上市公司股东净利润94.11亿元的业绩令人赞叹。

在A股市场的28家人工智能概念股中，无论是从上年的营收情况还是净利润情况比较，海康威视都排名第一。海康威视从2001年一家普通的音视频压缩板卡公司起步，经过17年的发展，已成为全球安防行业前三甲、国内安防行业龙头企业，实现了"指数级"增长。

17年前，当海康威视成立时，中国安防产业正处在成长期向成熟期发展的震荡阶段，当时国内安防企业还是以国外产品的代理为主，市场份额比例较高的也大多为外资企业，类似于海康威视这样凭借自身技术及产品研发树立品牌的公司实属凤毛麟角。

从2002年开始，海康威视陆续推出DS-4000、DS-8000系列的摄像机和操控版，开始布局安防产业链中前端视音频信息采集处理设备和后端数据存储及处理设备。2010年实现增加值800亿元以上，海康威视顺利进入发展快车道。

依靠企业较早的战略布局和政策红利，2007年海康威视第一次进入A&S"全球安防50强"排行榜，并于2007年就开始海外布局，陆续在美国、欧洲和印度建立自己的分公司，至2018年9月，在海外分支机构已经达到38家。较早的海外布局不仅增加了品牌知名度和市场认可度，也为海康威视带来了可观的利润。根据2016年的财报，海康威视在境外业务已经达到93.6亿元，相较于国内最大竞争对手大华股份68.1亿元还是有很大优势。

海康威视是央企与境外资本混合所有制的案例。2001年公司成立的时候，控股股东是央企的中国电科集团，身居香港的龚虹嘉成为第二大股东，其民营投资在公司占比49%。正是这样的股权设置令海康威视的发展焕发了极大的活力。在海康上市之前，有两次重要的股权转让：第一次是2007年，龚虹嘉自动转让部分股份给公司核心管理层和技术团队；第二次是2008年，控股股东海康信息将股权授予中国电科第52研究所。

当然，公司能持续发展的原因就八个字：持续改革，持续创新。而在创新发展中，人才是其第一要素和最大财富。诚如习近平总书记提出的"只要用好人才，充分发挥创新优势，我们国家的发展事业就大有希望，中华民族伟大复兴就指日可待"的期许，海康威视发展的历程，就是其人才各显神通的历程。

2001年初创时，海康威视只有以研发工程师为主体的28人的创业团队。而到目前，它的员工数已超过2.6万人，其中研发人员1.3万人。究其发展，"人才驱动"是公司的重要战略。近两年，平均每年新入职的员工都有约4000人，公司坚持优化人才发展通道，并将资源向一线人员、研发人员倾斜，每年把销售收入的7%至8%投入研发。

2016年，阿尔法围棋（AlphaGO）与李世石的那场人机大战，让大家对人工智能技术有了直观的认识。其实，早在2006年，海康威视就开始进行智能分析技术的研发，2013年开始深度学习的技术布局。如今，近万人的研发团队将创新的前瞻性技术研究转化为应用技术和产品，现已获得国内外专利合计1200余项。在全球视频监控数字化、网络化、高清化技术的发展浪潮中，海康威视始终牢牢掌握自主核心技术。

海康威视之所以能够持续创新，就在混合所有制焕发了其持续改革的动力。"2003年，浙江省委提出'八八战略'，第一条就是'进一步发挥浙江的体制机制优势'。我认为浙江的活力来自市场先发、体制改革,我们从中不断汲取灵感,被充分带动。"海康威视董事长陈宗年对媒体说。

陈宗年

2016年,海康威视内部正式启动"创新业务跟投方案"。在公司从战略层面确定的创新业务上,公司和员工以6:4的股权共创子公司,一大批核心员工和技术骨干成了与公司利益共享、风险共担的"合伙人"。当然,激励机制的改革还不限于此,在多种所有制经济交汇中,公司激励机制也更多样灵活,除了创新业务跟投,还设有股权激励、特别贡献奖、技术创新奖、关键岗位人才培养机会等20余项措施,基本覆盖所有部门。

目前,公司已有互联网视频(萤石)、机器人、汽车电子、红外传感、智慧存储五块创新业务通过跟投平台在开展。陈宗年说,这突破了原有体制激励的限制,从体制机制上把个体的创业和公司的创新紧密结合。

在2018年3月30日"智涌钱塘"2018AICloud(阿尔云)生态国际峰会中,总裁胡扬忠表示:为让更多的合作伙伴能参与到AICloud生态的共建、共享中,海康威视将全面开放,包括开放AICloud的软件平台、提供开放的训练系统及AI服务能力、数据标注和数据共享等。

见远,行更远。海康威视,这家国民混合的现代企业、全球领先的以视频为核心的物联网解决方案提供商还将未来带入现实……

胡庆余堂、浙商创投的"混改"经

比巨星科技参与混改更早的案例是百年老店胡庆余堂。

20世纪90年代后期,国有独资企业杭州胡庆余堂制药厂负债高达9000

万元。1999年和2000年，杭州市政府两次对胡庆余堂实施改制，成立具有多个投资主体的杭州胡庆余堂药业有限公司，其中国有股只占8%，形成了以民营资本为主的混合所有制企业。

到2013年末，胡庆余堂销售额达11.85亿元，是改制时的10倍；利润超过1亿元，是改制时的20余倍；净资产为3.28亿元，是改制时的17倍；上缴各项税费1.16亿元，是改制时的9倍。

浙商创投有限公司董事长陈越孟曾经介绍：作为一家创投公司，浙商创投公司基金层面早在2009年就与省内国企混合，并且是由浙商创投控股并主导，虽然在“混合”中，国企并不控股，却获得了丰硕的回报。

浙商创投股份有限公司是浙江首家成功登陆新三板的民营控股创投机构，新三板成指及做市指数样本股公司。其民营股东有传化集团、喜临门集团、滨江集团、华立集团、万马集团、永利集团等著名浙商企业。

随着浙商创投日渐做大，股东和LP队伍汇集了浙江省国有资本运营有限公司、浙江省二轻集团、杭州市金融投资集团、物产集团、能源集团、青春宝集团、杭实集团等国有企业，并发展成为浙江省管理资金规模最大、投资项目最多、投资业绩最佳、实力最强的资产管理平台之一。

“混改”之后的“浙商创投”的点金术的确令人刮目。据悉，浙商创投重点投资大健康、大消费、新经济、新制造等领域，所管理的基金先后投资华数传媒（000156）、华策影视（300133）等150余家企业，扶持一批创新企业成长为行业龙头和独角兽，已有50余家企业成功上市、并购退出或者新三板挂牌。

仅仅10年，浙商创投，这家注册于2007年的本土投资机构就在杭州市西溪路新金融集聚区自建总部大楼，并在北京、上海、深圳、沈阳、美国硅谷等地设立子公司，真可谓风光无限。

“杭实集团”的另类混改

在混合所有制改革中，既有国企向民企让出控制权的，也有引进多种市场主体的,比如杭州市实业投资集团(以下简称"杭实集团")的混改就引进了产业基金、保险公司等战略投资机构。

"杭实集团"前身系杭州市工业资产经营有限公司,是在逐步撤并原杭州市化工、轻工等八个局(公司)的基础上于2001年6月组建成立的。杭实集团实行产业经营和资本运作并举,以制造业、房地产业、资产经营投资为三大核心主业,重点培育文化创意产业。公司所属企业中策橡胶、金鱼集团、杭叉集团等多家企业连续多年进入全国500强和制造业500强。

"杭实集团"更是混合所有制改革的探路者。十八大以来,对中策橡胶实施企业重组,引进了以中信产业基金为主的战略合作者;对杭州新天地集团,则引进了前海人寿为主的战略投资者,为杭州市国资国企混合所有制改革探索了新路径。

杭州新天地的"新天地"

2015年12月,杭州新天地集团混合所有制改革(股权转让和增资扩股项目)网络竞价会在杭州产权交易所举行。前海人寿保险股份有限公司以14.19亿元成功竞得杭实集团所持新天地集团73.9%股权。

引进前海人寿是出于企业自身发展的需要。杭州新天地的主力产品是城市综合体和旅游综合体。这两类产品都有一个特点:资金投入大、短期回报少。因此需要强大的资金支持。此次,前海人寿竞得股权后,将同时以其购买挂牌转让标的相同的每股单价、以现金出资方式对新天地集团进行增资扩股,并同步实施企业核心管理团队增资持股。本次混改将引入战略投资者资金逾百亿元。

当然,此次"混改"之后,国有控股权发生了变化。增资扩股后,原企业法人杭州市实业投资集团有限公司股权由100%缩至15%,而前海人寿将持有杭州新天地集团有限公司82%股权,核心管理团队以有限合伙企业形式持有杭州新天地集团有限公司3%的股权。

一年之后，新天地集团总经理徐天明向媒体介绍：随着前海人寿的战略控股，杭州新天地的资金实力更是得到巩固，负债率已降到50%左右。此外，新天地改制以前就定下了城市综合体加上文化旅游综合体的发展方向，改制之后前海人寿作为大股东也非常支持这个方向，会支持公司进一步快速发展。

诚然，混合所有制改革的关键不在于谁控股，而在于是否以优化资源配置为重点，是否双向混合，内外联动。混改一定要尊重经济规律，重视和调动国有经济和非公有制经济两方面的积极性，发挥市场配置资本、重组企业的决定性作用和政府引导、监督、服务的重要作用，寻求优势互补。

资产证券化为"杭州样本"扩容

2015年2月13日，停牌4个月之久的物产中大携物产集团整体上市的重组预案复牌，被巨大的买单"一字"封涨停。

事实上，1998年到2003年期间，浙江物产集团有限公司（下称"浙江物产"）率先进行了一轮产权多元化改革，几乎所有业务子公司都实现了员工持股。2015年，物产中大进行二次混改。此次混改，物产中大向不超过10名特定投资者非公开发行股份募集配套资金，特定投资者包括员工及战略投资者，如联想君联资本、天堂硅谷、赛领资本、三花集团等产业与金融资本，配套融资规模约为23.3亿元，"混改"之后，国有持股54.53%、社会资本约为45.47%。混改之后，在浙江省率先完成整体上市，成为第一个"吃螃蟹"者。浙江物产整体上市造就出了"浙江速度"，用董事长王挺革的话来说："我们用了不到一年的时间，完成了大多数公司需要2至3年时间才能完成的工作。"

事实上，衡量混合是否成功的标准，在于混合有没有给国企经营机制带来变化，如改变国有一股独大、解决国企管理层激励机制等难题。而要解决这些问题，资产证券化无疑是一条较好的途径。

在业内人士看来，借助资本市场平台推进国企混改，可以让"老树发新芽”。具体来看,一方面可以充分利用各类资本市场,大力推进国有资产资本化、证券化等;另一方面,通过借助资本市场实现国企改革目标,在提高相关企业竞争力和效益的同时,也可以让上市公司质量得到改善。

的确,资产证券化为民营资本、产业基金提供了介入国企混改的通道。

2015年4月初,停牌逾3个月的杭钢股份(600126)携重大重组预案复牌后,股价连续两天封死在涨停位置。

在此次杭钢股份的配套融资中,除了大股东杭钢集团拟出资6亿元认购以外,浙江天堂硅谷久融股权投资合伙企业(有限合伙)拟出资6.5亿元认购。而在“浙江国资改革第一股”物产集团整体上市时,浙江天堂硅谷也是重要战略投资者之一。于是,人们看到:浙江国企改革进程中,民营资本有了漂亮的亮相。

浙江天堂硅谷资产管理集团董事长何向东说:“这几年我们已经积累了为国企改革保驾护航的经验,有信心为浙江国企改革发挥私募机构的专业优势。我们要做‘负责任的小股东’,不是站在上市公司门口的疑似‘野蛮人’。”他进一步说,“我们不喜欢‘用脚投票’,而是‘用手投票’。只要企业愿意,不管是省属的、市属的,我们可以主动发挥专业能力,帮助浙江国有企业探索混合所有制改革。”

在“十三五”规划的开局之年,浙江实现了浙商银行H股上市、杭州银行A股上市,实施了宁波港、杭钢股份、浙江东方、江山化工、浙江东日等重大资产重组,完成了省建设集团、浙江交工、浙江外事旅游等公司股份制改造,实现了巨化、电机所属2家公司和杭州、宁波、绍兴等地4家公司新三板挂牌。

至2017年底,浙江省属国有控股上市公司总数达到13家,资产证券化率达到61%。国资委相关负责人通过媒体透露,省国资委和省属企业将全力落实“凤凰行动”计划,继续推进国有企业上市和资产重组,努力推动国有资本做强、做优、做大,力争未来几年上市公司数量明显增加,省属国企资产证券化率达到75%左右。

2017年12月,英特集团国有股权划转事项获得中国证监会豁免要约收购的批复，这标志着上市公司英特集团的控股权正式回归浙江省属国有企业。股权划转完成后，浙江省国贸集团将成为英特集团的控股股东，为打造浙江省属医疗健康产业板块资本运作平台奠定良好基础。

另据新华社消息：浙江省国企改革发展基金于2018年7月18日正式发布，首期规模100亿元。该基金将围绕浙江省推动企业上市和并购重组“凤凰行动”计划，助力提升资产证券化水平，推进混合所有制改革，吸引更多社会资本参与浙江国资国企改革。

值得一提的是：这是一个央企、地方国企、金融机构、民营资本混合的基金。基金设立之后，一个重要的投向又是混合所有制改革。据介绍，未来“国改基金”将重点投向资产证券化项目、混合所有制改革项目、上市公司并购重组项目和浙江省八大万亿产业等四大方向。

浙江省国有资本运营有限公司党委书记、董事长桑均尧对媒体表示：“国改基金”最大的特点就是坚持市场化的投资决策和激励约束两项机制，提高基金的市场化运作效率。在投资决策方面，引入多方投资人共同参与基金投资决策，以相互制衡的现代企业制度合力打造多方汇聚的资源嫁接平台。在激励约束方面，管理团队完全由市场化选聘产生，持股、跟投、Carry分成等“量身定制”的市场化激励约束机制，将激发起管理团队的最大潜能。

其实，通过这则基金的参与各方也能看出其独到的优势：中国诚通是中央企业国有资本运营公司试点，在基金运作、混改、上市公司并购重组等方面有丰富的成功案例，为基金运作提供了央企样板；国新国际是一家专业化、国际化的央企投资机构，是落实“一带一路”战略的重要平台，能为国改基金对接优质项目资源，支持浙江企业走出去；浙民投集浙商之力，汇聚了浙江优秀民营企业资本，参与国改基金有助于搭建国资、民资融合发展的桥梁……

随着国有资产证券化进程的推进，资本市场的波澜壮阔里，一定能有更多国企与民企“共生共荣”的故事。

杭州民企踊跃加盟“国家队”

李书福

这边是在杭国企热情邀约民企参与混改，那边是杭州的民企主动出击，参与央企、省属企业的混改。就在这“你情我愿”的“你来我往”中，开出了混合所有制经济的满园春色。

2018年6月，中国铁路总公司（下称“铁总”）混改第一单正式落地。

据《经济参考报》消息，铁总下属企业动车网络科技有限公司（下称“动车网络”）股权转让招投标工作圆满完成，深圳市腾讯计算机系统有限公司、浙江吉利控股集团有限公司两企业组成的联合体中标，以43亿元受让动车网络科技有限公司49%的股权，打响智慧交通争夺战。

这是首次通过产权交易方式引入社会资本发展动车网络，也是铁总2018年在混改上迈出的实质性一步。资料显示，动车网络成立于2017年12月20日，注册资本5000万元，此前由中国铁路投资有限公司全资持有，也是铁总确定的下属企业中唯一经营动车组Wi-Fi的企业，营业期限为20年。而截至2017年，中国高铁里程已达2.5万公里，占全世界高铁总里程66.3%，动车组年运送旅客达17.1亿人次，覆盖人群约2亿人。

铁总负责人指出，此次通过股权转让确定与腾讯、吉利控股携手建设经营动车组WiFi平台，是铁路部门加快推进国铁企业改革、积极发展混合所有制经济取得的重要成果。

事实上，吉利参与国企改革已不是第一次。坊间一直传闻吉利意欲参与北汽的混改。无论消息真伪，作为有着跨国收购经验的吉利，在牵手沃尔沃、戴姆勒等汽车巨子之后,加盟中国“国家队”,应该是有能力的。

另有消息说,在2017年9月,阿里参与了中国联通的混改。此次合作,双方会在公共云、专有云、混合云三个方面深度合作,同时,中国联通和阿里巴巴还将在网络安全运营与能力提升方面进行深度合作。

加盟国家队的阿里,可说是“好风凭借力,送我上青云”。有媒体消息说,2018年2月1日,中国联通与阿里云合作的“沃云PoweredbyAlibabaCloud”平台正式上线。该平台将面向中国联通31个省级公司开放,所有联通一线的客户经理均可为用户受理阿里云服务。而用户也可以在使用联通基础网络产品及服务的同时,获得阿里云提供的云服务支持。该平台的上线,也意味着中国联通与阿里巴巴集团“相互开放云计算资源”合作的全面落地。

杭州锦江集团于2014年开始参与中铝集团的混改。2014年,杭州锦江集团与中铝合资成立贵州华锦铝业公司(简称“华锦公司”);2017年4月,又与中铝合资成立贵州华仁新材料有限公司(简称“华仁公司”)。混改之后实现了“央企控股、民企机制运营”的双重优势。成为民企与央企“混合”的一个成功案例。

当然,像阿里、吉利和锦江这样通过股权合作,左手“国家队”、右手跨国公司的“混合”案例还会逐渐增加。因为这是一个全球化背景下合作共赢、共建共享的新时代。

而国资民企的相互融合、互相促进,也使得浙江国企活力森然、蓬勃发展。有数字显示:2018年上半年,浙江省属企业实现主营收入4005亿元、利润总额213亿元,同比增长15.1%、41.6%。6月底资产总额11517亿元,净资产4617亿元,同比增长12.7%、13.5%。在中国经济面临下行压力的形势下取得这样的成绩实属不易。

一句话,在民营经济大本营的浙江,国企与民企互相激励,互补发展,而混合所有制经济的改革大潮,又促进了浙江国企的跨越发展。

| 第二章 |

“军民融合”，踊跃“参军”的杭商

“你是水来我是鱼，鱼儿不把水来离。”

总能想起将军民关系比作鱼水情深的一曲曲赞歌来。

如果说新中国的建立，靠的是当初的军民一家，那么今天的民族复兴与现代化建设，仍然需要军民携手。

2018年5月4日，中国电科携手浙江省人民政府，在杭州梦想小镇共同举办“电科牵手浙江做强数字经济”电科浙江军民融合产业合作大会。围绕数字经济的军民融合，会上宣布将落地一批重大项目。

事实上，浙江的军民融合已有悠久的历史。

2016年11月14日下午，杭州市江干区与清华长三角研究院共建军民融合产业园签约暨浙江清华长三角研究院国防科学技术中心揭牌仪式在杭举行。这个军民融合产业园落户江干区钱塘智慧城，发展目标是通过5年努力，引进200名以上高层次技术军官在产业园区就业创业，让50个以上的“军转民”项目和“民参军”项目落地，打造成为高层次技术军官的创业基地，军工科技成果产业化的示范中心，并为有志于发展军工产业的民营企业打开“进军”的通道。

在杭州市诸多的产业园中，军民融合产业园可谓不同寻常。这意味着民营企业终于跻身高端、神秘而“垄断”的军工领域。

江干区的这个产业园并非杭州市第一个涉足军工领域的园区。早在2011年6月，杭州市萧山区就曾举办首届“军民融合发展论坛”。论坛上，萧山区工商联、全国工商联科技装备业商会、防务科技产业投资基金三方正式签署了关于“共同推进萧山民营企业军民融合发展战略合作协议”，并与杭州江南高新技术产业园区四方签订了关于“杭州江南高新技术产业园区共建军民融合产业示范基地的战略合作协议”。对于萧山的民营企业家来说，在军工领域占有一席之地，无疑是企业实现产业转型升级的一个重要机遇。

“国”字号杭商的“军工风采”

其实，萧山区一大早就提出“军民融合”，是有其历史原因的。“杭齿前进”等老牌的国有“涉军”企业，四五十年前，就在钱江南岸展示了风采。

杭齿前进，一家老国企的“军民融合”。A股市场上，当各大军工股水涨船高的时候，杭齿前进，这家萧山最大的国营军工企业引起了人们的格外关注。

“杭齿前进”创建于1960年，前身为杭州齿轮箱厂，2001年经国家批准实施“债转股”改制，成为国有多元投资的有限责任公司，2008年完成股份制改制正式变更为杭州前进齿轮箱集团股份有限公司，并于2010年10月在上交所上市。

20世纪90年代中期，杭齿凭借人才优势，自主开发了重型汽车变速箱等产品，还用8年时间投入大量人力、物力进行攻关，于2000年研制成功V型传动技术。此后，在不断增加技术投入的情况下，杭齿产品技术等级不断提升，GWC52/59A（滑动轴承结构）、GWL60/66（蝶形弹簧结构）和GWC70/76等新产品相继问世……几十年来，杭齿集团依托强大的自主研发能力和研发队伍，成为我国专业设计、制造齿轮传动装置和粉末冶金制品的大型重点骨干企业，也是我国齿轮行业产品应用领域最广、船舶和工程机械传动装置销售规模最大、最具综合竞争力的国家高新技术企业。

机遇从来属于有准备的人。早在2014年,敏锐的杭齿人已嗅到了潮汐发电齿轮箱的商机。经过一年多的联合开发,应用了包括多行星柔性轴、无外圈轴承、差动分流等多项世界先进的技术,杭齿终于在2015年初成功获得了潮汐齿轮箱订单。

潮汐齿轮箱的成功交付,是杭齿转型升级道路上的重要一步,让杭齿成为名副其实的“弄潮儿”。杭齿集团也从一家船用齿轮箱单一业务的企业,发展成为一家集船舶推进系统、工程机械传动装置、风电核电潮汐能等新能源齿轮箱、轨道交通传动装置、农机变速箱等多种先进装备的工业企业。

与此同时,杭齿前进也不忘老本行,军用船舶配套业务也渐入佳境。公司军品业务主要是给军方的扫雷船、执法船配套,以上船只都要求高速齿轮箱,目前大多是进口,但采埃孚等国外公司因产量受限跟不上国内需求。而国际供给的短缺,恰是自主开发的时机。杭齿前进引进国外技术生产了可调螺距螺旋桨,可以根据船舶负载、发动机运行状况自动调节匹配最佳速度,仅此一项,就令军品业务占比逐年上升。

如今,在大江东,一艘新能源高端装备“航母”已然成型,这是杭齿集团投资8亿元建立的新能源高端装备研制基地。一期建有10万平方米厂房,购置了一批国外大型高精度加工设备、3米齿轮测量中心和三坐标测量机、热处理设备,以及1850kW—6000kW综合性能试验台,达到年产2000台2MW级别风电齿轮箱的产能。

经过50多年的发展,公司拥有了控股和实际控制子公司19家,参股子公司1家。综合实力被列为“中国工业行业排头兵”企业和“中国机械工业100强”、中国大企业集团竞争力500强企业、全国第一批制造业单项冠军示范企业。

与此同时,作为最早的军工企业,杭齿前进在产品开发与市场拓展方面一开始就是走的“军民两用”的途径,自然也是浙江军民融合的示范企业。

2017年12月,浙江省经济和信息化委员会、浙江省发展和改革委员会、中国人民解放军浙江省军区办公室联合发文,公布了浙江省第一批军民融合示范企业名单,杭州前进齿轮箱集团股份有限公司榜上有名。

"撞击"军工之门的民企杭商们

有数据显示:截至2015年,浙江省已与11家军工集团、100余家军工系统单位开展了合作交流活动,建有各类军民结合产业发展基地17个,涉军企事业单位300余家,进入军品生产市场的民营企业90余家,获得国家保密资质的180余家,获得武器装备许可证的近100家,在电子信息、航空航天、船舶工业、核电配套工业、新材料等领域形成了一批优势产品和技术。

在浙江省这批闯入军工领域的民企中,杭商的脚步坚定而快捷。

西子联合:借用军民融合拉动转型升级

2017年5月5日下午2点,中国国产C919大型客机在浦东国际机场正式首飞成功。C919在历经10年后终于破茧化蝶,实现了国产客机领域的突破。而在这个举世瞩目的突破中,民企供应商又成为一大亮点。

西子联合控股有限公司(下称"西子联合")是一家以装备制造为主,跨行业经营的综合型企业集团,旗下产业涵盖电梯、电梯部件、立体停车库、起重机、钢结构、锅炉、航空、商业、房产、金融投资等多个领域。

正所谓好事成双。国产大飞机首飞之后,2017年6月2日,西子航空又成功交付了空客A320飞机第100架前起落架舱产品。这表明西子航空实现了从零件生产到飞机大中型复杂结构部件生产的提升。同时,沈阳西子航空与美国波音公司签署了驾驶舱内饰项目合同,标志着西子航空成为波音中国次级供应商中的首家民营企业。

提起西子联合,人们联想最多的也许是西子电梯。而我,总是会想起这家企业的创始人和掌舵者王水福。

王水福

曾有记者问他:"航空制造属于高端制造,代表了产业转型升级的方向,附加值高,但是我们也看到,愿意投身其中的企业并不多,为什么?"

而王水福先生的回答也令人深思。他说:"首先,由于航空零部件产品的形状结构复杂、材料多种多样、加工精度要求严格,航空制造一直是先进技术高度密集的行业之一。因而,它的门槛特别高,不是想做就能做的。很多人来问我,航空好做不好做,有没有钱赚?我有一句话,想赚快钱的最好不要进来。既然选择了这一领域,就要做好坐冷板凳的准备,甚至十年八年不赚钱。"

他进而阐述,企业转型升级不能急功近利,而是应该在原来的基础上,做更上一个台阶的事情。他还介绍,西子开始做地铁盾构机时,他曾去日本、韩国考察了六七个重工企业,发现一个共同点——没有一家企业跟航空航天没有关系的。考察回来以后他就说,西子未来发展方向是天上飞一横,地下钻一横,电梯一竖,西子的产业要做这个"工"字。

实际上,追寻西子联合集团35年的发展轨迹,大致可以描绘出这样一张线路图。从做农机配件到做电梯、做锅炉,再到做地铁盾构机、立体停车库,直到如今成为航空飞机的配套企业,这样一条路,本身也体现了中国传统制造行业的转型升级的路径。

航空制造业被称为"工业之花",西子从农机配件向航空部件不断升级,坚持从传统制造业走向高端制造业。"我始终坚信当初的选择是正确的,西子航空已经从生产零件发展到部件装配,继而希望能承接更大的飞机部件项目,配合中国民用飞机产业在华东的布局和军民融合发展大势,在杭州策应中国商飞，对接舟山波音，直供美国波音、欧洲空客和加拿大庞巴迪，力争真正发展成为中国民营企业航空制造的生力军。”王水福这样的表白袒露出一个民营企业家的睿智与远见。

是的，王水福是一个善于学习和思考，又善于未雨绸缪，既能做好前瞻性规划，又能脚踏实地付诸行动的企业家。他曾创下了“合作重于竞争”的经典案例——西子电梯与美国奥的斯电梯公司的合资。而此次跻身航空领域，西子最大的收获也许还在于与国际合作中的自我提升。

为此，他也曾对笔者说：“这些年，西子航空的成长离不开中国商飞、美国波音、欧洲空客、加拿大庞巴迪的帮助，他们会逼着你成长。在与这些国际航空巨头的合作中，西子航空得以直接与国际先进水平接轨。大家所处的层面不同，波音在很高的位置，他会通过自己国际化、高水平的质量系统、标准、管理等，帮你提高，最终达到他所需要的高度。”

也许，这才是西子联合热衷军民融合的真实意图？王水福先生在出席2017浙商（春季）论坛活动时说：“军民融合已经上升为国家战略，利用民间资本＋军工技术，是转型升级千载难逢的机遇。比如，美苏冷战时期，搞军备竞赛，美国的军工产业由国家与民营经济共同参与，而苏联则是完全依靠国家投入，最终经济被拖垮。只有通过军民融合，让民营企业参与进来，形成混合经济，这样能帮助企业从草本经济向木本经济转变。”

一个企业要成为百年企业，不是靠一个人能力强，而是要依靠整体管理系统与基础。西子在与世界500强的合作中学到了先进的财务管理系统，引进了ACE（获取竞争优势）、SHA（供应商健康评估）品质管理系统，再加上精益制造基础与工匠精神基础，西子未来发展目标就是要成为百年企业！

经过10年时间、10亿元投入，西子在位于钱塘江边大江东开发区建起了具有世界级水准的航空制造企业。目前西子航空已经获得欧洲空客、美国波音、加拿大庞巴迪、中国商飞、中航工业这五大世界航空制造巨头的272项特种工艺资质认证，并成为他们的一级供应商，跻身中国航空制造民营企业中少有的符合国际标准、具有完整航空零部件制造体系和资质的企业。

大路实业的转型之路

杭州大路实业有限公司,是由原杭州钱江水泵厂改制而成的民营股份制企业,始建于1973年,是中石油、中石化网络成员单位之一,中国核学会理事单位,是五大石油石化集团和中国神华、中煤等大型煤化工集团流程泵与汽轮机产品主要供应商,也是军工产品制造商,现为国家重点扶持高新技术企业。

10多年来,杭州大路顺利实现了产业升级与可持续发展。回顾走来的一路,“军工市场的高门槛既是挑战也是机遇,迈过了这个门槛,企业也就具有了更强的生命力。”杭州大路实业有限公司总经理薛宽荣感慨地说。

1999年,杭州大路引进航天技术应用于零泄漏泵阀产品的创新开发,借助新技术展览会被军方关注,并被推荐应用于海军核动力装备,很好地解决了我国国防核心装备普遍存在的“三漏”和噪声难题,装备的噪声指标大幅度降低,将同类核心装备性能指标达标时间提前了至少5年。

自此,大路实业开始走上以军品创新科研为基础的军民融合发展道路,在后续的十几年里相继研制出一系列军民融合的新型尖端设备,受到国防科工局、中核集团和中船重工等单位的高度评价与认可,军民合作的成功案例不胜枚举,还荣获过2009年军队科技进步二等奖等殊荣,在军民融合领域赢得了较高的地位和荣誉。

高精尖技术研发成功绝非偶然,靠的是孜孜不倦的钻研、创新。

从2006年起,大路实业就组织技术研发人员对国外引进的同类泵装置进行解剖、分析。历时2年,研发人员才完成了设备修造和装置运行。其中克服了壳体流道设计与制造技术中的掣肘难题,在国内同行业中还是首例。“造出个样子可能并不难,但要达到产品工艺要求的长周期、安全、稳定运行则十分困难。”薛宽容说,靠着日积月累的创新经验积累和产品跨界创新的优势,企业大胆创新利用汽轮机与离心压缩机的设计技术，刚好规避了这一难题。历经18个月的产品研制，确保离心式高压液氨泵机组一次性稳定投入运行，并且泵效率高出日本引进的同类产品近10%。

正是凭借精湛技术和产品，大路实业成为中国海军的长期军备供应商。其开发的产品无数次替代了进口，为国内诸多工程项目建设赢得了主动权，大大节约了投资成本。与此同时建立了完整的产品与技术创新体系、国军标质量管理体系、核质保体系和军工质量意识，培养了一批优秀的工程技术人员，大幅提升了企业综合能力，进一步扩大市场空间。可以说，“参军”帮大路实业企业实现了转型升级和可持续发展。

军民融合的广阔天地

不得不说的是，军民融合发展是全球普遍趋势，产业发展空间巨大。

世界主要国家根据国际环境和本国国情均采取了不同的推进军民融合的政策和做法。

比如，目前，美、英、德、日、俄等主要发达国家的军事专用技术比重已不到15%，军民通用技术超过80%，军队信息化建设80%以上的技术来自民用信息系统，80%左右的初级军官和军事技术人才来自国民教育系统，军民融合已成为世界主要国家的普遍趋势，而在我国尚处于起步阶段，军民融合产业发展空间巨大。在全球化的背景下，军民融合发展也已上升为我们的国家战略，政策环境不断优化。

2005年，国防科工委公布了《非公有制参与国防工业建设指南》，成为民企进入军工领域的一个重大转折；2007年底，国防科工委又出台了《关于非公有制经济参与国防科技工业建设的指导意见》，再一次极大激发了民企进入军工领域的热情；国家“十三五”规划纲要则提出要“实施军民融合发展战略，形成全要素、多领域、高效益的军民深度融合发展格局”。军工央企、科研院所加快向具有经济和市场活力的区域布局。总体来看，国内军民融合已向纵深拓展，相应的政策环境利好将持续释放。

值得强调的是，军民融合与浙江省产业发展方向契合，"十三五"重点打造的八大万亿产业，其高端化、智能化发展亟需信息技术、航天航空、海工装备、核电关联等军民融合产业发展的支撑。同时，一部分民企已积累了相当的资本和技术，对机器人、新材料和卫星导航等先进技术领域表现出了浓厚兴趣，"军转民""民参军"的需求快速增长。

从目前很多民营企业的技术条件来看，已初步具备研制生产现代信息化军工装备的能力。尤其是在电子技术、计算机、高端制造和材料技术等方面，部分民企的技术水平已超过军工企业，民用产品与军用产品的通用性、兼容性不断提高。公开资料显示，目前取得军品科研生产资质的机构中，传统机构仅占32%，民口单位已占68%。其中，民营单位占比近41%。

当然，浙江省军民融合产业发展也有一些制约与问题。一是产业发展先天较弱。在原先国家军工布局中几乎空白，军工企业集团与科研院所布局少，人才和技术储备不足。二是沟通渠道有待完善。军工集团和浙江省民企两者间的信息沟通渠道较窄，技术、人才、设施等资源的共享、转化和互促途径仍需完善。三是政府支持亟待加强。浙江省各级政府在军民融合产业发展、信息交流、企业培育、项目引进、资金投放等方面的支持力度还需加大。

在此背景下，浙江省加强了与军工科研机构（企业）的科技合作力度，有力推动"军转民"进程。在与中国电子科技集团第三十六研究所、第五十二研究所，中国船舶重工集团公司七一五研究所，中国兵器工业集团第五二研究所等院所机构的合作过程中，数字安防监控技术、光纤传感技术、红外微光夜视技术、新型材料技术等军用技术成果产业化成效显著，在智慧城市、物联网等领域应用深化。

正所谓水涨船高。在拥有了良好的产业基础和产业生态的情况下，浙江省乘势而上，于2018年3月份出台《关于加快推进我省军民融合产业发展的实施意见》。这是十九大之后，全国省级层面第一个推进军民融合产业发展的政策。根据这个《意见》，到2020年，预计浙江全省军民融合产业总产值达到4500亿元，年均增速15%以上；实施军民融合产业重大项目100项以上；建设省级军民融合产业基地50个、示范企业100家以上；新增"民参军"企业100家以上，成为全国重要的军民融合产业创新基地和国防科技工业军民融合综合改革示范基地。

为落实军民融合深度发展，浙江省机电集团有限公司重组国营926厂、国营941厂、国营972厂等国有独资军工企业，于2018年4月9日正式组建浙江省军工集团暨浙江省军工集团股份有限公司。

新组建的省军工集团抓住军民融合的历史机遇，在成立大会上与省国有资本运营有限公司、省国际贸易集团有限公司、浙江清华长三角研究院、江西省军工控股集团有限公司签署了投资合作意向书。浙江省国资委相关负责人表示，积极引进具有市场、技术、资金优势的战略合作伙伴，稳妥推动军工企业混合所有制改革，将为下一步实施股份制改造和证券化做好准备，从而全面提升我省军工产业的核心竞争力和行业地位。

当前，新一轮科技革命和产业变革正与转变经济发展方式形成历史性交汇，站在这个历史节点上，军民融合，不失为杭州借此推进"两化"融合，以信息技术和杭州制造的优势，为我国高端智能制造提供"杭州样本"的一条通衢大道。

| 第三章 |

临空经济，省、市、区，国有民营“总动员”

“银鹭扬歌八方缘，空港迎送五洲客。”

关注杭州的临空经济，始于2016年G20（杭州）峰会。

当时一个直观的担忧是：国际航班并不多的杭州，能否满足国际空港的要求？

经过全省上下备战G20峰会，确保了各国领导人专机及国际航班的顺利抵达，萧山国际机场也算是经受了一次大考验。

杭州终归需要一个真正的国际空港，才能匹配其成为国际化大都市的城市定位。而国际空港的建设又势必带动杭州临空经济的发展。

感受着这样的时代气息，参与策划组织了2017年4月22日在萧山瓜沥召开的，聚焦于临空经济发展的2017浙商（春季）论坛活动。

组织这样的主题论坛，自有其深刻的时间背景：杭州发展适逢“后峰会、前亚运”的黄金期，值此大好时机，萧山区又抢抓杭州“拥江发展、跨江发展”的历史机遇期。而瓜沥是萧山的一个镇，作为首批全省小城市培育试点镇和空港第一门户，提出了要打造国内一流现代化临空新城的战略目标。

巧合的是，一个月之后的5月23日，杭州市政府召开了新闻发布会。会上宣布杭州国家临空经济示范区（以下简称“示范区”）正式获批。这个规划面积达142.7平方公里的巨无霸“示范区”将为杭州建设世界名城插上梦想与腾飞的翅膀。

“区场合作”，临空经济示范区撩起面纱

“小时候，乡愁是一枚小小的邮票，我在这头，母亲在那头……”

2018年6月末的一天，13时20分，在杭州萧山国际机场13号登机口候机的旅客韩亚斋收起手中的书本，走进对面的朗读亭，一字一句朗读起了余光中的《乡愁》。这个7月，在杭州的中外旅客都可以走进机场空港朗读亭，朗读心中的经典，给炎炎夏日的旅途注入一抹清凉。

杭州萧山国际机场正变得越来越有“国际范”，而通过这里走向世界的人流也越来越密集。

根据ACI（国际机场协会）初步统计，在2017年度全球机场客货量排名中，杭州萧山国际机场旅客吞吐量赶超卡塔尔多哈机场和美国底特律机场，排名较2016年上升2位至全球第57位；货邮吞吐量赶超美国奥克兰机场、巴西圣保罗机场以及墨西哥机场，位列全球第47位，排名较2016年上升3位。

这样的成绩，不禁令人联想起一年前，杭州临空经济示范区获批时人们激动兴奋的情景。时隔一年，2018年5月23日，萧山国际机场迎宾楼再次披上节日的盛装——杭州临空经济示范区获批一周年暨三个“十”大项目巡礼活动在此隆重举行。本次活动举行了十大项目的签约仪式，以总投资687亿元的三个“十”大项目献礼示范区获批一周年。

令人瞩目的是，2017年“示范区”实现产值超过1000亿元，完成GDP 350亿元，同比增长11.0%；完成财政总收入37.4亿元，同比增长30.4%。在全国前十大机场中，杭州萧山国际机场货邮吞吐量增速排名第一，旅客吞吐量增速排名第二。临空经济的发展呈现蓬勃向上的态势。

问渠哪得清如许？为有源头活水来。

在“示范区”里，地方与浙江省机场集团通力合作，不断创新体制机制，探索改革与发展的新路径，并积极调动央企、民企、外资等资源，创多个全国先

河,携手开启了全新的合作新时代。正是在多领域大力度的改革之下,“示范区”这片沃土正迎来新的开放机遇。

那么,杭州临空经济示范区到底在哪里?范围有多大?总体布局怎样?

“示范区”位于杭州市萧山区东部。规划范围西至杭州绕城高速东线,东至头蓬快速路,北至大江东产业集聚区边界及钱塘江水域,南至萧山区瓜沥镇行政边界,示范区总面积142.7平方公里,其中杭州萧山国际机场面积16.6平方公里。

根据“集约紧凑、产城融合、区域协同”的发展理念,杭州临空经济示范区规划形成“一心一轴五区”的总体布局。

“一心”,指的是杭州萧山国际机场。以杭州萧山国际机场为核心,强化空港客货运枢纽与综合交通枢纽建设,不断提升机场运营保障能力与服务水平,奠定亚太重要航空枢纽的地位。

“一轴”,指的是空港经济发展轴。依托机场快速路、地铁7号线、沪乍杭城际铁路等交通干线形成空港连接杭州城市中心区的快捷通道和经济纽带,促进沿线区域产业升级和临空经济发展。

“五区”,指的是“航空港区”“临空现代服务业区”“临空先进制造区”“城市功能区”和“生态功能区”五大区块。通过合理引导功能分区和产业专业化集聚,形成环绕空港紧密布局的临空产业集群。

毫无疑问,“示范区”的战略定位,对萧山区来说是一次极好的发展机会。

的确,萧山已经处于发展临空经济的最佳机遇期。一方面,杭州的城市能级提升明显,作为国内“准”一线城市,杭州的城市国际化步伐大大加快,为发展临空经济提供了强有力的城市化支撑。另一方面,从中央到省市区,各级政府都高度重视临空经济发展,并释放积极信号。

浙江机场集团董事长王敏这样阐述建一流机场的战略意义:“它是落实习近平总书记‘建设航空强国’的要求,是实现浙江‘两个高水平’奋斗目标的具体实践,是浙江加快经济转型升级的潜力所在。”

萧山区与浙江机场集团还合资组建了浙江杭州临空经济开发有限公司，协同开发机场周边区域。这种协同开发模式又开全省之先河，也标志着双方携手加快临空经济区的建设进入实质性阶段，也将为全省临空经济统一布局、统一规划、统一开发积累经验。

新平台、新空间、新产业，随着萧山与浙江机场集团战略合作的进一步深入，这里的"样板意义"也将越发凸显。据介绍，区场合作将突出三件大事，即打造大平台、建设大枢纽、发展大产业。预计到2030年，萧山机场将入驻航空公司80家以上，实现机场旅游吞吐量7000万人次以上，成为长三角世界级机场群的核心机场。

"示范区"衍生出临空产业带

"示范区"的设立，为萧山乃至整个杭州都带来了机遇，而临空产业的发展也为"示范区"注入了新的动能。

拥有萧山国际机场的开放门户，并有效衔接、服务杭州城西科创大走廊、城东智造大走廊等重大发展平台，引导国际先进生产要素向杭州湾经济区、杭州都市区集聚。因此，"示范区"可以说是浙江"大湾区"发展的大平台，成为杭州湾经济区、杭州都市区转型发展的重要支撑。与此同时，萧山"两带两廊"产业规划也为"示范区"注入了"拥江发展的新力量"。

"两带两廊"包括钱塘江新兴产业带、机场临空经济带、风情科创走廊、时代智造走廊。某种意义上讲，"两带两廊"既是城市"骨架"，撑起萧山打造国际城区、建设杭州新中心的大格局，又是"未来产业的架构"，关乎萧山"三区融合"的示范与榜样意义。

从杭州市中心出发，分别沿着钱塘江南岸、机场城市大道、风情大道、时代大道这4条"大动脉"，向萧山"四面八方"扩散产业创新的能量。

在这一"井"字形城市骨架中，有两条产业带拥抱起"示范区"，即钱塘江新兴产业带和机场临空经济带。其中,机场临空经济带将主要依托临空经济示范区的引领带动,力争打造成为杭州重要的总部创新集聚带、开放经济引领带和智造升级示范带。

业内人士指出,临空产业得到政府认可,一方面是其作为高端产业,产业链长,辐射面广,能带动区域智慧制造、电子、新材料、精密仪表等智造产业发展。另一方面,民航及相关航空产业的发展也将刺激新兴消费的提升,包括商务飞行、作业飞行、旅游、会展、培训等相关产业的发展。

比如已经签约落户萧山的中法航空大学就由杭州首家本土航空公司长龙航空携手萧山区、浙江旅游职业学院等共同建设,它将使萧山成为浙江航空教育的重镇。

杭州空港经济区负责人通过媒体介绍说,一流的航空产业将依托三大载体:做强国际商务区,做优沿江核心区,做实智慧物流区。而撑起这“三区联动”的,将是临空物流、跨境电商、智能制造、临空总部、临空服务这五大新兴主导产业。

以智慧物流区为例,萧山与浙江机场集团将对机场东部货运区进行统筹规划,推动空港物流园及机场物流园尽快整合。这当中,空港也有具体的设想,比如争取将杭州保税物流中心升格为综合保税区,打造全国跨境电商发展先行区。未来,这里或将设立浙江自贸区拓展区块。

据了解,萧山区与机场集团将以杭州临空经济示范区获批为契机,共同打造“产城融合”示范区。

事实上,杭州空港经济区是萧山的传统产业重镇,也是萧山实现经济转型升级的重要载体。近年来,空港经济区通过不断加大投资,淘汰落后产能,引入新兴产业,截至2017年底,累计完成传统产业转型升级项目400余个,引进新兴企业及项目100余个,总投资超过200亿元,经济转型效果显著。

另据介绍,萧山区与浙江机场集团在培育临空产业上将进一步深化合作。双方将根据临空产业规划,合理分工,全力招商,共同培育临空现代服务、临空先进制造和航空运输物流等产业,特别是要大力发展总部经济、会展经济、跨境电商等城市经济，合力实现杭州萧山从“城市的机场”向“机场的城市”的历史性跨越。

“抢食”临空经济的市场力量

毋庸置疑，临空经济发展的确给地方以及浙商带来了产业发展的机遇。

比如2017浙商（春季）论坛活动的具体承办方瓜沥镇政府，就积极抢占临空经济机遇，在论坛活动上，瓜沥镇政府代表与首都航空、浙江长龙航空、华夏幸福基业股份有限公司等10家大型企事业单位进行商业投资签约，其中4个项目都涉及航空领域，显示瓜沥在未来打造临空产业的信心和决心。

瓜沥镇是全省首批试点小城市，是萧山区的经济重镇，经济结构以工业为支柱，拥有中国花边之乡、中国化纤纺织名镇、中国制镜之乡、中国装饰卫浴基地、中国门业之乡、中国浴柜之乡等6个国字号品牌。

据瓜沥镇王镇长介绍：全镇拥有工业企业超过2200家，其中规模以上企业238家，上市企业5家。瓜沥镇区位优势明显，境内坐落着大型现代化航空港——杭州萧山国际机场，沪杭甬高速穿镇而过，并设有瓜沥互通，规划中的杭州地铁三期延伸至境内。当此机遇降临之际，瓜沥镇将结合临空服务需求和瓜沥产业优势，积极提升航空设备维修、临空食品制造、客机转货机改装等传统临空制造业，充分发挥航空枢纽人流物流信息流等优势，布局发展受机场带动最为直接和明显的空港商务、物流、机务等服务业。

刘启宏

其实，更早关注临空经

济的是“春江水暖鸭先知”的浙商。他们早在10多年前就已“潜伏”在这个领域。

金良顺

“全球有85%的人没有坐过飞机，而且中国的民用机场不到300个。”在2017浙商(春季)论坛上，西子联合控股集团董事局主席王水福表示，发展航空经济的市场空间十分广阔。他说，进入航空业后发现，中国的高端制造业还没有真正开始。而2004年就接盘了一个飞机制造公司的精功集团更是民营航空产业的破冰者。精功集团董事局主席金良顺说，12年的坚持，终于使精功集团在通用航空领域走出了一大步。精功通航旗下拥有精功(北京)通航、陕西精功通航两家甲类通航公司，精功通航在绍兴滨海新城的通用机场已获军方批复，另外，在浙江千岛湖、西安的蓝天机场和武汉等地也都有布局。

“航空产业是带动地方经济发展的强大引擎，从航空业影响城镇的情况来看，民航所发挥的经济驱动作用远远大于企业自身的经济贡献。”长龙航空公司董事长刘启宏表示，2017年公司将启动飞机维修基地，成立飞机维修公司、亚太训练培训基地和航空食品公司，也在和当地政府探讨成立航空产业基地。

以“胆大包天”闻名的均瑶集团，是最早“包飞机”的民企，其旗下吉祥航空(上海吉祥航空股份有限公司)作为一家新兴民营航空公司，于2005年筹建，10年时间里拥有了73架飞机(11架是波音737,62架是空客320)，并于2015年5月在A股上市。根据上市公司年报显示：2016年，吉祥航空实现业务收入99.28亿元，同比增长21.70%;2017年，公司实现业务收入124.12亿元，同比增长25.02%。因而，均瑶集团党委书记陈理在论坛上说：“航空产业是传统产业，但传统产业也一样是有未来的。比如，波音飞机、空客飞机已经有100年的历史了，显然航空业是历史悠久的。像这样的传统产业就值得我们去深入挖掘。”一年多之后，传来消息：2018年5月15日，吉祥航空获得“中国优秀空乘团队”排行榜的第一名。

浙江机场集团地服公司总经理毛新宇则在论坛活动中提出，航空经济是一个朝阳产业。如今杭州萧山机场年吞吐量达到3160万人次，排在全国第十，货运是排在全国第六。无论政府还是企业，都应该在这方面进行前瞻性考虑。

毛新宇表示，临空经济首先是流量经济，各方应该创造客流、物流、信息流，通过流量的增长来拉动区域的增长。同时，杭州机场的发展要着眼长三角世界级机场群，对于萧山机场来讲，已经提出了四化目标，分别为国际化、枢纽化、品质化和智慧化，包括无现金机场建设，这也是做大格局的证明。

目前，空港已拥有“中国(杭州)跨境电子商务综合试验区”“国家现代服务业产业化基地”“中国快递产业示范基地”“中国服装面料名镇”“中国童装名镇”“中国伞乡”“中国淋浴房之乡”等七张国家级金名片。近年来，“示范区”临空产业的基础也日益坚实，以中国(杭州)跨境电子商务综合试验区、萧山国家现代服务业产业化基地建设为契机，大力发展以跨境电商、临空物流、临空高端制造等为特色的临空产业。国航浙江分公司、厦门航空杭州分公司、浙江长龙航空公司、圆通货运航空、东方航空、四川航空等基地航空公司已落户萧山，中车、圆通、顺丰、平安、精功公务机、京东全球购、中国制造网等临空相关项目已经落户，以航空总部、快递物流、跨境电商、装备制造和临空商贸等为主导的临空产业格局已经形成。

正所谓，机遇当前，孰甘落后？2018年5月23日签约的三个“十大”项目令人瞩目。这次现场签约的项目涉及航空公司总部、生物医药、医疗器械、新能源、跨境电商等临空指向性明确的临空项目。具体包括四川航空浙江总部基地、东方航空杭州运营中心、首都航空杭州运营基地等航空产业项目，以及由“国千”专家佘国良博士和国内外生物医药行业资深专家联合创建的健新原力全产业链生物医药基地项目等。

市场主体的百花齐放、百鸟争鸣,迎来了临空经济发展的勃勃生机。

“浙江之门”的空港魅力

对于国家级临空经济示范区的未来是什么样,人们用12个字做了整体描绘,即“浙江之门、杭州之窗、萧山之翼”。

2022年杭州要举办亚运会,临空经济示范区是迎接四方宾朋的第一站,事关国门、省门形象。可以说,这与“浙江之门、杭州之窗”的定位相呼应。

此前,宁波临空经济示范区获批,使得浙江成为全国唯一一个拥有两个国家级临空经济示范区的省份,足见浙江对空港这一开放大平台寄予的厚望。据了解,目前全国已有12个国家级临空经济示范区,其中3个在长三角区域,而浙江就有2个。浙江对杭州临空经济示范区的定位,是期望其引导全球人才、科技等创新要素向浙江流入,打造浙江国际开放合作大平台和浙江“大湾区”发展大平台,引领浙江的全面开放。

在这份厚望中,更寄托着“民航强省”的浙江战略。

面对亚运会,机场更是杭州展示国家形象的窗口,亚运会期间,它将是“中国之门”。对于萧山国际机场的定位,在“后峰会、前亚运”的战略机遇期,浙江也做了调整。它不仅要成为浙江的龙头机场,更要成为长三角世界级机场群的核心机场。

根据新一轮总体规划修编,萧山国际机场将形成这样的总体构型——“西客东货”、5条跑道、2个航站区。近期第一航站区将满足2030年未来旅游吞吐量9000万人次发展需求,在现有跑道两侧各新建两条中距跑道,用地规模达20平方公里。

在2018年正式开建的机场三期扩建项目,总投资高达270亿元(不含地铁、高铁分摊),将于2022年亚运会前投运。它将新建T4航站楼、交通中心、B滑、L滑、东区货站等项目。

另外，根据《杭州空港综合交通枢纽规划》，杭州临空经济示范区也将形成“两环两通八联”的路网格局。其中，“两环”中的外环为高速公路环线，内环为快速公路环线。“两通”中的西面为机场高速公路通道，东面为永盛路通道。“八联”则是与空港“两环”联系，对外辐射的八条联系道路。

这些“大交通”领域的大动作，让杭州临空经济示范区真正成为一座城市的“交通之心”。

萧山更源源不断地为这座国家级的“示范区”赋能，让它更能够“跳出萧山看萧山”。总投资2000亿元的萧山“12588”交通大会战将为“浙江之门”引入三条轨道线路，和滨江一路、滨江二路、红十五线改建工程、萧山机场东路、彩虹快速路——头蓬路、杭州“中环”等一揽子道路项目，涉及城市环线、轨道线路、城市快速路和框架性主干路，用不到五年时间，把“浙江之门”的路网加密。

可以说，一个借由大交通发力的开放大平台正在蓄力崛起。而“大交通”意味着“更多更大的流量”，让这里从“城市的机场”向“机场的城市”蝶变。

另悉：2017年11月17日，浙江省委书记、省人大常委会主任车俊和浙江省委副书记、省长袁家军在杭州为浙江省机场集团有限公司揭牌。浙江省机场集团注册资本100亿元，据预算，到2022年该集团资产将达到1000亿元。

浙江省原有杭州、宁波、温州、舟山、衢州、台州、义乌7个运输机场，另有嘉兴、丽水机场正在筹建；共开通国际国内航线392条，其中国际及地区航线70余条，民航发展基础良好。但由于省内各机场独立运行、各自发展，各地机场缺少协同发展、临空产业发展缓慢等问题。为了补齐民航发展短板，浙江作出整合浙江全省机场资源、搭建航空大平台的决策部署。浙江省机场集团通过资源整合，将打造成世界一流的“千亿级”资产的机场运营管理和航空产业投资集团，与浙江省海港集团、浙江省交通集团构成浙江省海陆空综合交通体系建设和运营的三大平台。

至此，一个省市区联动，国有、民营企业积极参与的临空经济之“长龙”在浙江，在杭州乘势而起。

|思　考|

体制改革与机制创新释放市场活力

归根结底，杭州经济发展靠的就是持续深化改革。正是改革营造了良好的市场环境与经济生态，并推动企业间的相互融合，在不断打破禁区的过程中实现跨越发展……

“八八战略”实施15年以来，杭州率先尝试国有企业混合所有制改革，率先提出“腾笼换鸟”“凤凰涅槃”，打出转型升级的组合拳。使得杭州始终以体制机制创新为源头活水，诞生了阿里巴巴、华三通信、海康威视、聚光科技等世界知名的龙头企业。

而市场化改革既需要政府职能的转换，让“放管服”释放更多改革红利；也需要市场主体——企业自身的大胆创新和主动革新。唯此，才能汇聚起全社会磅礴的活力与市场创造力。

体制改革：从“放水养鱼”到“最多跑一次”

阿里巴巴为什么诞生在杭州？马云曾说，是浙江对民营企业的支持和创业的风气造就了自己。

对于民间的创业创新活动，浙江各级党委、政府坚持市场化取向改革，通过“先放开后引导、先搞活后规范、先发展后提高”，有效促进了市场主体成长和市场机制发育。为此，浙江率先构建起相对完善的区域市场经济体制。而杭州一直走在浙江的前列。

浙江在“放水养鱼”、激活市场经济的基础上，发起了一场政府“刀刃向内”的自我革命，以期建设服务型政府、法治政府、有限政府。因此，从15年前的机关效能建设，到2013年，作为全国唯一试点启动以“权力清单”为基础的“四张清单一张网”的改革，再到“最多跑一次”改革，浙江政府一直努力做的，就是为市场松绑放权，激发市场主体的积极性，激发市场的活力。而杭州希望的是从“最多跑一次”到“一次都不用跑”，并依仗数字技术，在实现产业数字化、数字产业化”的同时实现“城市数字化”，积极打造“移动办事之城”，用办事速度换取老百姓和企业的满意度，推进城市发展速度。

机制创新：从“鸡头文化”到“凤凰文化”的跨越

如果说政府的改革是经济发展的外在力量，市场经济的内在活力还当依靠企业这一市场的主体力量。

过去浙商的抱团与联合更多的是“鸡头”与“鸡头”的联合，即经济利益体之间的联合，并不会影响各自企业原有的文化、组织架构、经营模式等等。这也缘于浙商宁为“鸡头”不为“凤尾”的文化。但这种“鸡头”文化，往往会约束浙商家族式企业的突破性发展。所以，浙商之间的联合需要发生本质的变化——这种联合更多的是改变了原来的经济利益体，并迫使其企业文化、组织架构、经营模式等随之发生巨变。换言之，浙商不仅要勇于做“鸡头”，更要乐于做“凤尾”。

党的十九大报告中提出，要“深化国有企业改革，发展混合所有制经济，培育具有全球竞争力的世界一流企业”。无疑，在中国企业迈向“世界一流”的道路上,混合所有制被寄予了很大的希望。

事实上,民企与民企、民企与国企、民企与外企的"混合"在浙江早已有之。浙商不断地冲破家族企业的局限向现代企业演变,这种"混合"的作用功不可没。比如,德力西集团董事局主席胡成中早在2003年就与三家全国著名的企业结成跨区域的联盟;西子联合控股有限公司集团不仅握手美国西子奥的斯,还握手日本的石川岛、韩国现代等世界500强企业。这种跨地区、跨国界的联合与合作极大地提升了浙商的竞争力。而吉利与跨国公司的牵手(吉利与沃尔沃成立两家合资公司),浙江物产集团的混合所有制改革与整体上市等都演绎了合作共赢的法则。

值得强调的是,杭商的"混合"之路演绎的是东西方文化交融、传统与现代企业经营管理理念的冲突与融合的过程,阐释的是从鸡头文化到凤凰文化的升华。

如果说,横向的联合可以扩大浙商的视野,壮大企业的实力;纵向的产业整合则能夯实浙商的产业基础。那么,横向联合与纵向整合的完美结合将使浙商更具发展后劲。"西子联合"的掌门人王水福的成功秘诀就在于牢牢抓住产业链的整合,使横向联合得以纵向发展;而西子联合更可贵的是借用军民融合来拉动企业转型升级。这是借融合发展实现凤凰涅槃的转型之道。

行笔于此,自然联想到浙商制胜的宝典"四千精神"。随着时代的发展,纯粹的吃苦耐劳、个人奋斗已经不足以支撑浙商的发展。在万物互联的新时代,浙商发展仍然需要"四千精神",但还要"四共"(共享、共生、共融、共赢)理念的叠加。

首先是共享。新时代的企业家,创业创新首先要有互联网思维,要建立在互联网上、大数据、云计算基础上,要能够利用好信息共享、资源共享,方能"赢在开端"。然后是"共生"。国有、民营企业能够共生;传统、新型产业能够共生,这就需要打破体制机制的束缚;还要调动市场主体,企业自身的活力。而"共融",除了企业间横向与纵向的联合之外,也许最好的办法就是在"数字产业化”“产业数字化”的两化融合中主动出击，通过融合、甚至跨界，实现创新发展。以“利他”基础上的“利己”为原则建立商业模式，在共生共融中实现共赢。

的确，民企要实现产业升级与自我跨越，必须学会啃硬骨头，必须迈过高科技、高精度的高门槛。毫无疑问，正是合纵连横的联合之路，为浙商的后续发展添加了无穷的动力。

突破禁区：从“胆大包天”到“容错机制”

20世纪90年代初，王均瑶首开“包机”模式，挂靠在国有航空公司下生生做起航空生意。从而开启浙商“胆大包天”的航空梦。

王均瑶“胆大包天”的实质，在于浙商积极主动“贴”上国有航空公司，乐为国企小配角，从而成为善闯“禁区”的民营航空领域的先行者。

事实上，浙商的发展就是不断冲破藩篱，不断打破禁区的过程。从“包机”到2002年入股武汉航空，差不多10年时间，均瑶集团才成为第一家入股国有航空的民营企业。但只能参股18%的要求，让均瑶始终处在边缘，不得以又退下阵来，直到2005年6月，才获准筹建上海吉祥航空有限公司，并于2006年9月实现首航。

相比于均瑶集团，浙江长龙航空可谓是后来者。其货运运行始于2012年，客运运行则起步于2013年。但浙江长龙航空抓住大杭州的发展期。仅仅一年，到2014年9月，就拥有3架B737-300F，16架A320客机……2016年起每年至少要增加10架飞机。

吉祥航空和长龙航空等浙商企业深知，“禁区”难越，而一旦闯入“禁区”，收获将极为丰厚。因为航空领域展示了可喜的前景。

是的，航空业的连带效应是显著的。民航所发挥的经济驱动远远大于企业自身的经济贡献，国际经验表明以机场为核心的航空业每百万旅客可以产生1.3亿美元的直接效益，可以提供就业岗位2500个。因而，临空产业既是企业掘金的好去处，也是政府投资的热门领域。

万丰航空小镇开园

2018年9月25日，两架由浙江万丰自主研发的固定翼飞机成功首飞，同时，投资100亿元的万丰航空小镇正式开园开航。

同样是后来居上的万丰奥特，其掘金通航产业的步子可为大刀阔斧，令人瞩目。万丰集团选择进入通航产业的支点是飞机制造，而实现这个领域最有效快捷的路径是海外并购。万丰奥特先后成功并购了美国Paslin机器人公司、捷克3个飞机制造项目以及加拿大钻石飞机工业公司。与此同时，其还在浙江的新昌、建德等地布局建设和管理机场项目，加上在加拿大并购的航空培训学校，现已形成飞机整机制造、机场建设管理、通航运营、航校培训、飞行服务五大业务板块。

"很多中国企业进入通航领域选择的路径比较单一，多数从事的是简单的飞机零部件配套生产制造，而万丰奥特不一样，我们希望能够形成以飞机制造为核心，构建全产业链运营体系，通过建设航空小镇，成为通航产业的'航空母舰'。"陈爱莲如此表示。

正是一大批敢为人先、敢吃螃蟹的浙商（杭商）勇于闯禁区，才开拓了浙江经济的满园春色。

开明的政府总是积极鼓励勇破禁区的首创精神。近年来，浙江承担了几十项国家战略和改革试点任务，大力促进金融体制、商事登记、投资审批、贸易通关、"多规合一"等各项改革开花结果，取得了一系列可复制推广的制度创新成果。

最值得一提的是，为鼓励改革，浙江推出了"容错机制"的尝试。2016年底，浙江省下发了关于完善改革创新容错免责机制的若干意见，鼓励创新，宽容失误。完善考核奖惩机制，加大改革实绩权重。在2017年市县领导班子集中换届和省直机关届末考察时，浙江省委支持保护了一些为改革担风险的干部，公正评价了一批因改革遭非议的干部，提拔重用了一批改革实绩突出的干部。

是的，改革就是要不断打破禁区，就是要敢于尝试、敢于承担。政府如此，企业亦然。跨越“禁区”，善用资本，特别是包括国际并购、政企联动等大手笔，一定可以助推中国企业的做大做强。

第五篇
都市传奇:“后花园”涅槃记

“水光潋滟晴方好,山色空蒙雨亦奇。”

提起杭州,人们最先想到的是“淡妆浓抹总相宜”的西湖,西湖一直是杭州的象征。

但若是满足于西湖的温婉美丽,使杭州的城市定位停留于上海“后花园”,那么杭州将成为一个守旧、呆板的“小媳妇”。

时代的飞速更迭与2000年的人文历史交织,终使西湖明月映衬着钱塘红日。

21世纪初,杭州从“西湖时代”迈向“钱塘江时代”,实现了“跨江”发展,城市生态文化影响力和国际竞争力逐步提升。

G20杭州峰会的成功举办,推动杭州站在了新的历史起点上。至此,杭州的“拥江发展”战略使城市空间布局从“三面云山一面城”向“一江春水穿城过”嬗变……

世人赞美杭州，大多因为西湖，杭州也因此被比拟为江南美女，陪伴在英俊潇洒的大上海之侧。但也因此，杭州往往被定位成上海的“后花园”，认为应该发挥西湖婉约之美，而不是跟上海比拼“阳刚”“大气”。

但杭州人却不满足于此，而是认为杭州具备了打造国际化大都市的底气。为此制定了在21世纪“城市东扩，旅游西进，沿江开发，跨江发展”的大杭州发展战略。杭州，既要西湖的柔媚，又要钱塘江的雄伟壮阔。

举世瞩目的G20杭州峰会，则将杭州这座既有传统韵味，又有时代气息，融合了东西方文明的国际化城市带到了世界舞台。杭州进而启动“拥江发展”的战略……

| 第一章 |

钱塘江与西湖日月同辉

追本溯源:2000年沧海桑田,“只有西湖明月秋”

提起杭州,人们最先想到的是西湖。

有着“世界文化景观遗产”之誉的杭州西湖,就像天堂遗落的一颗明珠,明眸善睐、熠熠生辉;又仿佛一幅灵性生动的画卷,令多少文人墨客竞折腰。

西湖是首批国家重点风景名胜区,中国十大风景名胜之一,是现今《世界遗产名录》中少数几个,也是中国唯一一个湖泊类文化遗产。

西湖

毫不夸张地说，西湖是上天赐予杭州最宝贵的财富。

即便是在过去物质匮乏的时代，西湖仍吸引着海内外游客流连忘返，为杭州经济做出重大贡献。有资料显示：1959年，杭州西湖共接待外国游客1400余人，港澳同胞2300余人，国内游客500余万人次；1978年接待外宾、港澳同胞共计5.3万人次，国内游客约600万人次；2015年，共接待国内外游客1.2亿人次……

那么，西湖究竟是天然的还是人工的湖泊？

正如苏轼的诗句“淡妆浓抹总相宜”所说，西湖之美，有人工治理之功，但还在于其“天生丽质”的鬼斧神工之巧。

据史料记载：2000多年前，西湖是钱塘江的一部分。由于泥沙淤积，在西湖南北两山——吴山和宝石山山麓逐渐形成沙嘴，此后两沙嘴逐渐靠拢，最终毗连在一起成为沙洲，秦汉时期在沙洲西侧形成了一个内湖，即为西湖。

据张岱《西湖梦寻》记载：“大石佛寺，考旧史，秦始皇东游入海，缆舟于此石上。”如此看来，西湖的历史跟整个中国史紧密相连。秦始皇统一六国，西湖初始形成；后来隋朝开凿江南运河，便捷的交通促进了杭州的经济发展和旅游事业，也使得西湖得到地方政府的重视，并自唐朝开始了西湖的治理与整修。

相传，唐朝的时候，西湖面积约有10.8平方公里，湖的西部、南部都深至西山脚下，东北面延伸到武林门一带。因为当时未修水利，西湖时而遭大雨而泛滥，时而因久旱而干涸。建中二年（781年）九月，李泌调任杭州刺史。为解决饮用淡水的问题，他创造性地采用引水入城的方法，即在人口稠密的钱塘门、涌金门一带开凿六井，采用“开阴窦”（即埋设瓦管、竹筒）的方法，将西湖水引入城内。

李泌之后，仍有不少地方官率众治理西湖的佳话。最著名的就是西湖三堤的由来。众所周知，白堤、苏堤、杨公堤分别因杭州市三任“老市长”——唐朝白居易、宋代苏轼、明时杨孟瑛主持疏浚西湖而得名。

中唐诗人白居易于长庆二年(822年)十月出任杭州刺史。在他主政杭州的三年时间里,他大兴水利,拓建石涵,疏浚西湖,修筑堤坝水闸,增加湖水容量,解决了钱塘(杭州)至盐官(海宁)间农田的灌溉问题。短短三年,他给杭州留下了著名的“白堤”和200首歌咏杭州西湖的诗歌。

其实,白居易主持修筑的堤坝,在钱塘门外的石涵桥附近,称为白公堤,并非现在的白堤。现在的白堤东起断桥,经锦带桥而止于平湖秋月,全长1公里,把西湖划分为外湖和里湖,并将孤山和北山连接在一起。在唐代原名白沙堤,宋代又叫孤山路。因后人缅怀白公,借白公之诗句中的“白沙堤”而名之为白堤。

毫无疑问,白居易是热爱杭州的。这位1192年前杭州的“老市长”,在离任前还将自己俸禄的大部分留存官库,作为疏浚西湖的固定基金。

唐之后,进入五代十国时期。此时,吴越国(907—960年)以杭州为都城,

白堤

促进了与沿海各地的交通，与日本、朝鲜等国通商贸易。同时，由于吴越国历代国王崇信佛教，在西湖周围兴建大量寺庙、宝塔、经幢和石窟，西湖由此进入全面开发时期。特别是五代十国时期吴越国创建者钱镠，他一边征用民工修建钱塘江捍海石塘，于是"钱塘富庶盛于东南"；一边置撩湖兵千人，芟草浚泉，确保了西湖水体的存在；一边又引湖水为涌金池，与运河相通。钱镠也成为深受两浙百姓爱戴的"海龙王"。

从五代至北宋后期，西湖长年不治，葑草湮塞占据了湖面的一半。此时，正是北宋诗人苏轼大显身手的时候。元祐五年(1090年)，苏轼上《乞开杭州西湖状》于宋哲宗："杭州之有西湖，如人之有眉目，盖不可废也。"同年四月，动员20万民工疏浚西湖，并用挖出来的葑草和淤泥，堆筑起自南至北横贯湖面2.8公里的长堤(后人名之为苏堤)，在堤上建六座石拱桥，自此西湖水面分东西两部，而南北两山始以沟通。

所以说，苏轼与杭州有着千丝万缕的联系。因他而得名的"西湖十景"有其二："苏堤春晓"和"三潭印月"；西湖边两条繁华的街道——"东坡路""学士路"的命名也都与他有关。而杭州名菜"东坡肉"，相传也是苏东坡犒赏疏浚民工的美食。

从这时起，西湖真正成为人们流连忘返的风景胜地。到了南宋，杭州已成为全国政治、经济、文化中心，进入了发展的鼎盛时期，而经济的繁荣自然带动了人文景观的发展。

到了元朝，西湖依然是歌舞升平。西域各国商人、旅行家，来杭州游览的日渐增多。最著名的是意大利旅行家马可·波罗。他在游记中称赞杭州是"世界上最美丽华贵"的"天城"。

但到了元朝后期，西湖疏于治理，富豪贵族沿湖围田，使西湖日渐荒芜，湖面大部分被淤为茭田荷荡。直到明朝宣德、正统年间(1426—1449年)，杭州开始恢复繁荣，地方官也才开始关注西湖，明朝官员中，与西湖相关的最负盛名的是杨孟瑛。

弘治十六年(一说正德三年,即1508年),知州杨孟瑛冲破来自豪富们的巨大阻力,在巡按御史车梁的支持下,奏请疏浚西湖。在他的亲自指挥下,民工进入湖区实施疏浚,清除侵占西湖水面形成的田荡近3500亩,并以疏浚产生的淤泥、葑草在西里湖上筑成一条呈南北走向的长堤,并在堤上建六桥。

后人为纪念杨孟瑛,称此堤为“杨公堤”,堤上六桥为“里六桥”,这与“外六桥”合称“西湖十二桥”。百姓们称“自是西湖始复唐宋之旧”。文人墨客也欣喜若狂,纷纷吟诗作画。当时有西湖竹枝词赞道:“十二桥头日半曛,酒垆花岸其氤氲。七香车内多游女,个个攀帘过岳坟。”

然而,杨孟瑛因疏浚西湖得罪了不少豪富,次年便被调走他任。此后数百年里,杨公堤历经沧桑变迁。直至清朝,因康熙、乾隆两皇帝多次南巡到杭州,西湖的整治和建设又进入一个新的高潮。

康熙曾经五次游览杭州,还为南宋时形成的“西湖十景”题了字。地方官则为皇上的题字建亭立碑,使“双峰插云”“平湖秋月”等未定点的景目,有了固定的观赏位置;雍正年间,推出了“西湖十八景”,使杭州的游览范围进一步拓展;乾隆六次到杭州,又为“西湖十景”题诗勒石,还题书“龙井八景”,使偏僻的龙井风景区为游人注目(据乾隆年间杭州人翟灏、翟瀚兄弟合著的《湖山便览》记载,西湖游览景点已增加到1016处)。

明清两代,西湖又经历了几次疏浚,挖出的湖泥堆起了湖中的湖心亭、小瀛洲两个岛屿。

2000多年的沧海桑田,西湖这块自天堂遗落的珍珠,经历了多少朝代的更替与多少人工的疏浚与雕琢?她经历了杭州两度定为国都的兴盛,也经历了唐宋元明清各个时代的战火纷飞。自唐至清,西湖经过不断疏浚治理,终于形成山外有山、湖中有湖的人间胜景。

淡妆浓抹:让西湖走出深闺,“一半勾留是此湖”

当历史终于掀开21世纪的面纱,温婉含蓄的西子湖也到了走出深闺的时候。

已故浙江大学前校长、气象学专家竺可桢先生在《杭州西湖生成的原因》中说:“西湖若没有人工的浚掘,一定要受天然的淘汰,现在我们尚能泛舟湖中,领略胜景,这也是人定胜天的一个证据。”

而历史上对西湖的整治,出发点从不是为了游乐,而是百姓生计。白居易筑堤蓄湖,是为了农田灌溉;苏东坡复六井引西湖水,是为了杭城民饮。亲民,是许多西湖整治工程能流芳百世的真正缘由。

如今的西湖,当然不承担灌溉、饮水的功用,但“亲民”,依然是西湖综合保护整治的出发点。

2002年2月至10月,杭州对西湖南线的4大公园(柳浪闻莺、老年公园、少年公园、长桥公园)进行整合。4座公园原本互相隔离,“互不相干”,现在却连成了一体:围栏被拆除,滨湖绿地、游步道全线贯通,整个环湖南线成为一个大公园。四大公园均实现24小时免费开放。

同年10月25日,在78年前倒塌的雷峰塔旧址上,71.7米高的新雷峰塔建成竣工。从此,雷峰塔与保俶塔“南北相对峙,一湖映双塔”的美景重现西湖,西湖十景因雷峰塔的倒塌而残缺了近80年,自此才重新补璧为完整的全景。

此后西湖综合保护工程继续围绕“积极保护、淡妆浓抹、三水贯通、突出文化”的总体要求,着力实施湖滨旅游商贸特色街区、环湖南线景区整合、“西湖西进”、北山路保护与改造、湖中“三岛三堤”整治与恢复等五大工程,力求养成“东热南旺西幽北雅中靓”的西湖格局。

杭州市委市政府在2001年就提出了新的城市发展战略:即把战略目标确定为“城市东扩、旅游西进、沿江开发、跨江发展”。于是人们看到,2002年底,杭州市政府全面启动了"西湖西进工程"（即杨公堤景区）、新湖滨景区和梅家坞茶文化村等三大综合整治保护工程。

在杨公堤景区建设中，主要恢复了茅家埠、乌龟潭等共计70公顷的水面面积，并与西里湖互相联通，改善和复原了周边的生态湿地。西湖水面已由原先的5.6平方公里扩大为6.5平方公里，基本上达到了300年前西湖的面积。

新湖滨景区包括从断桥起，沿白沙路、圣塘闸、环城西路、湖滨路至二公园的沿湖地带，工程将湖滨机动车通道移入地下隧道，路面改造成为综合性休闲购物步行街。

梅家坞地处西湖风景区腹地，为西湖龙井茶的重要产地，通过本次整治，景区恢复了茶文化和农家旅游的风格。2003年，靠近湖滨路与平海路交叉口附近的西湖水面上建立了音乐喷泉系统，吸引了大批游客前去观赏。

至2004年国庆节，杭州花圃、曲院风荷、花港观鱼公园已焕然一新，并24小时免费向游客和市民开放。2009年3月20日，太子湾公园免费对游客开放。至此，杭州西湖全线，成了中国首家也是至今唯一一家不收门票的5A级景区。

值得一提的是，历史遗存的保护、文化底蕴的挖掘，在这次整治中被提到了前所未有的高度。在保护整合过程中，对文化含义的认识，也从单纯的旧迹保留、复原，上升到了一个新的层次：把当下的自己放到西湖历史的一环之中——

比如湖滨那排建于20世纪50年代的骑楼就留了下来。虽然这算不上什么文物，也谈不上有什么建筑艺术性，但它的存在，就是杭州发展的一个遗存，就是西湖发展中的一小段文脉。

此外，亭湾骑射、钱王祠、御码头、清照亭，众多史书上的旧迹，重新出现在南线景区。而这背后，是全杭州市对西湖文化一次大发现、大认识的过程。

人们赞叹西湖，不仅因为大自然的钟灵毓秀，还因为那许多因湖而生的隽永诗篇与美丽传说。

比如中唐诗人白居易，他不仅留下了惠及后世的水利工程，还创作了大量有关西湖的诗词。“乱花渐欲迷人眼，浅草才能没马蹄。最爱湖东行不足，绿杨阴里白沙堤。”且让我们先沿着这道“白沙堤”，探寻一下西湖深厚的文化底蕴。

先看位于白堤东端的断桥。“断桥”之名始于唐，宋称“宝祐桥”，元称“段家桥”，是一座独孔环洞桥。每当瑞雪时节，桥的阳面冰雪消融，阴面却是铺琼砌玉。远处眺望，展现出“断桥残雪”的意境，而白娘子与许仙的故事又为断桥平添几许浪漫的色彩。

再看白堤西端的“平湖秋月”。“月冷寒泉凝不流，棹歌何处泛归舟。白苹红蓼西风里，一色湖光万顷秋。”宋代诗人孙锐的《平湖秋月》描画了怎样的水波粼粼与皓月当空？这样的秋月，比红楼梦中“寒塘渡鹤影，冷月葬花魂”的婉约少了一丝凄凉，多了一分秋高气朗的平和。

西湖的四季都是美的。苏轼的《饮湖上初晴后雨》，让人沉醉在西湖的如梦烟雨与山色空蒙之中。而“黑云翻墨未遮山，白雨跳珠乱入船。卷地风来忽吹散，望湖楼下水如天”的诗句描绘了狂风暴雨下的西湖豪情。

“何处黄鹤破暝烟，一声啼过苏堤晓”是写西湖苏堤春晓的柔媚；“未能抛得杭州去，一半勾留是此湖”道的却是诗人对西子湖的魂牵梦萦。

西湖，2000年的人文历史与鬼斧神工相交织，犹如一轮明月冉冉升起在钱塘江畔，悠远清亮。

日月同辉：未来已来，“郡亭枕上看潮头”

“忆江南，最忆是杭州。山寺月中寻桂子，郡亭枕上看潮头。何日更重游？”

白居易的这首《忆江南》，让人在怀想西子湖畔山寺月桂的馥郁馨香之外，还联想起钱塘潮的气势磅礴。

都说杭州之美在西湖，但杭州之美又不仅仅是西湖。

同样都是水，在西湖，则温婉典雅、阴柔秀丽；在运河，则厚重绵远、大方壮阔;在钱塘江,则是汹涌澎湃、气势磅礴……

是的,杭州之美不仅在于西湖,还有钱塘潮的汹涌澎湃,也因此制定了在21世纪"城市东扩,旅游西进,沿江开发,跨江发展"的大杭州发展战略。

2000年夏,我在报社工作期间采访并结识了来自美国哈佛的夏博士。当时的杭州市政府专门邀请美国哈佛大学设计学院的卡尔教授等申遗专家前来为西湖申遗设计担任智库,夏博士时为卡尔教授的助理,也是杭州市政府与哈佛大学的联络人。

在为杭州西湖申遗做顾问的同时,哈佛大学城市规划学院承担了杭州市政府委托的钱塘江两岸规划项目,哈佛大学城市规划学院卡尔教授对记者说,他们通过研究"西湖申遗"项目发现:要保护好西湖这一悠久而珍贵的文化遗产,就必须减轻未来城市发展给西湖带来的日益沉重的压力,必须把城市发展的重心转移到钱塘江两岸来。而这与杭州市"跨江发展"的战略是不谋而合的。为此,哈佛大学20多名师生共同努力,为杭州市奉献了三个规划方案。

> 钱塘江能不能变成塞纳河、泰晤士河和黄浦江?能不能像这些母亲河一样把杭州拉扯得更繁华?杭州合并了萧山和余杭两区之后,钱塘江便成了一条穿城而过的内河,一个跨江发展的问题也现实地摆在了杭州人面前。

这是刊登在2002年1月24日《钱江晚报》上的一段话。

早在2000年召开的杭州市委八届五次全体(扩大)会议上就提出,杭州要实施"城市东扩、旅游西进"战略,着力解决杭州发展空间问题。萧山、余杭撤市设区,杭州市区版图从683平方公里扩大到3068平方公里,杭州市委市政府提出杭州城市发展要突破"三面云山一面城"的城市格局,历史性地提出了沿江开发、跨江发展等战略,要将杭州市中心从武林门战略性地转移到钱江新城。

另据《杭州年鉴》记载:

杭州城市建设从围绕西湖发展的“西湖时代”跨入以钱塘江为依托，沿江开发、跨江发展的“钱塘江时代”，是新世纪杭州发展的重大战略举措。2001年7月1日，钱江新城暨杭州大剧院建设工程正式开工。钱江新城规划总面积15平方千米，将是杭州政治、经济、文化、科技交流的一个新的中心区，承担区域性行政办公、金融、贸易、信息商业、会展旅游等功能，是杭州“城市东扩、旅游西进，沿江开发、跨江发展”战略的关键一步，将推动市区形成“一主三副（一个主城和江南、临平、下沙三个副城）、双轴六组团（东西向以钱塘江为轴线的城市生态轴，南北向以主城—江南城为轴线的城市发展轴，临浦、瓜沥、义蓬、塘栖、余杭、良渚六大组团）、六条生态带（在中心城区、外围组团之间设置六条生态隔离带）”和“东动西静南新北秀中兴”的新结构体系。

至此，杭州市本着“保老城、建新城”“沿江开发、跨江发展”的城市发展思路，在东临钱塘江，南靠复兴地区，西依秋涛路，北至钱塘江二桥、艮山西路，占地面积约15.8平方公里的区域里，拉开钱江新城一期工程建设的序幕。

有着“天下第一潮”之称的钱塘江潮，自古就因其汹涌澎湃、气势磅礴而引人入胜。钱塘江的江面宽达1000米，比黄浦江还要宽一倍以上。因此，钱江新城，在其新中心区的空间规划布局上，将从大范围、大尺度、高视点的角度，体现现代城市以高层建筑群为核心的特色。在建筑风格上，将以香港中环和纽约曼哈顿为对标，在建筑的“高度”“亮度”和“密度”三方面将达到世界一流水平。

2003年，建筑面积58万平方米的市民中心开工建设。这是一个集杭州市新图书馆、杭州城市规划展览馆、杭州青少年发展中心、杭州市办事中心等为一体的综合公共配套建设设施。既体现了中华传统文化中“天圆地方”的设计理念，又吸纳了西方建筑，将行政中心与市民中心融为一体的风格。今天，人们看到的杭州市市民中心，临近钱塘江，毗邻杭州大剧院、杭州国际会议中心、杭州城市阳台等建筑，是杭州市从西湖时代过渡到钱塘江时代的城市标

杭州市民中心

志之一。

钱江新城就这样一点一点撩开面纱，露出了美丽的面容。2008年10月，杭州钱江新城核心区向市民全面开放。杭州市民欣喜地看到了钱江新城的一场（市民广场）、一城（波浪文化城）、一台（城市阳台）、一带（沿江景观带即CBD公园）、两河（新塘河、江干渠）、两馆（杭州图书馆新馆、杭州城市规划展览馆）、两隧（新城隧道、钱江隧道）、两院（杭州大剧院、中国棋院杭州分院）、两园（世纪花园、森林公园）、四中心（市民中心、国际会议中心、杭州青少年发展中心、江干文体中心）及区域内40条道路……

令人叹为观止的是：杭州大剧院如同静静的一弯新月才落下，国际会议中心则似活泼的太阳正升腾，如天造地设一般，这组屹立在城市最核心地带的巨型雕塑式建筑，不仅具有明确的象征意义，而且很好地暗示了杭州的过去和未来，共同构筑出“日月同辉”的美好寓意。与中轴线上的市民中心“广宇六合”的设计理念相呼应，一组自由挥洒的曲线将“钱江时代”的豪迈气势淋漓尽致地体现了出来。

2016年9月，举世瞩目的G20杭州峰会，将杭州这座既有传统韵味，又有

钱江新城日月同辉图

时代气息,融合了东西方文明的国际化城市带到了世界舞台,令人对其"日月同辉"的恢弘气势赞叹不已。

2017年,西湖与钱塘江日月同辉的效应持续发酵,使杭州与德国柏林、丹麦哥本哈根、日本东京、韩国首尔等国际大都市同时入选"全球15个旅游最佳实践样本城市"名录。这是迄今为止,杭州旅游含金量最高的一张国际名片,也是第一次被正式纳入国际一流旅游标准体系。

而杭州并不满足于钱江新城的开放。2018年,《中共杭州市委杭州市人民政府关于实施"拥江发展"战略的意见》《杭州市拥江发展四年行动计划(2018—2021年)》也正式出炉。

根据这个计划,到2021年,钱塘江中上游区段生态环境质量持续改善,下游城市中心区段两岸地区功能品质显著提升,以钱江新城、钱江世纪城为中心的城市新核心基本建成,奥体博览城和亚运村也将全面建成。

无论如何,杭州已从西湖时代跨入钱塘江时代。西子湖的柔美婉约、大运河的从容大度、钱塘江的气势磅礴,自此交汇在一起,形成大气磅礴、异彩流芳的壮美画面。

杭州,一个全新的时代已经到来……

| 第二章 |

地铁与水上巴士并驾齐驱

也曾风雨也曾晴，“十年一剑”青龙起

2017年7月3日，杭州地铁2号线西北段正式开通。

从此，乘坐地铁2号线，58分钟即可跨越杭州市5大城区（萧山区、江干区、下城区、拱墅区、西湖区）。

从2007年3月28日开工建设，至2012年11月24日开通杭州地铁1号线，再到2014年11月24日开通2号线东南段、2015年2月2日开通4号线首通段、2017年7月3日开通2号线西北段，杭州地铁整整走过10年有余的建设历程。

正所谓“十年磨一剑”，杭州地铁从酝酿到开工建设，却远不止10年，而是走过了23年的迂回曲折路。

作为长三角中心城市之一，杭州的经济总量位居全国省会城市前列。特别是改革开放以来，经济的发展推动着人口和就业的持续攀升，但道路交通却“依然如故”，城市建设也略为滞后。甚至有人戏谑杭州是“美丽的西湖、破旧的城市”，严重制约了杭州旅游业和其他产业的发展。

这也难怪人们一直把杭州定位成上海的“后花园”。一个没有城市轨道交

通的城市,何以担当其省会城市、以及国际化大都市之名?

发展新型的公交方式,建设新的城市次级中心来缓解市中心的人口和交通压力已迫在眉睫。建设便捷的轨道交通,成为引导杭州市区人口和产业向副城转移的一种解决方式。为此,杭州市有关部门于1984年就着手研究轨道交通规划,并于1995年5月完成《杭州市轨道交通一期工程预可行研究报告》。但出人意料的是,国务院在1995年发出了《暂停审批快速轨道交通项目的通知》,杭州地铁规划出师不利。

尽管被“叫停”,但杭州并未终止地铁的规划。1998至2001年,杭州地铁方案两易其稿,一个原本是“十”字线网布局的规划发展成为“C”字形布局的方案,并完成了市区21公里的一期工程规划。杭州的地铁梦有了雏形。

然而,规划没有变化快。2001年3月,余杭和萧山两市被划入杭州市。随着市区范围的扩大,地铁规划的方案再次调整。2002年3月,由北京市城建设计研究院编写完成的《杭州市地铁一号线工程预可行性研究报告》,将一号线路全长从21公里调整为51公里。同年6月6日,杭州市成立了地铁集团有限责任公司,杭州地铁建设正式有了自己的组织。

特意选在6月6日这个日子,图的就是“六六顺”。但偏偏“好事多磨”:2003年1月,国务院对于地铁立项严格审批的会议召开后,杭州地铁项目再次被“冻结”。

机会总是留给从不放弃的人。杭州市一边继续做规划方案,一边等待政策的放行。

终于,国务院办公厅在2003年10月发布了《关于加强城市快速轨道交通建设管理的通知》。该《通知》所涉及建设城市地铁的条件,杭州市完全符合。建设地铁的门槛亮出来,杭州反而见到了曙光。

2003年11月,由美国施韦拔公司完成的杭州地铁线网规划中期成果通过专家会审;2005年6月1日,国务院审批通过了杭州市城市快速轨道交通建设规划。至此,历时20多年的地铁立项终于取得圆满成功。

2007年3月28日，杭州九堡锣鼓喧天，鞭炮齐鸣。

这一天，杭州地铁1号线九堡东站、滨江站、文泽路站以及钱江新城地下空间连接工程正式动工。杭州地铁集团在九堡东站施工现场举行了一期工程开工典礼。杭州人期盼已久的地铁梦，在这一刻正式步入现实。

2012年11月24日上午9点30分，杭州地铁1号线开通仪式在武林广场举行。在结束4天的免费试乘体验活动后，杭州人终于盼来了浙江省第一条地铁的正式开通运营。

杭州地铁1号线线路全长47.97公里，为“Y”状半环形骨干线路，南起萧山湘湖站，在九堡客运中心站分岔，分别止于下沙文泽路站和余杭临平站，将主城与下沙、临平、江南副城有机衔接，形成杭州市贯穿南、北、东城市副中心和主城区的快速交通干线。

虽然还未形成正式的环路交通，但地铁1号线的开通还是大大振奋了杭州市民。各大媒体都刊登了2012年11月19日数万名市民参与免费试乘的消

杭州地铁1号线正式开通

息。一位85岁的老大爷作为首批免费试乘人员非常开心,他说他在1949年,曾有幸成为新中国杭州第一批坐公交车的试乘人员,这一次又赶上了杭州地铁的第一班车,真是让他赶上了两次“开天辟地”的好事儿。

镜头闪回到1906年11月14日,杭州凤山门外。

> 身着布衣短褂、足登蒲鞋的浙江铁路公司总理、两淮盐运使汤寿潜搓搓手,举起一把铁锹掘了一抔土。
>
> 在他宣告江墅铁路开建时,汤寿潜不知是否想过这条短短16公里长的铁路,将开启浙江铁路乃至现代交通建设的新时代。

这是刊登在2010年《浙江日报》上的一段话。

整整106年后,就在汤寿潜曾经站立过的土层之下,2012年11月24日,杭州地铁1号线呼啸而来。

杭州地铁的建设并非一帆风顺。就在地铁开建之前,就曾有人质疑:杭州的地质条件真的适合建地铁吗?有哪些地铁城市的土层跟杭州差不多?

在地铁1号线的建设过程中,的确出现过地面塌陷等事故。人们也许至今还记得,2008年11月15日,杭州市萧山区风情大道地铁1号线出口附近发生大面积地面塌陷;2009年1月28日,杭州地铁工地发生土体纵向滑移事故;2014年7月31日,杭州地铁4号线附近路面突然塌陷,河水倒灌基坑……

谈起地铁1号线刚开通的第一个月,人们也还是心有余悸。多处漏水、突然停电、列车延误等9起意外情况,令人对杭州地铁产生种种疑虑。

杭州地质界的“泰斗级”人物、76岁的杭州勘测设计研究院前总工程师寇秉厚,曾对媒体介绍说,杭州历史上经过三次海侵,形成了大量淤泥层,这种土质叫淤泥质的黏性土,也叫软土。除此之外,杭州地铁建设中,还涉及另外一种土——粉砂土,主要在钱塘江边,是上游富春江等河流携带下来的泥沙经钱塘江冲刷堆积起来的。复杂的地质条件给地铁建设增加了难度。但从工程技术上来说,杭州的土质没有什么大问题。比如地质条件跟杭州差不多的上海,已经有10条地铁线了;再如台北盆地是1万年前由于板块运动导致地层下陷形成的，但台北地铁自1997年陆续通车以来，已成为大台北地区民众高度依赖的交通工具。另外还有荷兰等靠海国家和城市都建了地铁。

参与杭州地铁1号线设计的北京城建总院杭州分院毛海和院长则表示：杭州地铁站变形缝的防水措施满足一级防水标准，但结构需要半年左右才能基本稳定，届时不会再有类似问题。仿佛是为了印证专家的预言，杭州地铁1号线在半年之后进入了平稳运营期。

杭州人民抱着对地铁的且盼、且疑、且喜、且叹的心情迎来了地铁时代。

地铁乘势来，城市万象生

地铁1号线的开通，让杭州市民领略了地铁的快捷与方便。有报道说，地铁开通首月就运送乘客近438万人次，滨江、下沙、临平作为杭州市未来三大副城区，前往市区的时间缩短了整整一半。

香港有个形象的比喻，叫“地下钱龙”，意思是地铁通到哪里，人流就走到哪里，就把财富带到哪里。举个例子，地铁开通后，以前冷清的西湖文化广场，现在成了武林银泰、杭州大厦之外另一个人气爆棚的商业中心点。

地铁对杭州城市发展到底有多大的影响？最直观的感觉就是城市变大了，人口变多了。因为地铁将地理距离变成了准确的时间距离，地铁延伸到哪里，生活的空间就延伸到哪里。因此，杭州的城市格局从昔日的一个中心，变成“一主三副六组团”的城市格局。而从老百姓的角度来说，生活在郊区、工作在城市，也因为地铁成为现实，“不出站”的地铁生活，也即将呈现。

记得当年，10多所高校从杭州市中心迁往下沙大学城的时候，下沙还是“老杭州”们所不屑的“沙漠地带”，一些大学老师因此各显神通调离工作。而下沙的房子也少人问津，甚至有“宁要市区一张床，不要下沙一套房”的说法。

终于，地铁一号线把主城区和下沙、临平连接起来。

如今的下沙，拥有沙滩和棕榈树的金沙湖，景观别致的沿江大道，气派的城市商业综合体，充满生机的创业大楼，漂亮的居民生活区……杭州经济技术开发区（下沙），早已不是蜷缩在杭州东端的GDP生产基地。

"改变"是下沙与生俱来的基因，随着地铁时代的到来，改变正在加速。从滩涂到良田、工业区，再向副城转型……短短五年，高档住宅区、学校、商场、医院、公园不断建成，民生配套逐渐完善，下沙的副城形象越来越显眼。2017年年初，杭州下沙提出了"三次创业"的口号，朝着新城的方向大步向前。

地铁1号线下沙西站往东约200米的地方，是F1F2地块商业商务项目；绿纱包裹着的建筑群，未来是一线湖景生态型写字楼及精品酒店；其中一幢百米高楼，还会成为金沙湖一带的标志性建筑物……

此时，站在金沙湖一期公园观景区往四周望，你会看得见蒙着绿纱的在建项目，看得见错落有致的高楼。金沙湖湖区北岸的空地上，备受关注的大剧院项目、科文中心项目将相继开工……

根据杭州城市轨道交通规划，未来在东部方向的拓展上，还要增加线网，从下沙以东进行延伸，进一步和大江东那一块连接。城市"东扩"展示了美好的前景。

在北部方向，虽然目前还没有覆盖轨道线网，但在未来，地铁10号线将把主城区和城北进行连接。另外，地铁4号线从火车东站出发，使城市的北部和西部有比较好的连接。地铁2号线把主城区和三墩以及良渚新城串起来。5号线则主要经过城西区、主城区，然后过江到萧山区。3号线基本上可以把城市的主城区、丁桥和临平这个方向连接起来，使城市的东北和西南方向有一个好的串接。如此，随着地铁2号、3号、4号、5号以及10号线的穿梭，杭州的城市"西进"与"北上""南伸"将顺利实施。

先看城市的"南伸"。据介绍，2019年年底，杭州有5条地铁线路将建成通车。至此，一张覆盖至全城的地铁网将成形，而滨江区将会是受益最大的板块。因为1号线、2号线、4号线、6号线路都与滨江区有关。

为什么滨江区会成为地铁网最密集的区块？为什么一直来喜欢"朝南坐"

的杭州人转而纷纷过江买房?归根结底在于杭州市跨江发展的战略定位以及滨江区在高新科技领域的建树。

2017年7月8日,是由西兴、长河、浦沿三镇组成的滨江区正式挂牌20周年的纪念日。20岁的滨江,以惊人的发展速度,成为杭州乃至全省信息经济发展举足轻重的一环——经济增速连续多年居杭州首位,2016年更是在73平方公里土地上创造了901.4亿元GDP。

20年来,滨江犹如一个企业明星"制造机",培育了一家家让杭州人都自豪的企业:阿里巴巴、海康威视、新华三集团、中控科技、聚光科技、安恒信息……在国家级高新区、国家自主创新示范区核心区、中国(杭州)跨境电子商务综试区核心区等加持下,滨江正在从跨江发展的桥头堡向拥江发展的示范区转变。杭州城市正生机勃勃向南生长。

再来看杭州的"西进"。近年来杭州的梦想小镇引起了社会各界的关注。地铁2号线的开通,对于梦想小镇,以及杭州未来科技城这个板块都有很强的带动作用。

未来科技城板块是杭州进行创新创业发展非常重要的热土。不管是杭州市委市政府、浙江省领导还是国家领导都非常重视创新创业的问题,再加上未来科技城又是国家级的,是全国仅有的四个未来科技城之一,吸引创新创业人才是这个区域迫在眉睫的问题。因而,地铁的开通从客观上增加了这个区域对人才的凝聚作用。此外,地铁建设之后,它会进一步延伸到良渚新城,也会进一步促进良渚新城沿线地区的开发和建设,这些也是即将带来的板块利好

轨道交通对杭州产业的布局也有一定的关系,当然它不是完全的有关系。从制造业的角度来讲,它对轨道交通的依赖性不是很高,因为它主要是以生产为主体。但是杭州是一个要进行创新驱动和转型发展的城市,这种城市三产的发展要求是比较迫切的。这个三产里面包括了两个方面的内容。

一是和总部经济、楼宇经济相关联,这种生产性的服务业需要大量的就

业人员，而且一般来讲，它的开发密度都是比较高的，这些开发密度比较高的地区就需要有轨道交通来进行支撑；二是跟生活性的服务业相关联的场所，需要轨道交通的发展来作为支撑。"一主三副六组团"，这个"大杭州"的棋局，因为地铁的沟通连接而被盘活。而自从进入"亚运会时代"后，杭州地铁的建设同步启动"快进模式"，杭州的10条地铁线将于2022年亚运会前全部建设完工。与此同时，杭州要新建至海宁、桐乡、德清、安吉、临安、富阳、桐庐、诸暨、柯桥的8条城际轨道线路，另外还有一条连接线，主要连接湖州南浔、桐乡、海宁，形成"八射一联"的城际铁路网。

值得一提的是，杭州在制定地铁开发规划的时候，在"线跟人走"还是"人跟线走"的艰难抉择之间，毅然选择了"人跟线走"。

显然，这是一着险招。具体来讲，如果杭州1号、2号线选择"线跟人走"，也即首先用来解决主城区和环西湖的交通，那建成后由于客流量不成问题，营运起来不会亏损甚至会盈利。但现在的线路是：临平至九堡段，开始的时候客流量明显不够，下沙段也会因为3个月学生的假期而遭遇客流量偏少的尴尬，湘湖至滨江段客流量也不会饱满。这将使1号地铁线开始营运后面临亏损。

但随后几年的发展很快显示了杭州市地铁战略的前瞻性。随着1、2、3、4、5号地铁的陆续开工与通路，"大杭州"的棋局终于舒展开了。用决策者的话说是"人跟线走可以拉开城市框架"，可以推动"一主三副六组团"和网络化大都市建设，可以完善城市功能配套，缓解城市交通"两难"，可以提高公交出行分担率。

生活，因地铁而加了一份律动，多了一份空间；城市，因地铁而多了一份现代的元素，多了一份发展的维度；经济，因地铁而多了腾挪的空间，多了增长的一极……

古运千年焕新姿，浙水清漾尧舜羡

“烟波渺渺藏青史，一撇惊鸿见御舟。古运人家涵墨韵，黄花吐秀不言愁。”

第一次乘坐水上巴士，从杭州信义坊码头至拱宸桥，短短的一段行程，也令我不禁脱口而出，学作古人之咏。

杭州早在2004年10月28日就正式开通了水上巴士，也是全国首个在市区运河主干道中开通水上公共交通巴士的城市。

京杭大运河始凿于春秋时期，形成于隋代，发展于唐宋，最终在元代成为沟通海河、黄河、淮河、长江、钱塘江五大水系，纵贯南北的水上交通要道。在2000多年的历史进程中，大运河为我国经济发展、国家统一、社会进步和文化繁荣做出了重要贡献，至今仍在发挥着巨大作用。2014年6月22日，在卡塔尔举行的联合国教科文组织第38届世界遗产大会上，中国大运河申遗成功，被正式列入《世界遗产名录》。

作为京杭大运河的最南端以及浙东运河的起点，杭州是中国大运河的一个重要节点。中国大运河申遗成功，也意味着杭州除西湖外，拥有了第二个世界文化遗产。

据介绍，在遗产区内杭州市被列入大运河首批申遗的点段共有11处，包含6个遗产点、5段河道。而杭州水上巴士的开通，正可以将这11处遗产点游览个够。

夜游运河也是极美的。在悠悠古运河上，乘坐古色古香的漕舫船，从武林门码头出发，沿着“天堂玉带，千秋画卷”的古运河一路往北，沿水路欣赏武林新姿、夹城春红、江桥忆昔、三河环月、拱宸怀古等古运河新景，深切感受大运河千年遗韵，最后到达京杭大运河南端标志、有“江南第一古桥”美誉的拱宸桥。

然而,清冽冽的运河水也曾遭到污染,随着工业和房地产的发展,运河水变得越来越浑浊,泥沙淤积也越来越多,甚至老远就能闻到水里的臭味。

好在杭州市政府在20世纪末就开始了行动,并在2000年作出了《关于加快运河综合整治的决议》,决定对运河(杭州段)进行综合整治。为加快运河(杭州段)的综合整治与保护开发,杭州市委、市政府还在2003年4月成立杭州市京杭运河(杭州段)综合保护委员会、杭州市运河综合保护开发建设集团有限责任公司,实行“两块牌子、一套班子”,并在沿线城区成立分指挥部。经过几年的整治,杭州河道的清洁度已经提高了不少。至2010年,杭州优于五类水的断面在33%—35%,如今已经提升至45%。但这还不够,因为运河的水质由南到北呈现阶梯状,水质从三类到劣五类均存在,所以杭州整治运河水体的步伐仍未停歇。2012年9月,杭州市运河及城市河道长效管理领导小组成立,下设运河清洁水体办公室,由综保委统筹协调,负责运河水质提升工作,运河水的治理开始了没有终点的征程。

随着2013年《浙江企业家悬赏20万请环保局长下河游泳》等新闻的发酵,浙江开启了“五水共治”的大会师,运河杭州河道作为“五水共治”的榜样,其粼粼波光自是更加清澈明亮。

据说,当初推出水上巴士的初衷,是为了帮助缓解杭州市道路行车难、居民出行难问题,可以利用运河在整治保护功能转换后凸显出的新优势,来优化城市交通运输网络,提高杭城中部和西北部公共交通的便捷程度,让更多市民可以乘坐水上巴士上下班。但随着地铁的开通,城市交通问题有所缓解,水上巴士的通勤功能逐渐被旅游休闲功能取代,人们乘坐水上巴士,更多的是因为它是杭州一道亮丽的风景线。

坐在古运河巴士里,望着船舱外的波光粼粼,你仿佛穿越在2000年的时光隧道里,浸润在2000年东方文明的慧海灵泉之中。

杭州,古典与现代在此交汇,民族与世界在此融合。这样的城市,怎不令人艳羡?

| 第三章 |

G20，杭州城让世界惊艳

G20杭州峰会之前，在世人眼里，杭州只是上海附近的一个城市；G20杭州峰会之后，世界都知道中国有一个国际化的都市叫杭州。

是的，杭州虽盛名不及上海，却比上海更有历史底蕴，距今5000多年的良渚文化遗址、2000年前西子湖畔的“秦始皇缆舟石”、900年前南宋之都临安城……这座国家级历史文化名城的历史烙印随处可见。难怪马云要用英语向世界介绍杭州：“无论我走到世界哪一个角落，我总是会想念它。”

但真正让世界了解杭州的，是2016年9月在杭州召开的G20峰会。

“一半湖水一半城”，历史与现代交融的夜杭州

2016年9月，一个秋风送爽的季节。举世瞩目的G20峰会，一个“千年等一回”的盛会，在杭州召开。

先说杭州的早秋之夜。为了迎接盛会的召开，杭州市完成了包括钱塘江、西湖、运河景观亮化提升工程在内的46个重点亮灯项目，并同步对33个入城口及城市主干道进行亮化“装扮”。于是，早桂飘香的西子湖，即使在夜幕下，也像明眸善睐的姑娘，衣着鲜亮，灵动俏皮地呈现在全世界面前——

千年市井更繁华。人们看到,南宋御街与河坊街的两街交会处保留了不少杭州“老底子”的味道。这里曾是杭州城里最热闹的商贸区之一,也是杭州历史印记最深刻的地方。为更好地展现历史文化街区的风貌,杭州市对南宋御街、河坊街两处历史文化街区的沿街建筑及景观夜景照明进行了整改提升,采用变幻的写意水墨投影灯光、自然的植物落影灯光、特色灯饰等多种手段,用灯光述说故事,创造出独具地域特色的创意性灯光氛围。

时尚妖娆俏湖滨。作为杭城最重要的商业街区,湖滨商圈一带实施了融合水墨江南与时尚现代特色的亮灯工程,延安路人行天桥采用了LED线型彩色变光洗墙灯,根据变色原理,将冰蓝、玫红、淡橙3种色调柔和地协调在一起,通过大约每5秒钟变换一次的频率,远看就像一座变色的“彩虹桥”。再配以西湖璀璨的烟花,南山路梦幻的街灯,湖滨妖娆的喷泉,交织出一幅幅璀璨的画面。

激情洋溢的灯光秀。夜幕下的钱江新城因灯景而绚丽夺目。只见夜幕下的市民中心、国际会议中心、杭州大剧院、城市阳台,组成了一幅巨幕,将“灯光版”苏堤春晓、雷峰夕照、双峰插云等杭州美景次第展现在巨幕上。

钱江新城的灯光秀于2016年8月28日开始正式播放。“城、水、光、影”是钱江新城灯光秀的主题定位,整个灯光秀分为“城之魂”“水之灵”“光之影”三个篇章,秀出中国传统文化和杭州特色,以及从西湖时代迈向钱塘江时代的“大气、开放”。而在G20杭州峰会期间,灯光秀还增添了各国风情的灯光元素,比如20国语言的欢迎词,各个国家的标志性建筑等。

气宇轩昂主会场,大气磅礴国际范

究竟是20国首脑的到来令杭城增光添彩,还是杭州的时尚亮丽、大气磅礴令世界政要们为之叹为观止?

2016年9月4日至5日,在各国首脑齐聚杭城共襄全球发展盛举之时,作

钱江新城全景图

为峰会主场馆的杭州国际博览中心，一经亮相，立即吸引了全世界惊叹的目光。

据介绍，杭州国际博览中心主体建筑由地上5层和地下2层组成，总建筑面积85万平方米，是目前全国最大的会展类单体建筑。特别值得一提的是，秉承节约办会的原则，此次峰会并没有专门建设场馆，而是在基本保持原建筑总体结构布局的基础之上，对原会议功能进行了拓展和改造。

整个项目以“气宇轩昂”为理念，无论是建筑外观还是室内空间，均体现出恢弘气势和雅正平和的特点。最为突出的是，在主场馆的建设中既展示了大国风范，又同时体现江南特色和杭州元素。这让见惯了北京人民大会堂的人们，眼睛为之一亮。

据说，杭州国际博览中心的设计特别体现了“礼、合、仁”3个主题。且让我

们走入杭州国际博览中心，从一楼迎宾区开始，一睹G20杭州峰会主会场的芳容。

迎宾区主入口，以江南古典特色的月亮门和彰显喜庆气氛的灯笼为灵感来源，并把两种元素抽象、融合，以“水墨江南”的色调，“泱泱大国”的尺度开篇。入口廊道由6对汉白玉构架的“廿”字排列而成，有如两排恭迎贵宾的翩翩君子，传递着有朋自远方来不亦乐乎的内涵。

天圆地方，中国与世界就这样相聚。峰会主会场位于博览中心的第四层，为边长45米的方正空间，体现“天圆地方”的朴素哲学观。

会议区以“合”为主题，室内装饰的“四梁八柱”，4个巨大的“廿”字，在进一步体现大国风范、中国特色的基础上，呼应着“廿国共宇、合作共赢”的发展理念。

主会场地毯则以“琼阙瑶台、国色天香”为设计理念，以“春来江水绿如蓝”的色调借喻“秋月”的印象，呈现出“春水秋月”的美好时光背景，中间采用中国传统纹样和牡丹组成国色天香的圆融图案，体现繁简有度的江南情怀。

G20峰会各国领导人乘坐扶梯到达主会场，举行G20峰会开幕仪式并进行第一阶段会议。会议厅里充满了中国风的设计。墙面为江南镂空花窗设计，花窗背面进行了吸音功能处理。与花窗连接的，则是“中华二十景”的木雕。过道的墙上，挂着杭州西湖十景的老照片。

主会场周边的园林景观，则以“写意东方舞动世界”为主题，以泼墨写意的笔触、山水留白的技法，营造大开大合的空间变化，并结合舞动变幻的丰富色彩，勾画出一幅刚柔并济、大气典雅的山水写意画卷。

在这个国内最大的会展类单体建筑里，有一个屋顶花园。从这里放眼望去，钱塘江风光尽收眼底，令人流连忘返。据介绍，屋顶花园整体以“西湖明珠

G20杭州峰会主会场外景

从天降,龙飞凤舞到钱塘”为设计理念,借鉴了西湖景观的造景手法,将花港观鱼、平湖秋月、断桥残雪等西湖景观以崭新的表现手法融合在6.2万平方米的屋顶花园之中。

G20杭州峰会主会场内景

午宴厅则为直径60米的球形建筑,面积约2500平方米,高度为23.5米,突出“仁”的主题。大厅顶部悬挂圆形“天眼”造型,穹顶正中为星空景象,点点“星光”示意着十二星象的位置。中环为自然天光照亮室内空间,外环为五圈闭合叠加的水墨山水长卷。周边的12根风柱采用中国“如意”装饰元素,均匀地环绕在周围,恰到好处地形成了内外区空间的过渡。午宴厅主背景屏风以《万里江山图》为主题,以山比德,以大青绿的绘画手法,表现万里江山的锦绣气象。

作为峰会主场馆所在地,杭州国际博览中心既是智能建筑,也是绿色建筑。除了绿化,杭州国际博览中心工程还通过多种途径实现节能、节材,将可持续发展的绿色理念贯穿始终。

比如工程中大量采用的“外遮阳系统”。据介绍,“外遮阳系统”是在裙房28米以下向阳的一面,采用双层玻璃幕墙,外层防风雨、保温隔热、隔音,内层进一步强化保温隔热功能。在博览中心东西车道设置遮阳卷棚,在玻璃幕墙之间设置了穿孔铝板遮阳系统,在西立面玻璃幕墙外侧设置了疏密不同的铝合金百叶遮阳系统,极大降低了建筑能耗。

值得一提的是,此次峰会中新闻中心的设置也非常大气、现代。位于峰会主会场一层,总面积1.5万平方米,可同时接待5000名记者,精心布置、大气雅致的“蓝色”成为其主色调。同时,中国剪纸风格茶桌、杭州美景照片墙、《富春

G20杭州峰会新闻中心

山居图》装饰围挡、西湖荷花雕塑小品等富有浓郁中国文化和杭州特色的元素融入整个新闻中心。

会议期间，位于新闻中心大厅的公共工作区，提供了近1500个记者工作席，每个工作席配备高速网络接口、国际标准插座、音频接口等。工作区的LED大屏和电视机，为记者实时滚动提供公共音视频信号、信息发布、会议安排等重要内容。同时，公共工作区提供21个单边点、多国语言资料取阅、打印、传真、通话等服务。新闻中心为中外媒体提供了112个专用工作间，40余家中外媒体入驻……

正是通过这个新闻中心，使世界各地第一时间了解会议动态，并领略了G20杭州峰会的中国魅力。

“最忆是杭州”，G20杭州峰会文艺晚会惊艳世界

如诗如画，如歌如泣。

白居易的“最忆是杭州”，是“山寺月中寻桂子”的静谧之美，是“春来江水绿如蓝”的生态之美。而G20杭州峰会文艺晚会呈现的“最忆是杭州”，不仅有静谧之美、生态之美，更有浑厚、妩媚、气派、时尚、生动、绚烂之美。

2016年9月5日，以“构建创新、活力、联动、包容的世界经济”为主题的二十国集团（G20）领导人第十一次峰会，在杭州正式开幕。

当晚，G20杭州峰会文艺演出《最忆是杭州》就像“西子”一样，从夜空中，如诗画般地款款而来。这是一场足以媲美北京奥运会开幕式的精彩演出。

这还是一台汇集了中外名家名曲的经典之作——整场高规格演出按照“创新、活力、联动、包容”的峰会主题,以体现“西湖元素、杭州特色、江南韵味、中国气派、世界大同”的创作方针,用西方交响音乐与东方文化元素相结合的形式,把西湖天然舞台晕染成一幅绝妙的中国山水画卷……

这还是一台汇集了中国顶尖艺术家的扛鼎之作——整场高水准演出用《春江花月夜》《采茶舞曲》《美丽的爱情传说》《高山流水》《天鹅湖》《月光》《我和我的祖国》《难忘茉莉花》《欢乐颂》9首经典曲目串联而成,以中国传统乐器琵琶演奏作为开场。

早在排练时,总导演张艺谋在接受《浙江日报》记者专访时就曾说过:“西湖是自然的,西湖更是人文的。”在张艺谋心中,西湖世上绝无仅有:它的水,它的桥,它的建筑,它是大自然和人类的一个完美结合——G20杭州峰会既是世界的,G20杭州峰会的嘉宾又来自全世界,于是我们就把这场开幕式演出形式定为:用西方交响乐的演奏形式,来深情述说东方人文元素,向世界展示杭州不仅是秀美之城、人文之城、古都之城,同时也是现代之城、激情之城、大气

G20杭州峰会文艺演出剧照

之城。

而具体的艺术表现上,张艺谋的艺术构思也得到了极好的发挥。

> 月,是电影导演张艺谋的意象。水,是舞台导演张艺谋的意境。用月光来表现水,让舞台演员在水中溅起的水滴,打湿人们对西湖的文化想象,让西湖的水在总制作人沙晓岚设计的光束下,幻化成无边无际的美妙舞台。
>
> 月色,成为这台演出的主色调。湖水,成为千位演职员的情愫。
>
> 听,法国大师德彪西非凡的《月光》曲,就在这般诗情画意中,流过钢琴演奏家吴牧野的金手指,他优美精致的湖上演奏,使这首不可思议的乐章拥有了鲜活的生命,像诗一般描绘出万籁俱寂、月光高洁如洗的画卷。

《浙江日报》记者刘慧的这段文字,诗意地描写了这台晚会的艺术情境。

如果说,当晚的文艺演出惊艳了世界,那么,这台晚会背后的故事则感动了中国。

2016年,早春二月,江南柳枝刚刚吐出嫩绿,北方的冰雪尚未全部融化,张艺谋离开由他执导、好莱坞投资数亿元拍摄的大片《长城》剧组赶往杭州。此前,2015年6月17日,杭州演出筹备组成员专程赴北京邀请他出任总导演,张艺谋二话没说就答应了,并表态这是"国家任务,只能成功,不能失败"。

事后,张艺谋感慨地说:"我许多构思设想,来自杭州艺术家,他们非常优秀。"杭州歌剧舞剧院院长崔巍除了带领自己的舞队,要把舞蹈跳到丝丝入扣之外,还更多地承担了编导任务。所以,这台惊艳了世界的文艺晚会,无论作品或艺术家,他们都拥有一个"杭州标签"和"国际身份",那就是"土洋结合"和"中西合璧"。

杭州市更是不遗余力地投入人力、物力为演出提供各方面支持。据介绍,这台1000多名演职人员参与的晚会,有600多位来自本地,包括杭州爱乐乐团、杭州歌剧舞剧院、萧山新青年歌舞团、浙江音乐学院八秒合唱团、浙江艺术职业学院、印象西湖演出团队和由本地多个青少年合唱团体组成的青少年合唱团等，编导组负责人除了崔巍还有杭州艺术学校的杨允金。杭州公安、园文、商旅、卫计、城管、文广新等多个部门和杭师大都提供了全方位支持和保障，不少人经常一天只睡三四个小时……七八月里，舞蹈演员们赤脚泡在湖水里，有人伤口溃烂，有人眼睛感染，有人晕眩在水中……即便如此，所有的演员每天依然坚持训练，从没有人舍得离开。

以天为幕、以山为景、以湖为台，各方来宾置身于湖光山色中，聆听经典名曲，观看水上歌舞，感受中国神韵与世界文化的交融与对话。而在“下有天堂”之城演绎贝多芬的《欢乐颂》，在气势磅礴之外多了一种天籁般的空灵，西湖的秀色更是衬出世界名曲的隽永。

从此，当《欢乐颂》响起的时候，人们会自然联想起那个魅力无穷、如诗如画的“天堂”之城——杭州。

|思　考|

城市定位，以国际化战略孵化新经济

有一种说法，认为应该把杭州定位为上海的“后花园”，而非“国际化都市”，理由是长三角地区只能有一个国际化大都市。

这样的说法也非毫无道理。与大上海咫尺相邻的杭州，如果只是“东施效颦”，显然不足取。

城市的战略定位的确很重要。所谓“登泰山而小天下”，若无一定高度的站位，只满足于做一个迷你的“后花园”，岂不是固步自封？

一个显而易见的道理是：既不能好高骛远，以简单的模仿来建大都市的“空中楼阁”，也不能妄自菲薄，以“后花园”自娱自乐。

这就需要地方领导层既尊重现实，又用超前的眼光为城市发展“谋篇布局”。

定位于国际化都市，而又采取分步实施；以国际化视野引导产业发展，又以产业基础推动城市晋升。应该说，杭州市的城市发展战略务实而前瞻。

为什么要定位于国际化？唯有确定国际化战略，才有国际化视野，也才有符合全球化发展趋势的产业布局；唯有国际化的产业，才能汇聚国际人才；唯有国际人才的集聚，才能更好地推动科技创新；唯有科技创新才能驱动新旧动能的转换……

事实上，大上海的国际化大都市也非与生俱来。1843年上海开埠，现代意义上的市政建设才开始起步。也就是说，上海的都市建设只有170年的历史。而杭州，早在13世纪，就是世界上首屈一指的繁华大都市，也是海上丝绸之路的起点。国际化，对于杭州并不陌生。

当然，曾经的辉煌并不等于现实。杭州要打造国际化城市，还得平地起高楼，一步一个脚印。

令人欣慰的是，杭州市早在20年前，就运筹帷幄，开始城市发展战略的提升。20年前，杭州市“构筑大都市、建设新天堂”的城市定位，既跳出了上海“后花园”的局限，又错开了与大上海的正面竞争。并且以打造“天堂硅谷”为重点的“一号工程”来夯实城市的经济基础。

杭州市委、市政府具有前瞻性的全球视野，新世纪初年就提出打造“天堂硅谷”，使杭州处于新经济的起跑线上。而在确立以硅谷为榜样发展高新科技产业的同时，又邀请哈佛教授团队为杭州的城市建设做智囊，确立了从围绕西湖发展的“西湖时代”跨入以钱塘江为依托，沿江开发、跨江发展的“钱塘江时代”的城市规划方案。为杭州的国际化战略打下了基础。

客观地说，杭州城市发展的国际化是与新经济的发展互相作用的。在打造“天堂硅谷”的过程中，集聚了信息产业的人才，到2011年，就积聚了全省软件十强，汇聚全省80%软件和信息服务业企业，软件服务业利税年均增长保持在50%以上，在全国排名前五位。产业经济的发展增加了城市的建设能力；而信息人才的进一步集聚，又需要提升城市的品质，杭州城市从“西湖时代”到“钱塘江时代”的发展，无疑拓展了城市的空间，提升了城市的品位，也加强了对人才的吸引力。

随着杭州对人才的聚合作用不断提升，加上其“精致、和谐、大气、开放”的城市文化。激发了全市创业创新的氛围，市场活力进一步释放。“国际滨”、梦想小镇、城西科创大走廊等日益成为新经济的孵化器；海归系、高校系、阿里系、浙商系为代表的创业“新四军”快速崛起。到2015年，杭州市生产总值达到1万亿元。中心城市高端要素集聚、科技创新、文化引领和综合服务功能显著增强，文化名城建设加速推进，城市文明程度和国际化水平进一步提高，产业结构调整成效明显，具有杭州特色的“3+1”现代产业体系基本建立。

当杭州于2016年凭借G20杭州峰会亮相世界舞台的时候，其实是早就以全球视野审视发展，积极融入全球创新网络，以电子商务、物联网、云计算和大数据、高端装备制造等领域为重点，培育出一批国际知名创新型领军企业，打造产业高地，成为“互联网+”的国际引领城市。

国际化的产业，加上其本身拥有的“国际花园城市”“东方休闲之都”等世界级的自然资源和品牌荣誉，进一步提升了这个城市打造国际化大都市的能力。为此，以优化空间结构、加快城市软硬环境建设为主要内容的基础建设按下快进键，城市界面也发生了前所未有的蜕变。随着杭州城市骨架的逐渐拉伸，大杭州格局愈发鲜明。昔日的上海“后花园”，正一步一步地迈向国家名城、国际化大都市。

由此不难看出：城市发展的国际化当以产业经济的国际化为先导，经济的国际化又要求并能反哺城市建设的国际化。

另一方面，国际化的城市必定具有多元的文化与和谐的城市气质。杭州的魅力还在于其是一个善于融合、善于创新的和谐之都。比如“西湖模式”，不以旅游作为直接赢利点，而是以旅游业作为导流的入口，发展其他产业。就是这种引流、各种商业共存、敢于“藏富于民”的“杭州式发展”一下子扩大了杭州的整个商业格局。

尊重文化发展、保持创新活力，杭州以她自己的模式变身成为一座智慧之城、金融之城、创新之城、开放之城。杭州更是一个有容乃大、大气和谐的城市。“杭州喜欢创业精神，尊重白手起家的人，更有为未来拼搏的伟大文化。”马云曾经这样评说。

当杭州市委市政府在2018年提出，要打造中国“数字经济第一城”的时候，人们发现这样的城市定位更加简洁而清晰，更具有“国际范”，其冲击“一线"城市的量能也更足。

正是在国际化的发展战略导引下,在数字经济的驱动下,杭州已经形成了信息软件、电子商务、云计算大数据、数字内容等优势产业,涌现了阿里巴巴、海康威视、新华三等20余家龙头企业,孕育了云栖小镇、梦想小镇等特色小镇,集聚了西湖大学、之江实验室、阿里达摩院等科研机构。

目前,由阿里巴巴开始,杭州已逐渐形成了一个互联网生态圈。有人这样归纳:杭州城区以西的余杭,是阿里系的"天下";钱塘江以南的滨江,是网易系的"总部";杭州西南方向的富阳东洲新区,由京东投资的一个占地500亩、投资额13亿元的电商产业园已经整装待发;从富阳往北延伸30公里,百度在杭州的首家分公司宣告成立不久,与之相邻的,是已经盛大开园的腾讯杭州创业基地……

从数字经济这个角度切入,保持数字经济领域的先发优势,将杭州发展成为全国数字经济理念和技术策源地、企业和人才集聚地、数字产业化发展引领地、产业数字化变革示范地、城市数字治理方案输出地…… 事实上,从孕育阿里巴巴、网易的互联网高地,到移动支付之城、移动办事之城,再到提出打造"数字经济第一城",近20年来,杭州秉承国际化发展战略,深耕数字经济,改变着这里的产业样貌、社会风貌、城市面貌,令杭州积累起"数字经济第一城"的底气,也成为中国创新驱动发展的城市缩影。

新技术、新应用迸发出的活力,加上山水风光兼具的优良城市环境,使杭州越来越受到中国年轻人和外籍创业人士的喜爱。我们有理由相信:随着世界各地一流人才的不断汇入,不久的将来,一个"独特韵味""别样精彩"的世界级滨水区域,最适合中国新经济生长的城市将在美丽的西子湖畔,壮观的钱塘江畔屹立。

是的,全球化时代,唯有国际化战略,方能驾起新经济的航船扬帆万里。

第六篇

书香四溢:“钱江潮”溯源记

谁能说得清,究竟是西湖的美牵动了诗人的情愫,还是诗人的歌咏为西湖镀上了异样的光彩?

“六大古都”之一与“杭州织造”的历史,注定了这个城市的高贵与繁华;“东南佛国”与“唐诗之路”则为这个城市注入了缕缕梵香与脉脉书香。

而杭州,还有一种气韵,一种凛然正义,一种磅礴大气。

所谓大气才有大格局,大格局才有大文化,也才有文化名城的独特韵味、别样精彩……

“江山也要伟人扶，神化丹青即画图。赖有岳于双少保，人间始觉重西湖。”（清代袁枚《谒岳王墓》）

杭州的美，在于书香馥郁下的西子湖，总是风情万种；在于南屏晚钟衬托下的东南佛国，总是禅意深远。但杭州还有一种慷慨正义、巍峨挺拔的大气之美。正是这种美，体现了杭州这个历史文化名城的精神内涵。

“精致和谐、大气开放”的城市品质，就是脱胎于西子湖畔千古吟唱的唐诗宋词；来源于东南佛国的“禅茶一味”；植根于西泠桥畔、岳王墓旁的英雄气概；萌发于“江南三织造”的车水马龙和5000多年前良渚水利系统的科技精神……

| 第一章 |

作家村与文创园的风光无限

2017年12月9日。

唐家三少、天蚕土豆、猫腻、蝴蝶蓝、烽火戏诸侯、酒徒、蒋胜男、梦入神机、唐欣恬……这些平日里极少露面的网络文学作家，一齐现身杭州高新区(滨江)白马湖国际会展中心，参加首个“中国网络作家村”授牌活动暨“中国

“中国网络作家村”授牌仪式

网络文学周"新闻发布会。而唐家三少还"领"了一个职位——中国网络作家村村长。

村长上任做的第一件事，就是把三五好友都喊来杭州。

猫腻坦言当时还在比较迷糊的状态："三少喊一声，我就过来了。"紧接着，他便"迷糊"地和唐家三少、月关、管平潮、蝴蝶蓝一同签订了入驻作家村的协议，成为了第一批"村民"。

看到这样的报道，颇有些让人恍惚。当真？这里汇集的只是中国网络作家，而不是《斗罗大陆》的"史莱克七怪"？这里只是一个作家村，而不是《斗破苍穹》的魔法世界与炎帝的"无尽火域"？

恍惚间，依稀看见近百年前，西子湖社的年轻诗人，冯雪峰、应修人、潘漠华、汪静之等"在蕙风里"，那陶醉的样子。

是的，人杰地灵的杭州，从来就是文人集聚的地方。这一次，成为催生网络文学的"玄幻世界"。

首任村长唐家三少的《斗罗大陆》系列创造了独有的魂师职业体系和神话情境，再造了神话新世界，做出了成功探索，深受青少年读者喜爱，这部作品日前被评选为"中国网络文学20年20部优秀作品"之一。

除了唐家三少，中国网络作家村的"村民"中还有五人被评选为"中国网络文学20年20部优秀作品·20名优秀作家"：猫腻的《间客》、今何在的《悟空传》、酒徒的《家园》、月关的《回到明朝当王爷》、蝴蝶蓝的《全职高手》……

网络文学催生富豪作家

记忆中，作家群体似乎与财富无缘。

《红楼梦》作者曹雪芹，是在饥寒交迫中辞世；19世纪法国最著名的现代派诗人波德莱尔，其一辈子的稿费才3.5万法郎；现代作家如路遥，1991年《平凡的世界》获得茅盾文学奖后，他弟弟敲开延安地委书记的门，借了5000块钱,路遥才得以去北京。

斗转星移间,一大批富豪作家随同网络文学一起冒了出来。

据2017年网络作家榜,36岁的北京作家唐家三少吸金1.22亿元,连续第五年称霸网络作家榜;第二名天蚕土豆是6000万元,第三名我吃西红柿是5000万元。

据业内人士透露:2016年,阅文集团旗下作家年分成稿酬100万元以上的超过100人。“在杭州这样一个大神云集的地方,一年版税收入几千万元的网络作家也不少见。”杭州市文联主席应雪林通过媒体介绍,“目前在全国较有影响力的主流网络作家,浙江约有20位,而杭州就有10位以上,像流潋紫、烽火戏诸侯、天蚕土豆等都在杭州。”

“甄嬛”与“芈月”,“后宫”多传奇

无独有偶,浙江两大网络作家流潋紫与蒋胜男,都是后宫戏的高手。由她们的代表作拍成的电视剧《甄嬛传》《芈月传》更是风靡一时,创下高票房的纪录。

先说《甄嬛传》,它的收视率、网络播放量高得“吓人”,而且在海外也很火爆。作者拿奖也是拿到手软,女主角的扮演者孙俪也凭借这部剧被网友封为“古装女王”。

谁能想到,这么一部名闻海内外的宫廷剧,其编剧吴雪岚(流潋紫)却是杭州江南实验学校的一名女教师?

吴雪岚(流潋紫)1984年出生于浙江湖州,毕业于浙江师范大学行知学院汉语言文学专业,任教于杭州江南实验学校。

据说,开始写《后宫·甄嬛传》的时候,她还是一名大三的学生。网络小说《后宫·甄嬛传》于2007年底开始在晋江文学网上连载。正所谓“一发而不可收”,收获了大量粉丝。

《后宫·甄嬛传》在网络上的风靡引起了数十家出版机构的激烈争夺。在作者用了两年多时间完成一共7部的《后宫·甄嬛传》创作后，磨铁文化以10万册的首印量、10%版税以及一整套全面系统的宣传方案赢得了该作品的出版权。2012年3月，由这部网络小说改编的电视剧《后宫·甄嬛传》上映播出，立刻引发收视狂潮，各大视频网站也同时更新。一部宫斗戏打破了多项收视纪录，火热程度令人咋舌。

浙江的出版社是敏感的。浙江文艺出版社凭借出版的长篇小说《后宫·甄嬛传》获得第二届“腾讯杯”原创文学大赛一等奖，而流潋紫也因其作品《后宫·甄嬛传》而名震网络，并被誉为浙江“80后”作家群的领军人物之一。

继《后宫·甄嬛传》之后流潋紫又推出《后宫·如懿传》，以乾隆的继皇后乌拉那拉氏为原型，继续讲述后宫女人传奇史诗般的一生。毫无悬念的是，小说同样引来出版社的热抢。

与流潋紫相比，蒋胜男起步更早，成名却更晚。

作为一名“70后”的作家，2014年初出任浙江省网络作家协会副主席的蒋胜男，是晋江原创网开山驻站作者之一，晋江网第一篇VIP文就是蒋胜男的《凤霸九天》。

但即使互联网上发表了数十部作品，一直进行网络文学创作的蒋胜男始终没有进入作家领域的主流，直到2015年，由她创作的小说《芈月传》改编为影视剧，蒋胜男才逐渐进入大众视野，并于2016年12月，蒋胜男当选中国作家协会第九届全国委员会委员。

国家新闻出版广电总局公布“2015年优秀网络文学原创作品”名单，《芈月传》的入选作品推介语为：

> 《芈月传》是一部以人带史的大格局历史小说。作品在真实历史资料的基础上，合情合理地展开自己的艺术想象。在宏大的历史场景与动荡的时代背景下，一方面娓娓道来，写出一个不凡女性的成长过程与心路历程；另一方面又回到历史现场，细致入微地展现战

国时期的史实、礼仪与风俗。有案可稽的历史事实，铺锦列绣的语言文笔，以及信手拈来的用典能力，都体现了作者不俗的历史功底与文学造诣。

2017年3月，蒋胜男将工作室从温州转到杭州馒头山附近。这段时间她驻守工作室，潜心将自己的作品《紫宸》《太太时代》改编为影视剧本。

蒋胜男说："之所以选择在杭州，一方面是因为自己的出版社、影视公司设立在杭州，另一方面则是杭州承载着太多千古文人的江南梦，走在山间湖畔，看着两边的古迹，说不定就会迸发出创作的灵感。"

三少与土豆，异界魔力堪谁练？

出生于20世纪80年代初的唐家三少是吸金能力最强的"网文大神"，曾经连续100个月不断更，创下吉尼斯世界纪录。

1981年1月出生于北京的唐家三少，本名张威。20世纪90年代末，自河北大学政法学院毕业后，曾进入中央电视台从事央视国际网站的工作，后因工薪太低跳槽至一家IT公司，但随着2003年IT泡沫经济的影响被裁员，此后开餐馆、搞零售、卖汽车装饰，均以失败告终。直至2004年2月，受网络小说的影响，在读写网开始创作处女作《光之子》从而走上网络文学的创作道路。

2005年，24岁的唐家三少签约起点中文网，一年时间内创作《狂神》《善良的死神》《惟我独仙》三本系列小说，累计文字450余万字。

2008年，27岁的唐家三少开始创作《斗罗大陆》，成熟的故事模式和惊人的创作热情带动网站PV值和订阅数犹如电梯般直线上升，唐家三少成为网文届当之无愧的"大神"。

2011年，30岁的唐家三少当选中国作家协会全国委员会委员，成为中国作协最高权力机构的第一位网络作家；2012年，唐家三少以3300万元的版税收入问鼎第七届中国网络作家富豪榜榜首;2014年,唐家三少入选福布斯中国名人榜,位列第87名,成为榜单上唯一的网络作家;2015年再次入选,名列第65位,超越郭敬明;2016年,唐家三少以1.1亿元版税收入第四次卫冕第十届中国网络作家富豪榜榜首,成为首位网络版权收入过亿的作家。

2017年1月,唐家三少开始创作《大龟甲师》并开始出版;2月,获得第二届中国网文之王"五大至尊"称号;11月,获得第二届茅盾文学新人奖"网络文学新人奖";12月,出任中国网络作家村村长……

这样的成功肯定不是唾手可得的。现如今中国网络文学日更新文字量达1.5亿,每年新增作品近200万种,他凭什么能独占鳌头13年?

因为他连续158个月"不断更",结婚生子发高烧照样写作!

"如果不付出艰苦的努力,承受着常人无法承受的寂寞、痛苦,拥有着超越常人的执着与坚强,又怎么可能变得强大?"

而唐家三少收获的岂止是网络上创作的4000多万文字?手握十几个超级IP的他还对自己作品的图书出版、影视剧、漫画、游戏等进行"全版权运营",大有要构建"唐家三少IP帝国"的架势。

再看"85后"著名作家、浙江省网络作家协会副主席天蚕土豆。

1989年出生于四川的天蚕土豆本名李虎。他于2008年4月在起点中文网开始创作处女座《魔兽剑圣异界纵横》,并成为起点中文网签约作家之一,从此开始朝着"大神"的目标修炼。

2009年4月,他凭着长篇玄幻小说《斗破苍穹》在起点中文网高达1.4亿的点击率,成为2009年起点中文网的白金作家。

《斗破苍穹》以530余万字在2011年7月收笔。2011年,他的《斗破苍穹》长期占据百度热门小说搜索第一位;2013年4月,《斗破苍穹》小说的游戏版权授予搜狐畅游,后被改编为网络游戏《斗破苍穹OL》;2013年6月,天蚕土豆亲授版权并担任游戏高级制作人兼首席架构师;2014年4月,《斗破苍穹前传之药老传奇》面市之后,他再次获得中国网络作家富豪榜第三名。

借着《斗破苍穹》这繁衍到巅峰的斗气，天蚕土豆在古装玄幻的道路上一路狂奔。2011年7月，他创作的《武动乾坤》在短短的数月时间内就获得了超过3200万的点击数。其作品相继被改编为网游和手游，所有作品都已改编为漫画，《斗破苍穹》更是被万达电影公司改编为电影。

2012年第七届中国作家富豪榜全新子榜单网络作家富豪榜中，唐家三少、我吃西红柿、天蚕土豆分别以3300万元、2100万元、1800万元的版税收入荣登网络作家富豪榜的前三甲。

《武动乾坤》收笔之后，他的第四部网络小说《大主宰》于2013年7月上线。2016年11月《大主宰》荣登2016中国泛娱乐指数盛典中国IP价值榜-网络文学榜前十。

而天蚕土豆更是25岁即担任了浙江省网络作家协会副主席。2016年12月，27岁的他当选了中国作家协会第九届全国委员会委员。

25岁即成"大神"，天蚕土豆的成就着实令人垂涎。事实上，有采访过他的记者说，他只是一个纯粹的执笔少年。

"'少年执笔，龙蛇飞舞'是天蚕土豆新书《元尊》简介中的一句，也是对天蚕土豆写作的最佳写照。笔下是热血沸腾的少年，现实中不过一写字人而已。即使已然成家立业，他也依旧一颗赤子之心，单纯生活，纯粹写作，这就是《斗破苍穹》的作者，一个纯粹的执笔少年"。这是《齐鲁晚报》上的一段文字。

因为纯粹，所以专一；也因为专一，所以自信而且洒脱。

网络作家村，一座丰富的金矿？

一部好的网络原创文学就是一个大IP，其后吸附着一条长长的产业链。

据业内人士透露，早在2014年之前，网络小说卖给游戏公司的版权费就达到千万元，甚至更高。由于玄幻题材的作品在游戏上受欢迎程度比影视作品还要高，因此游戏版权其实是一座巨大的"金矿"。

和唐家三少一样，很多网络作家都有自己参股的游戏开发和制作公司，这就等同于在金矿的隔壁又开了个金矿，持续连环地进行变现。其中，唐家三少的《酒神》《天珠变》《斗罗大陆》就是早期被改编成游戏的经典案例。

从互联网中诞生出来的这批作家，有着与传统作家截然不同的思维模式，这也是传统与互联网思维的差异。“我们未来的影视化都有详细规划，会逐步地一步一步推出，大概一年时间内会有三部电视剧和一部电影开机。但是我们也不会一下把所有的IP都出售掉，只会找最优秀的合作方，然后我们配合合作方一起来做，我会自己投资然后配合制作，甚至会担任监制，帮助审核剧本，一起推动把我们自己的IP做到最好，让整个IP变得更加升值。”唐家三少如是说。

唐家三少的野心据说还不仅在于文娱产业的变现，他希望这个IP能做成主题公园，效仿迪士尼或J.K.罗琳的《哈利波特》，向国际输出中国的软实力。而这种理想状态，才是IP应有的终极目的。

那么到底什么是IP？在浙江省作家协会党委副书记、网络作家协会主席曹启文看来，它其实就是一个知识产权，只是受资本介入、市场导向的影响，才会如此火爆，它不是单纯因为网络作家而产生的。

就以《芈月传》为例，原创改编的电视剧播出后，成为荧屏宠儿，图书也成为畅销书，电子书、广播剧甚至游戏也被开发面市。

“现在有不少网络作者开始往杭州跑，这也是看中了杭州拥有强大的产业链，尤其是浙江有上千家影视公司，为网络小说家作品变成产品提供了支撑。”浙江省网络作家协会主席曹启文介绍道。

在此之前，在省作协的一次活动中，党组书记臧军、副书记曹启文曾对笔者介绍：省网络作协目前有省级会员400人。据不完全统计，协会会员3年来共创作700余部逾6亿字作品，改编成影视剧、游戏、动漫等有百余个项目。3年来，《芈月传》《忘川》《古瓷迷云》等6部作品入选近两年国家新闻出版广电总局评选的“年度优秀网络文学原创作品”；《雪中悍刀行》《血歌行》《龙符》等

6部作品入选中国作家协会网络小说年度排行榜。各年度各机构发布的网文IP产品排行榜,浙江网络作家作品占比都很高。同时,兼具“网络性”与“中华性”的浙江网络文学也开始走出国门,如《斗破苍穹》《武动乾坤》《大主宰》《妖神记》等一批浙江网络作家作品均进行了海外版权输出。

以2017年7月公布的胡润原创文学IP价值榜为例,浙江作家拿下榜单第一、二名,前十作品中浙江作家作品占40%。无论从作品质量还是从作品IP价值来看,浙江网络文学均居全国前列。浙江在历史、盗墓、后宫、武侠、玄幻、职场、言情、推理、军事、科幻等各种网络文学类型中都拥有全国影响的领衔作家。

在浙江省网络作家协会第二次代表大会上,曹启文表示:浙江省网络作协在中国作协和杭州市委市政府的支持下,借助地方政府和文化企业的资源和力量,在杭州市滨江高新技术产业园区、拱墅区等地,分阶段建设“网络作家村”、网络作家创作中心和网络作家工作室,引进网络作家人才,提供配套网络作家生活创作交流的服务设施,提供网络文学产业优惠政策,设立作品版权交易中心,链接影视业、动漫业和数字产品生产端口等,营造良好的网络文学产业生态,将浙江打造成全国网络文艺重镇。

“中国网络作家村”的繁花绚烂,只是杭州文化产业的一个侧面。

杭州,这座历史文化名城,最大的优势也许就在于深厚的历史文化底蕴。而这种底蕴,到了21世纪,实实在在地变成了生产力,变成了GDP。

是的,因文化产业而生的文创产业,现已成为杭州第二大支柱型产业。

10年前的2008年,杭州市就出台了《打造全国文化创意产业中心的若干意见》,将杭州定位为“全国文化创意产业中心”,并由此持续发力推动产业规模实力。至2017年,杭州全市文创产业占杭州全市的GDP比重已经达到24.2%,成为杭州第二大支柱型产业。

不可否认,杭州已是文化创意产业的“先行军”。

早在20世纪90年代初期,杭州市政府就把城市作为一个完整的旅游产品来建设，将文化休闲旅游作为其战略性支柱产业。至2001年，杭州市政府更是确定了“加快发展文化产业”的目标，并颁布了一系列政策，如推进会展旅游和休闲度假业，实施以“三江两湖一山”为基础的“旅游西进”计划；连续举办西湖博览会，发展与会展业相结合的艺术品产业；对现代传媒业实施体制改革；以政府推行和行政引导方式推进文化产业园区建设。

2005年，政府确定了以旅游、数字娱乐和现代传媒三大产业为核心发展新型产业链，可谓杭州文化创意产业发展元年。也是在这个发展的“元年”，开始实行了一系列政策，如引进“集群”概念，建设文化创意产业园；调整土地管理政策，鼓励企业租用现有物业从事文化创意产业经营；建立文化创意产业资金稳定增长的统筹运作机制；实施紧缺人才培训工程……

2007年以来，杭州市政府继续创新理念，更加明确了品牌意识，提出打造“全国文化创意产业中心”及“文创产业化转向产业文创化”。制定了《杭州市发展文化创意产业规划(2009—2015年)》，提出“1+X”的政策体系，以核心行业为重点打造文化创意产业为城市“第四产业”和“品质产业”。

也是从2007年开始，每当春夏之交与秋冬之交，杭城都会迎来两场备受瞩目的大型文创节展活动，前者是动漫节，后者是文博会。

正是这样的力推下，杭州的文创产业有了一次又一次的突破——

2011年，杭州获得全球文化产业学院奖——全球文化产业领军城市“创意示范奖”；2012年，杭州成功加入联合国教科文组织全球创意城市网络，成为全国第一个“工艺和民间艺术之都”；2013年，拥有了全国首家文创金融专营机构……2015年，杭州全市文创产业实现增加值2232.14亿元，同比增长20.4%。

LOFT49，创意人士集聚地

我对杭州文创园的印象，最早可以追溯到15年前对LOFT49创意产业园、丝联166创意产业园等“文创先锋”的采访。

话说20世纪50年代,杭州“十里银湖墅”的拱墅区,运河畔熙熙攘攘的工厂群落,为杭州带来了超过60%的工业产值,养活了杭州近半数家庭。在这个群落中,就有杭州化纤厂这个“标杆”。1993年底,杭州化纤厂与香港保兴投资有限公司合资,成立杭州蓝孔雀化学纤维(股份)有限公司(简称“蓝孔雀”),为化纤厂的发展注入了新的动力。一时间,“蓝孔雀”风光无限。

时光荏苒,这些在工业浪潮中拔地而起的厂房,却慢慢迎来了谢幕。留下的工业遗存也逐渐淡出人们的记忆。拱墅区也随着传统工业厂房的衰落渐渐“边缘化”。

随着新世纪杭州拉开西湖整治的序幕,拱墅区也迎来了诗意改造的契机。

2002年,时任杭州拱墅区企业招商办的负责人正忙着洽谈招商业务,并对工厂搬走后的产业发展路子煞费苦心。而此时,美国DI设计公司中国区总经理杜雨波正好回国创业。在美国时,他发现创意设计公司大多聚集在SOHO区,艺术家们通过装修改造,把废弃的厂房打造成各具特色的艺术天地,形成独特的LOFT景观,于是萌发将此创意在杭州“克隆”之意。而当杜雨波跟拱墅区提出LOFT理念,一下子让招商者眼前一亮,当即一拍即合。

于是,以纽约苏荷区为蓝本,杜雨波与“蓝孔雀”合作,在化纤厂工业遗存上改造出了第一代LOFT49。受其感召,这里很快成为了杭州创意人士的聚集地,更是吸引了一大批设计和艺术界的风云人物:集教学设计创作于一身的朱仁民教授、著名雕塑家王强教授和楚天舒、中国美院陶艺系主任戴雨享教授、中国著名油画家常青教授,以及孙云、沈雷、潘杰等LOFT49的初代豪杰……被称为“杭州798”,也是浙江第一个LOFT创意社区就这样诞生了。

艺术家和设计师结合,可谓是“化腐朽为神奇”。短短三年,LOFT49就因艺术、时尚、现代和韵味焕发了勃勃生机。

2005年4月,草长莺飞,正是江南好时节。4月12日下午,时任浙江省委书记习近平同志专程到这里调研。调研中，习近平同志认真听取LOFT49的发展情况介绍，并与园区负责人和创业者交流座谈。他强调，加快文化大省建设步伐，深化文化体制改革，繁荣文化事业，壮大文化产业，不断推进各项社会事业发展。正是这样的高瞻远瞩，极大地激发了浙江人挖掘文化传统中的经济元素和商业契机的热情，以文化的力量来推动经济发展。

“文创+”，满城诗意飘桂花

A8艺术公社

当然，LOFT49并不是“独生子”。春风浩荡之下，杭州的文创产业真的是“忽如一夜春风来，千树万树梨花开”。这里不妨介绍一二。

丝联166和LOFT49经常在一起出现。两者相距不远，都是由老厂房改造成的创意园。杭州丝联实业有限公司，前身为杭州丝绸印染联合厂，20世纪50年代建成的浙江第一个锯齿形厂房，是杭州发展工业特殊历史时期的标志之一。如今时代变换，老厂房摇身一变成了艺术范十足的产业园。

“A8艺术公社”名字中“A”代表ART，艺术之意，“8”指八丈井的28号，取门牌号之用。“A8艺术公社”前身为八丈井工业园区，是一个由行政楼、大厂棚、食堂和停车场等建筑组成的旧厂区。园区建筑有20世纪60年代建的俄式高顶厂房，也有七八十年代建的钢筋水泥平顶房和楼房。这里曾聚集了

“浪漫一身”“慧兰女装”“影天印刷”“亚细亚”等在内的10多家中小工业企业。

如今,到A8随意逛上一逛,便会感受到浓郁的艺术氛围。

杭州之江文化创意园(凤凰·创意国际)是建在转塘双流水泥厂建筑物的原址上,现在这里已经成为杭州艺术家聚会和展示其作品的重要场所。

之江文化创意园

自2008年4月开园以来,这里已经先后吸引到漫画家蔡志忠、话剧导演孟京辉、综艺教父王伟忠等名人落户。欧洲十国创意设计联展、国际平面设计名人堂、法国电影节论坛、氧气音乐节也都曾在此举办。

只见青山翠谷间,铺陈着一大片青草地,20余米高的巨型水泥圆筒,或两两并立,或错落起伏,现代式的景观电梯分明依附在老式的水泥建筑旁,墙上斑驳的红漆标语却又仿佛把人拉回到20世纪70年代……然而经过改造后的之江文化创意园,现在却重新焕发了生机。

凤凰御园艺术基地坐落于南宋皇城遗址腹地,北依凤凰山,南临钱塘江,周边拥绕百年艺术学府中国美术学院、浙江美术馆、中国丝绸博物馆、南山路艺术休闲特色街、湖滨旅游商贸特色街、南宋御街等得天独厚的自然环境、人文优势和艺术氛围。

但谁能想到,这里原也是闲置多年的老库房,只有几座空仓库、几棵古树、一条坑坑洼洼的道路,现在却已经成为一个具有南宋文化古韵的现代化文化创意产业园区。

沿着大门走进凤凰御园艺术基地,仿佛进入了一个充满现代设计风格,却又极具传统历史特征的文化艺术空间。错落有致的建筑布局,诗情画意的

凤凰御园艺术基地

法国梧桐，斑驳老墙、老房子，还有幽静的咖啡馆……

“文创＋”的基因，就像杭城的桂花，流淌进城市的血脉。文创与生活、教育、医疗、科技、影视、建筑等城市发展的各个方面碰撞出了耀眼的火花……

“文创新政”，产业化升级指日可待

2018年9月6日，杭州市召开全市打造国际文化创意中心暨加快推进之江文化产业带建设大会，正式发布《关于加快建设国际文化创意中心的实施意见》。

根据这一“文创新政”，预计到2022年，杭州文化创意产业增加值将达5000亿元以上，将建成在国际上有较高知名度、在全国具有引领示范作用的“之江文化产业带”，推动杭州基本建成“全国领先、世界前列”的国际文化创意中心。这是自2008年以来，杭州文创产业发展目标的再次升级。

目前，杭州已经在数字内容、影视、动漫游戏、创意设计、现代演艺五大文创产业引领全国,国际影响力不断提升。不仅涌现出像华策影视、咪咕数媒等一大批国际化的文创企业,全球化的影视和动漫产业会展也纷纷在杭州举办。

在此基础上,“文创新政”为杭州五大优势行业提出了更高的发展目标,将建成对标全球一流水平的产业平台,提出将打造全球数字内容产业中心、华语影视内容生产中心和国际影视产业基地、国际动漫之都和全国游戏产业集聚中心,构建“国际创意设计产业格局”和“中国演艺之都”等,实现杭州文创产业的“国际化”升级。

根据“文创新政”,杭州将依托“之江文化产业带”和“大运河文化带(杭州段)”两大重点平台,推进杭州文化创意产业在高起点上迈入国际化。正是在这样的背景下,2018年9月11日,LOFT49在“运河工业设计小镇”战略下迎来了二次蝶变的契机。

杭州市实业投资集团有限公司所属的全资国有企业——杭州市工业企业投资发展有限公司,联合杭州万科产城发展有限公司,成功获取LOFT49北侧创新型产业地块,双方将深度参与工业遗存改造,以产业导入和产业服务为核心,在运河工业设计小镇中打造一片专属于杭州的创意城市先行区,引领杭州工业设计与文化创意产业的高质量发展。

创意城市是在经济全球化背景下,由产业转移和产业升级推动,伴随城市更新和创意产业兴起而出现的一种新型的城市形态和功能复合。人们欣然看到拱墅区规划的“运河工业设计小镇”与“运河文创产业带”两大战略同时绽放,LOFT49适逢盛会,杭州的“创意城市先行区”正向人们款款而来……

| 第二章 |

美院风华与西泠印魂

在杭州，与美院教授或者西泠名家品茗聊天也许算得上一种风雅。

某次采访中国美术学院中国画系主任尉晓榕教授，我问他，杭州自古人文荟萃、地杰人灵，是否可以说是杭州的山水养育了浙派书画艺术？

尉晓榕教授则回答说，与苏州的小山水、小园林比起来，杭州的气象显然更大。相比来说，苏州的山水更玲珑温婉；而杭州的山水，结构疏朗，灵秀中透着硬气，是刚柔相济型的。比如，柔媚的西子湖衬托着保俶塔的刚毅；秀美的玉皇山隐隐守候着汹涌的钱塘江潮；千年古刹灵隐寺的沉静对称着奔涌入海的富春江的豪放……这就是浙地山水的大格局，也是浙地之上一拨拨书画传承的性格主导。

也许，答案就在这里。大格局才有大文化，也才有真正的文化名城。因而，杭州拥有两大世界一流、全国顶尖的艺术机构——中国美术学院和西泠印社。

中国美院：九十载岁月薪火传

在庆祝中国美院九十华诞的大型画展上，四联大型历史油画《国美春秋》特别引人注目，以四个节气为背景，刻画了中国美院最为重要的四个历史节

中国美术学院

点——反映1928年春国立艺术院创立之《清明》、反映在西迁中的抗战烽火之《芒种》、反映1950年新中国成立之初的《端阳》、反映1988年改革开放大潮的《中秋》。

《中秋》所描写的是建校60周年校庆之际，一群走在改革开放春风里的大家名师，其中有老一辈艺术家莫朴、陆维钊、陆俨少、沙孟海、陆抑非、王伯敏、朱金楼、史岩、邓白等；有中国画浙派"五老"李震坚、周昌谷、顾生岳、方增先、宋忠元；有油画家赵无极、朱德群、吴冠中、万曼、王德威、蔡亮、肖峰、全山石、金冶；有版画家赵延年、赵宗藻；有雕塑家沈文强、王卓予；也有相对年轻的刘文西、潘公凯、吴山明、童中焘、刘国辉、冯远、范景中、王冬龄等，他们构成了改革开放40年以来中坚艺术家力量的一部分。

2018年3月25日，画展开幕后，画中人物肖峰、全山石、赵宗藻、冯远、吴山明、潘公凯、王冬龄等来到了中国美术馆展览现场，与画中的"自己"欢聚一堂。

国美中国画学院院长尉晓榕是中国美院在职教授中为数不多的和浙派创始人"五老"李震坚、周昌谷、方增先、宋忠元、顾生岳都有过交往的后学一代。在作品中，尉晓榕从每一位老先生的个性特点入手，深入刻画了他们最有代表性和感染力的瞬间。据报道，中国美院校友、"五老"的学生，中国国家画院著名画家何加林看到作品后说："这是一幅有高度、有温度的高峰之作！我看画时仿佛回到了和老师们朝夕与共的日子，我的眼眶是湿的。"

从1928到2018，整整90年。2018年4月8日，中国美术学院满90周岁。

中国美术学院，是杭州及至全国人民心目中的艺术殿堂。提起它，人们会联想起这些耳熟能详的姓名来：林风眠、潘天寿、黄宾虹、刘开渠、吴大羽、颜文樑、倪贻德、李苦禅、李可染、艾青、陈之佛、庞薰琹、雷圭元、萧传玖、关良、黄君璧、常书鸿、董希文、王式廓、王朝闻、李霖灿、邓白、吴冠中、赵无极、朱德群、罗工柳……这些曾享誉中国乃至世界书画界的艺术家们犹如熠熠群星，照亮了中国现代美术史的天空。

从建校伊始仅30多名教职员、56名注册学生的国立艺术院，发展到如今逾万名师生，地跨杭、沪两市，拥有四大校区的中国美术学院，中国美院的90个春秋里，演绎着无数扣人心弦的故事。

初创时期，"南吴北齐"齐聚西子

1928年，时任大学院院长的蔡元培先生择址杭州西子湖畔，创立了第一所综合性的国立高等艺术学府——国立艺术院，设国画、西画、雕塑、图案四个系及预科和研究部，开始了"美育代宗教"的实践，揭开了中国高等美术教育的篇章。

据说，齐白石第一次进高校当教授，是1926年被时任国立北京艺专校长林风眠聘请的。有了先前的合作，林风眠于1928年出任国立艺术院（杭州国立艺专）校长时，自然想到了邀请齐白石先生到杭州任教。齐白石因年事已高，不能亲往,派出了弟子李英,就是后来的李苦禅,携他的作品代他赴杭州任教。与此同时,林风眠还请了上海的吴昌硕,吴昌硕则请门人诸闻韵代他赴约。诸闻韵来不了,又推荐潘天寿先生来杭任教。“南吴北齐”就这样联袂开启了国美辉煌的中国画教学序幕。

那真是一个大师辈出、群星闪耀的年代。作为学院的缔造者,林风眠、齐白石、吴昌硕等艺术大师的成就让人难以望其项背;作为第一代教授,“南吴北齐”的代表,李苦禅、潘天寿等艺术造诣也是出神入化,教授中还有中国现代雕塑的开拓者、象征派诗人李金发,文学家郁达夫。这一批“光芒四射”的大师们,培育了一代又一代美院巨匠。

学生中有著名诗人艾青,雕塑家和音乐家、曾和冼星海相约回国创办音乐学院的曾竹韶,著名美学家、第一个创作毛泽东浮雕像的雕塑家王朝闻,更有1928年国美第一批西画研究生李可染先生……

战争年代,十迁其址,终回杭州

“皇皇者中华,五千年伟大的文明,亘古照耀齐日星。制作宏伟,河山信美,充实光辉在我辈……”这首由中国美术学院历史上第二任校长滕固作词的校歌创作于抗战时期国立艺专师生西迁途中,反映了艺专师生把艺术和生命献给抗战的心愿。

1937年,抗日战争全面爆发。

刚成立还不到10年的国立杭州艺术专科学校的师生们,被迫辞别西湖,辗转浙东群山、江西众壑,与南迁的北平艺专师生会师湖南沅陵,于1938年合为国立艺术专科学校;后又深入西南腹地,先后在贵州、云南、四川、重庆等多地办学。

从1937年辞别西湖到1946年复归杭州,九载征途,颠沛六省,学院十迁其址,五易校长,辗转约6000公里。尽管备尝艰险困苦之味,师生们仍心怀壮志，于硝烟弥漫中葆有理想，坚守美与知识的殿堂；在民族危亡之际，以艺术为武器，稳定人心，感召国人。

这一时期，国立艺专培养出一批批对中国美术史产生深远影响的优秀艺术家，其中既有赵无极、吴冠中、朱德群等享誉世界的“艺专三剑客”，又有李可染、董希文、王式廓、罗工柳、力群、彦涵、胡一川等一批中国革命文艺的中坚力量，更有王朝闻、卢鸿基等艺理兼通的美学家。

“兼容并蓄”与“传统出新”亘古耀杭城

中国美院几经更名：从1928年创办国立艺术院（杭州国立艺专），到1929年更名为“国立杭州艺术专科学校”；1938年，改名为“国立艺术专科学校”；1950年，成为“中央美术学院华东分院”；1958年，改名为“浙江美术学院”；1993年，更名为“中国美术学院”。但校训、校风却一脉相续。

以首任校长林风眠为代表的“兼容并蓄”的思想，以及以潘天寿为代表的“传统出新”的思想，在中国美术学院90年的发展历史中，始终交叠着这两条明晰的学术脉络。他们以学术为公器，互相砥砺，并行不悖，营造了有利于艺术锐意出新、人文健康发展的宽松环境，成为这所学校最为重要的传统和特征，创造了中国艺术教育史上的重要篇章。

而这所创建于斯、成长于斯的艺术殿堂，与杭州这座城市可谓水乳交融。首任校长林风眠在《美术的杭州》一文中，就已明确提出“艺术名家应从事于美丽的杭州之设计”，注定了中国美院要成为一支推动城市发展的文化生力军。

“水从碧玉环中过，人在苍龙背上行”，这是杭州小桥流水的温柔。中国美院设计艺术学院教授袁由敏把桥与水流揉捏设计成2016年G20杭州峰会会标，将自己的家园以符合美学与传播学、结合传统与现代的方式呈现给世人。

中国美院还参与创办了如中国画双年展、杭州国际纤维艺术3年展、西湖国际纪录片大会等一系列大型艺术盛事,为杭州打造了众多具有重大影响力的国际文化平台。在每年的杭州文化创意产业博览会中,“最设计·中国美院馆”也吸引了众多观众的目光。

自新世纪伊始,中国美院与杭州市政府签订了战略合作协议,与浙江音乐学院和西湖区政府共同创建之江艺创小镇……为了能够“望得见山、看得见水、记得住乡愁”,从2010年起,中国美院提出“山花计划”,开展“千村千生”“今日民艺”“双百双进”等一系列基层服务计划。2017年,中国美院建筑艺术学院向社会展现了建院10年来所进行的全新教学实验——在教学相长中,重新修复中国传统建筑体系。而由中国美院主办的中国设计智造大奖(以下简称DIA)已成为一个艺术、科技与商业融通的全球跨界竞赛。

正是与杭州的别样深情,使得中国美院成为一支推动城市发展的文化生力军。

不忘本来,吸收外来,面向未来。在中国美院人看来,“创建世界一流大学”的重任不仅在于夯实学科建设,也在于搭建一座与世界交流的桥梁。

而在我看来,中国美院能够在浙江,在杭城这块土地上生长为“世界一流”,是与浙江的山水与人文密切相关的。

灵秀中透着硬气,浙地山水有人格。灵秀,因硬气、骨气而深邃隽永。中国美院,也因别样的灵秀、硬朗而风华绝代。

西泠印社:百年印社传正统

世人谈起金石之道,莫不提及西泠印社。

西泠印社创立于1904年(清光绪三十年),是中国现存历史最悠久的文人社团,也是海内外研究金石篆刻历史最悠久、成就最高、影响最大的专业学术团体,在国际印学界地位尊崇,有“天下第一名社”之盛誉。

创立百余年来,西泠印社精英云集,名家辈出。近现代史上精研文史、雅擅丹青之卓然大家，亦多数为西泠印社中人。吴昌硕、马衡、张宗祥、沙孟海、赵朴初、启功先后担任西泠印社社长。

现实生活中，人们总对西泠印社的会员们一字千金的市场行情津津乐道。殊不知，西泠印社更是中国书画印界的一座丰碑、一座孤山。

孤山不孤，高山仰止追泰斗

2018年2月6日凌晨，一代国学大师、西泠印社社长饶宗颐辞世，驾鹤西去，享年101岁。

饶宗颐是中国当代著名的历史学家、考古学家、文学家、经学家、教育家和书画家。身为西泠印社第七任社长的他，通晓多种语言，学贯中西、著作等身，在传统文史研究和考古学、人类学及艺术、文献学等多个领域均有精深研究。其学问几乎涵盖国学的各个方面，并且精通梵文。饶宗颐和季羡林齐名，学界称“南饶北季”。

饶宗颐出任社长，对于这个在国际印学界地位尊崇，有“天下第一名社”之盛誉的西泠印社来讲，无疑是最好的匹配。饶宗颐曾任香港大学、耶鲁大学、京都大学等著名高校教授和法国远东学院院士等职，曾获法国法兰西学院颁授的“汉学儒莲奖”、法国文化部颁授的高等艺术文化勋章、中国香港特区政府颁授的大紫荆勋章等多种奖项。2011年7月获国际天文联盟批准，由南京紫金山天文台发现的、国际编号为10017的小行星被命名为“饶宗颐星”。

而此次西泠再失掌门人，可谓是“巨星陨落，哀惋殊甚”。

书法家斯舜威惊闻选堂先生化鹤而去，特别撰联：

> 百岁过三无尽期，春回恰是化冰时。
>
> 赖君绝学传正统，从此西泠谁掌旗。

是的，西泠印社是国际印学界的旗帜和泰斗，而国学大师则是杭州这座城市的文眼。巨星陨落，岂不哀哉？

风情万种，只缘西子多才情

绕西湖一周，徜徉在杨柳依依的苏堤，你能感受到东坡居士的情怀；踏步断桥与孤山之间的白堤，你会自觉吟咏白居易的诗句。即便是怀着缅怀之情漫步于栖霞岭下，亦能在抗金大将军岳飞的《满江红》里感受壮怀激烈的爱国之志与激情飞扬的文思才华。与岳王庙一桥之隔的孤山上，鉴湖女侠秋瑾的长眠之地亦萦绕着"生当作人杰，死亦为鬼雄"的豪迈之气。

而同是长眠于孤山西泠桥畔的一代诗僧苏曼殊，则留下了多少令人叹惋的歌咏。"白云深处拥雷峰，几树寒梅带雪红。斋罢垂垂浑入定，庵前潭影落疏钟"。诗、书、画皆长的一代诗僧，其"僧衣葬我"及"终隐浮屠，夙恋此湖，藏骨于此，可无渐于林逋"的遗愿，在其生前好友陈去病和柳亚子等人的努力下最终实现。

谁敢说西湖的水不是由千百年来文人墨客的灵感智慧积淀而成？西泠印社便成了这西湖灵气和历代文人墨客才气滋养的一树花果。

坐落于西湖景区孤山南麓，南至白堤，西近西泠桥，北邻里西湖，占地7000多平方米的一个明清建筑风格的园林即为西泠印社的社址。社址内包括多处明清古建筑遗址，园林精雅，景致幽人，摩崖题刻随处可见，有"湖山最胜"之誉。

1913年，近代艺术大师吴昌硕出任首任社长，盛名之下，精英云集，李叔同、黄宾虹、马一浮、丰子恺、吴湖帆、商承祚等均为西泠印社社员，杨守敬、盛宣怀、康有为等为赞助社员。西泠印社迅速发展，声望日隆，逐步确立了金石书画重镇的地位。受西泠印社影响，河井荃庐、长尾甲等海外社员把源自中华的金石篆刻艺术带回自己的国家，在日本、韩国创立了全国性的篆刻创作与研究团体。

一个民间自发而成的印社，发展为"天下第一名社"，并成为海内外文化交流的一个平台,实在是出乎当时那些创社社员的意料。

西泠新生:艺术与学养并举,文化与城市齐芳

然而,到了20世纪80年代后期,西泠印社却开始沉寂。西泠印社下属5个实体,只有一个印泥公司勉强维持,出版社因故关闭两年,其余全部入不敷出;位于西湖边黄金地段的杭州书画院靠门面出租维持,西泠印社的部分社址竟然被包租给别人卖起了藕粉……偌大一个西泠印社,就靠仅有的一点租金在维系运营,发不出员工工资,只好靠银行贷款。

"天下第一名社"怎能就此沉沦?无论是作为文化大省的浙江还是作为历史文化名城的杭州,都没有权利给西泠印社的金字招牌抹黑。

1999年,杭州市政府明确提出,要把金石、书、画作为三个重点发展的艺术门类加以扶持。经过大半年的整合,其原有的"五位一体"的发展框架变成了"1+5"的发展框架。

"1"是指西泠印社社务委员会,主要职能包括西泠印社社团的协调服务机构、西泠印社文物的保护责任单位、所属博物馆、出版社等事业单位的主管部门和所属经营性国有资产的授权经营单位。"5"是指社委会重点培育的5个发展主体:中国印学博物馆、西泠印社出版社、西泠印社文化艺术发展有限公司、西泠印社产业发展有限公司、杭州书画社有限公司。这几个主体中,既有公益性的文化事业单位,也有引入民间资本的股份公司,更有按照现代产权制度要求建立起来的现代企业。

改制之后的西泠印社获得了新生。2003年11月18日,西泠印社迎来了一个风光体面的百年庆典,2000多名从五湖四海赶来的嘉宾济济一堂;8个展览全面展示西泠印社创立、发展与繁荣历程,刮起一阵关注印学的旋风。百年庆典之后,西泠印社开始了"新百年、新发展"的新时期。于2004年正式经国家民政部批准注册登记,成为除宋庆龄基金会之外,全国唯一跨地域、在民政部登

记的地方社团，也是全国唯一的同时拥有国家级重点文保单位、国家级社团和国家级博物馆三个国家级称号于一身的社会团体。

2006年"金石篆刻（西泠印社）"成为首批国家级非物质文化遗产代表作项目。2009年，由西泠印社领衔申报的"中国篆刻艺术"成功入选联合国教科文组织"人类非物质文化遗产代表作"，进一步确立了西泠印社作为篆刻传承代表组织和国际印学中心的地位。

2012年6月29日上午10时不到，坐落于孤山南麓的西泠印社社史厅"柏堂"前已经簇拥了来自全国的媒体。这一天，西泠印社第七任掌门人、国学大师饶宗颐前来履新。

96岁的大师，通透喜乐，从容淡定，面对众人的致意，做得最多的动作是抱拳回礼，从印社门口到"柏堂"不到20米的石板路，行了足有5分钟。这段路，饶公并不陌生。20世纪80年代，他曾在著名文字学家曾宪通先生等人的陪同下访问杭州。再度来杭，已接任西泠印社社长的饶公，心中又有了另一番情

饶宗颐书写"播芳六合"

怀和使命。

“我就倚老卖老，为印社题几个字，如何？”在众人期盼的目光中，老人缓缓起立，脱下外套，踱到方桌前，润墨挥毫，写就四个苍劲大字：播芳六合。

一缕文脉，就以这样的方式，得以绵延传承。天地之间，六合之内，我们的国家如今繁荣昌盛、可上天下海，令人感到骄傲。

而西泠印社每每举办的展览，不仅让人领略到中国书画篆刻艺术的独特魅力，也让杭州这座文化名城的灵秀之气，随同大师巨匠的翰墨飘溢四方。

正所谓“拥林万亩眼底沧浪方悟种德若种树；存书万卷笔下瀚海才知做文即做人”。保持中国文化素有的“平淡”“冲和”“内蕴”的和谐空灵之美，再加以世界文化的通感和基因，也许就是今天美院人和西泠人卓尔不群、不让前辈的葵花宝典。

第三章

吴晓波的商业史和马云的侠客情

都说浙江盛产老板，殊不知，浙江还是作家的摇篮。

诺贝尔文学奖得主莫言先生，寻根寻到了浙江，因此还受聘为“杭州文艺顾问”。受聘仪式上，他感慨地说：“在现代文学中，浙江占有半壁江山。”

浙江是人杰地灵之地，空气中散发着缕缕书香、土地上流淌着脉脉灵泉。鲁迅、茅盾、徐志摩、金庸……一个个文坛巨匠如群星闪烁，令浙江这块土地迸发出异样的光彩。但在以往的印象中，平常所说的作家，并不包括财经作家，甚至在作家协会的分类中有“网络作家”而无“财经作家”。

但在杭州，有这么一位财经作家却是你不能忽略的。

21世纪伊始，他即以《大败局》一书证明严肃的商业写作也能跻身畅销书行列。他的《激荡三十年》，被评为“2007年度中国最佳商业图书”，并于2013年被评为“最受中央国家机关干部欢迎的10本书”之一；他的《跌荡一百年》，被中国图书评论学会评为“2009年度十大好书”之一；他的《浩荡两千年》，则被评为“2012读书盛典年度影响力图书”；2013年，他个人还荣获“2013中国文化先锋奖”……

没错，他就是有着“中国财经作家第一人”之称的吴晓波。

晓波其人，文人焉？商人焉？

自古文人皆清高，不但清高，而且清贫。而吴晓波却是个富豪，不仅写书拿版税，还炒房办公司（每年买一套房，公司估值30亿元左右）。所以，经常有人问：吴晓波到底是文人还是商人？是作家还是企业家？

是啊，近年来吴晓波的形象更像是一位资本达人。他创办的财经图书出版品牌“蓝狮子”（杭州蓝狮子文化创意股份有限公司）于2015年登陆新三板，并以45%的股份套现1.57亿元；而他于2014年夏天才推出的吴晓波频道（其运营公司为“上海巴九灵文化传播有限公司”，简称“巴九灵”），两年半之后即宣布完成了A轮融资，融资1.6亿元，投后估值20亿元；甚至以他自家种植的杨梅所酿之“吴酒”，也创下了72小时预订3.3万瓶、首年销售超1000万元，资本估值10亿元的奇迹。摆明了是货真价实的“富豪”，怎不令人质疑他的作家身份？

认识吴晓波近20年，来往虽不算多，对他的文字还是有些敬重。

另外，他曾为我的两本书作过序，敬重之外当然还有感激。因了这份敬重和感激，我试着静下心来，从他的文字中去了解一个真实的吴晓波。

从《大败局》到《激荡三十年》，从《跌荡一百年》再到《浩荡两千年》，我似乎窥见了他身负的使命。《史记·货殖列传》：“商不出则三宝绝。”商业自古就有，历史的发展，离不开商业力量的推动，大国的崛起也离不开商业文明的复兴。做一名商业史的梳理者与解说者，并投身于火热的商业实践，难道不是源于心底的热爱，以及那一份使命感？

从《大败局》入手，始为“庖丁”解“金牛”

从1990年入职新华社浙江分社，到2001年凭借《大败局》一举成名，记者吴晓波十年磨一剑,终成解剖企业成败的“庖丁”。

1968年出生于浙江宁波,小学时随父母工作调动而定居于杭州的吴晓波,骨子里就喜欢杭州。因为杭州不仅有他的父母家人,还有他的初恋——后来成为他妻子的高中同学邵冰冰。据说他为此在复旦本科毕业后,放弃研究生保送,而选择回杭州找工作。看来,财技高超的吴晓波,也颇有些“情圣”的样子。

更确切地说,他其实是一名学霸。据说新华社的入职考试中有一道题目是考萨缪尔森的《经济学》,绝大部分考生不会,而博览群书的吴晓波以前在复旦图书馆正好自学过。

入职后,吴晓波被分到通讯组,不久社里准备拓展有关企业的报道,为工业组征募志愿者,大部分记者不愿意去,而吴晓波却报了名。因为他曾在1989年与三位同学组成“上海大学生南疆考察队”,用半年时间考察了长江以南11个省份,其间见识了南国的大好河山,也目睹了农村的真实贫穷。这大概在他的潜意识里埋下了对财富的热爱以及商业文明的萌动。进入工业组后,吴晓波主动请缨调研全国著名大中型企业,积累了大量一手素材,并与企业家阶层建立了紧密联系。

事实上,吴晓波到新华社工作的那几年,正值邓小平1992年发表南方谈话,指出改革开放“胆子更大一点,步子更快一点”,中国经济特别是民营经济如火如荼大发展的时候。是的,从1978年十一届三中全会拉开改革的序幕,到1998年改革开放20周年,正是中国经济高速发展的20年,许多草根企业家在中国市场经济“摸着石子过河”的探索中野蛮生长、狂飙突进。此时,第一批民营企业家完成了“第一桶金”的原始积累。

这个时候,财经媒体纷纷报道中国民营企业家的成功经验。我本人于1998年进入浙江经济报社后,也在追寻企业家的成功轨迹(于2003年初出版的《对话浙商》也限于对成功企业家的访谈)。但吴晓波反而从企业家失败处着手,讲述一个个国内很著名的企业在它们“花样年华”的日子里突然灰飞烟灭，轰然倒下的故事。

他的《大败局》就是从他曾经采访过的近百位重量级企业家中，精选出10位曾经狂飙突起而又由盛而衰的企业作了教案式解读，从中探寻十大著名企业盛极而衰的失败原因：标王失败的原因是什么？数十亿资产的企业为何这般脆弱？“青年近卫军”为何如此短命？狂热的激情是怎样成为祸根的？中国“第一品牌”是怎样砸掉的？中国网络经济的原罪是什么？暴利到底给企业留下了什么？“多元化”的陷阱有多深？企业家离政治该有多近？

那是一个个生动而令人血脉偾张的案例。秦池：没有永远的标王；巨人：“请人民作证”；玫瑰园：在没有路标的花园里；飞龙：被诗意宠坏；瀛海威：在大雾里领跑；三株：“帝国”为何如此脆弱；太阳神：逝水难追“太阳神”；南德：一个“堂吉诃德”的中国版本；亚细亚：激情燃尽“野太阳”。显然，这些企业的创始者的崛起，几乎都是靠带着偶然色彩的一个创意或是一个神话。然而“成也萧何，败也萧何”，标王，豪赌天性、一个行业的领跑者、高超的广告策划，这些在他们成功里至关重要的因素把他们推上了“试问天下英雄谁可比肩”的巅峰时刻，却也正是这些因素在他们的巅峰时刻悄然埋下了失败的种子……

以今天的视角去看这些企业的崛起和败局，也许会觉得有点可笑，太过戏剧，太过非理性。可那个激荡的岁月似乎就是属于这些冒险家的，他们创造了历史又最终被历史淘汰，这种磅礴的悲凉感构成了《大败局》的底色。吴晓波用他那冷静客观而又狂野的文笔，行云流水间写出了武侠小说般荡气回肠的味道。于是《大败局》一炮打响，6年重印28次，累计销售超过100万册，被誉为中国第一本以失败案例为写作对象的MBA教材，更是被评为“影响中国商业界的二十本书”之一。该书也定义了吴晓波财经畅销书作家的身份。而《大败局》的创新体例风格更是开创了公司史记述的新时代，“从失败中吸收成功的基因”成为一个新的视角被广为流传。

在此之后的6年里，吴晓波在创作了《穿越玉米地》《非常营销》之后，携《激荡三十年》畅销之势，再度创作《大败局Ⅱ》。

《大败局Ⅱ》记述了发生在2001年到2007年之间的新败局。“6年足以让一个商业帝国崛起,也足以让一个帝国崩塌”。在这部《大败局Ⅱ》中,吴晓波又用其特有的细腻文笔,记述了新的9个经典败局,他们分别是:健力宝、科龙、德隆、中科创业、华晨、顺驰、铁本、三九和托普。在新的《大败局Ⅱ》中,吴晓波继续探寻中国企业失败的基因,而在这部著作中,他将这种失败称之为“中国式失败”。

10年时间,孜孜不倦地解剖中国企业失败的原因,这不仅需要过人的勇气,还需要深邃的目光、敏锐的洞察力和智慧。

事实上,在过去的30年里,中国一直处在一个剧烈转型的时代,法制在逐渐建设和完善之中,冒险者往往需要穿越现行的某些法规,这造成很多商业行为都将在一种灰色的中间地带运行,企业家将遭遇商业之外的众多挑战。因此,在《大败局Ⅱ》中,吴晓波笔下描绘了李经纬、顾雏军、唐万新、吕梁、仰融等多位企业家人物的命运起伏,并在具体的记述中,总结出了导致企业“中国式失败”的原因:“政商博弈的破局”“创业原罪的困扰”和“职业精神的缺失”。吴晓波希望用这样的发现,给中国公司的成长带来“养分”。

被誉为常青树的前万向集团董事局主席鲁冠球,生前有一个爱好,那就是阅读企业的失败案例。但凡媒体有报道又有哪一家企业出现危机或倒下,他总是第一时间搜集这些企业的资料。他曾经对媒体记者说,失败的东西是有规律的,成功是没有规律的,失败有其共性的东西在,而成功就要有机遇和运气。他还通过广泛的阅读,总结出企业失败的规律是:第一,超越自己的承受能力;第二,最关键的是决策错误。

也许,鲁冠球对于失败案例的关注和思考正是吴晓波写作《大败局》的意义所在?

《激荡三十年》,试为改革开放树一块界碑

说来也巧,2003年有许多人离开了新华社浙江分社那栋大楼。

那一年,我曾经工作过的单位——新华社浙江分社主办的《浙江经济报》变更为都市类报纸《现代金报》。许多执着于财经领域的采编人士"无奈"地选择了离开。

吴晓波却是主动离开了"体制内"。虽说善于理财的他已实现了财务自由,但这并不是他选择离开的根本原因。在他看来,作为一名财经记者,能够生逢这百年难遇的发展期,如果不能站在历史的高度,用全球的眼光来审视和记录,他将辜负这个伟大的时代。为此,他必须给自己一个出国深造的机会,一个24小时都属于自己的时间。他在2003年离开了新华社,并于2004年赴哈佛大学肯尼迪学院做访问学者。

留学期间,他发现美国人对中国改革开放以来的经济发展历程非常陌生,而对方又在这种无知的基础上进行或正面或负面的预测。于是他决心为这段历史做一个"摄影者",将中国改革开放30年的精彩画面呈现给世人。

2007年1月至2008年1月,改革开放迎来30周年之际,吴晓波隆重献上了一名时代记录者的礼物——《激荡三十年》(上、下)。

改革开放初期汹涌的商品大潮,国营企业、民营企业、外资企业三种力量此消彼长、互相博弈的曲折发展,整个社会的躁动和不安……在整部书稿中都体现得极为真切和实在。

他以编年体的方式、写实的手法和犀利的风格,用上、下两卷本描绘了30年间部分国企和民企在改革和崛起中的艰难历程。他把人物和事件放在国际和国内的政策、社会和当时的现实这样的大背景中,以整体和个别相结合的描述手法,将中国企业的曲折发展历程清晰地呈现在读者面前。其中有柳传志、张瑞敏、王石、马云、吴仁宝等成功的典型,也有禹作敏、牟其中、姬长孔、

沈太福等昙花一现的悲剧人物。他用激扬的文字再现出人们在历史创造中的激情、喜悦、呐喊、苦恼和悲愤。

吴晓波在书中说:“过去的30年是如此的辉煌,特别对于沉默了百年的中华民族,它承载了太多人的光荣与梦想,它是几乎一代人共同成长的全部记忆。”

著名经济学家吴敬琏在推荐中给予了极高的评价。他说:“近30年来中国向世界经济大国的跃升,无疑是现代世界史上最重要的事件之一。中国崛起这一宏大叙事,是由千百万普通人各不相同的创业故事集合而成的。虽然人们对于这些故事的阐释差别甚大,但是我深信,让作家根据自己的所见所闻把这些故事记述下来,由大众去加以解读和评论,对我们总结过去和规划未来有着极大的价值。”

是的,吴晓波的企业史写作,既遵循了新闻以事实说话、以数据说话的真实性和严谨性,又摒弃了从文件到概念的模式。对典型形象的刻画具有鲜明的文学色彩,背后又有详实的史料衬托;他以人物为主体,以事件为血肉,勾画出这一时期中国企业界的脉动,展现了史诗般恢弘的画面和场景。改革开放30年,也因了这本书被更多的人深刻地记忆。

而我想说的是:我们感谢每一位历史的记录者,为我们留下历史的印记,为我们留下穿越时间隧道的引线。我们还惊喜于这样的引线竟然是耀眼而炫目的。

溯源而上,一名商业史探寻者的脉脉深情

在完成了《激荡三十年》后,吴晓波溯源再上,于2009年推出《跌荡一百年:中国企业1870—1977》,并于两年之后的2011年,推出《浩荡两千年》。

《跌荡一百年》重新梳理了1970—1977年的中国企业史和商业变革,书写了中国企业100年的大起大落、是非变迁。《浩荡两千年》则在公元前7世纪到

1869年长达2000多年的时间跨度里，再次探寻国家与资本、政府与商人阶层之间的关系，并试图寻找出这些事关当代的问题的答案。

从春秋时期的管仲、范蠡入手，到战国时期的商鞅变法、西汉的桑弘羊变法，一直写到近代十大商帮的崛起，作者揭示的是：中国的工商文明为什么早慧而晚熟？中国的商人阶层在社会进步中到底扮演了怎样的角色？中国的政商关系为何如此僵硬而对立？中国的市场经济体制最终将以怎样的方式全面建成？在“中国特色”与普世规律之间是否存在斡旋融合的空间？……

毫无疑问，这两部被誉为商业史力作的大部头再次获得了成功。

而我，则在夜深人静之时，捧读那些穿越历史的文字，跟随作者一起，从曾国藩、李鸿章、盛宣怀、郑观应，到张謇、荣家兄弟、孔宋家族，寻找中国商业进步的血脉基因；脑海中闪现那许多负重前行的人物以及被雨打风吹仍烙下深刻印痕的物是人非，内心里漾起的竟是深深的感动……

因为有人替我们做了一件事情——透过茫茫史海，去打捞沉睡在水底的记忆碎片，整理出中国千年的企业史、商业史脉络。

还是引用一下吴晓波自己的一段文字吧——

“在众多商业史料及企业家成败案例的调研与梳理中，我一次次地被此类问题所困扰——当今中国企业家的成长基因及精神素质是怎么形成的？它是三十年的产物，还是应该放在一个更为悠长的历史宽度中进行审视？他们那种特别的焦虑、强烈的家国情结、对超速成长的渴求、隐藏内心的不安全感、对官商文化的膜拜，以及对狼文化的痴迷，是一代人特有的气质，还是有着更为深刻的人文原因？另外一个更具穿透力的问题是，在三十年乃至百年的中国进步史上，企业家阶层到底扮演了一个怎样的角色？”

在他的自序《寻找一个“下落不明”的阶层》的一段文字里，人们读到了他内心的一种冲动——追寻中国企业家的成长基因及精神素质之源。

诚如他在这篇序言中所述：“因写作《万历十五年》而出名的华人历史学者黄仁宇认为：‘民国时代，中国重新构建了社会的上层结构。其中，商人阶层的整体崛起显然是一个十分重要的景象。'而1932年就到过中国的美国学者费正清则在《剑桥中国史》中断言:'在中国这部历史长剧的发展中,中国商人阶级,没有占据显要位置。它只是一个配角——也许有几句台词——听命于帝王、官僚、外交官、将军、宣传家和党魁的摆布。'即便当世最杰出的历史学家,如美国耶鲁大学的史景迁在著名的《追寻现代中国》一书中,他从1600年写到1989年,整整三百八十九年,却几乎没有企业家的影子。

吴晓波

"这显然是一个不公平的景象。正是为了解答上述的这些问题,让我在完成了《激荡三十年》的写作后,鼓足勇气,溯源再上,开始重新梳理1870到1970年的中国百年企业史。史海茫茫,我出发去打捞沉睡在水底的记忆碎片。

"'化石'残存,商脉已断,一部企业史如同堰塞多年的大运河,我们能否清淤接续?我还试图在大历史的转折时刻里,寻找到企业家们的身影和声音。在国贫民穷的时刻,是怎样的资本和人才组合启动了'洋务运动'?在慈禧出逃、八国联军蹂躏北京的时候,南方的商业繁荣是靠谁保全的?当立宪浪潮成为全民共识的时候,谁是最积极的推动者?在辛亥革命的炮火中,谁保卫了市井的稳定?在五四运动的口号声里,谁是广场背后的支持者?在军阀割据的年代,谁一度管理了中国最大的工商业城市?在日本军队悍然侵华的时候,又是谁保住了'陪都'重庆的安全和转移了国家的最后一口元气?"

这样的历史修复者,艰辛执着的背后,是其内心深处的一种大爱。

只要认真品读这样的自序,你会触摸到一个文人而不是商人,或者可以说是史学家的思考,饱含真情和炙热。当然,真情与炽热的背后是细腻、严谨、深邃，以及妙笔生花的功底。

应该说，吴晓波在此书中，对中国式商业困境并没给出一个清晰的解决方案，只是让读者更加明了中国的商业环境和特点。循着感性的出发点，经由理性的解剖，最终从历史中剥离出带有主观设定的逻辑结果，似乎是研究历史的宿命。但吴晓波的文字有种无形的力量，似乎总能带动阅读者进入一种状态，引发内心的感慨与激荡。

“我深深感觉到，中国的经济制度变革，若因循旧规，当然不行，而如全盘照搬欧美，恐怕也难以成全。这就好比，旧瓶装不了新酒，可拿别家的新瓶来装，也会让自家的美酒变味，这正是中国改革的难处所在了。能否在传统国情与普世规律之中探寻出一条中国式的现代化道路，正是我们这一代人的使命。”

吴晓波这样的思考是严肃而认真的。正如今天的杭州或者浙江，进而整个中国的发展，我们既不能因循守旧，也不能全盘照搬欧美，而是要走出一条中国特色的市场经济之路。

“史海苍茫，关山似铁，我仅仅是一个旁观者。我想，我已尽力，尽管是那么的微不足道。我写出了所探寻到的若干事实，它已构成为一种存在，如一件烧制完成的器皿，风雨如晦，独立于一切之外。”

读着这样的自白，我总是自然联想起那个在沉默中，在微光里深思，并伏案疾书的思考者。眼前浮现出他站在阳台前，静视运河的沉默流淌，仰望江南星空若隐若现的神情……

当然，吴晓波同时又是一个有钱也爱财的作家，他几乎每次接受采访时都会说：“我一直蛮喜欢钱的。”

他说他想做子贡而不是颜回，他觉得贫穷不是知识分子的生活方式。

也曾有记者问他：但是你为什么还要经商，为什么还要离商业那么近，为什么还要录视频、做音频，在自媒体经营乃至新项目投资中耗费那么多的时间？为什么要让商人的身份干扰你文人的“清誉”？

他说,他是被两个东西“害”了,一个是好奇心,一个是德鲁克。

“好奇心是被席卷而来的新文化消费撩拨起来的,在移动互联网浪潮和新工具的推动下,在今天,一位写作者的创作状态和读者关系发生了革命性的变化。作为一个极小众的财经作者,你可以摆脱平台的局限,在新的媒体环境下,以更高的效率传播你的思想。我不能抵抗这样的诱惑。”他说。

吴晓波甚至还说:“我所有的写作都是为了影响人,而不是自娱自乐,如果我能够独立地掌握新的工具,为什么还要寄生于任何的组织或利益集团?更何况,这一轮的变革,让内容生产者具有了直接变现的商业可能,若不投身其中,会不会有别样的后悔?

“德鲁克‘害’到我的,是他对商业观察者的自我界定——你必须是一位‘介入的旁观者’。

“以旁观者的姿态介入,以独立、建设性的精神看待商业以及参与商业——我愿意用这样的答案,回复所有关心我的同学们。”

也许,这就是真实的吴晓波。生长在杭州这个历史悠久、文化深厚的城市,再用他独到的眼光,站在千年古运河之畔,将中国商业文明的素养反馈给这块神圣的土地。

马云其人,商人焉?哲人焉?

2018年的教师节注定是一个令人难忘的日子。

这一天最大的新闻不是大学开学,不是教师表彰,也不是领导致辞,而是马云宣布卸任。

马云通过邮件发了一封公开信宣布,在阿里巴巴20周年(即2019年9月10日)之际将不再担任阿里巴巴集团董事局主席,现任阿里巴巴集团CEO张勇(逍遥子)将接任董事局主席一职。

教师出身的马云在这一天宣布:卸任后将回归教育,“做我热爱的事情会让我无比兴奋和幸福”。

从这天开始，马云将是真正的“马老师”，而不是“马首富”。

但人们还是很关注他的个人财富：2016福布斯中国富豪榜中以282亿美元财富排名第二位；2017年则以354亿美元身家排在福布斯富豪榜第18位，重新取代王健林成为华人首富；2018年5月，在福布斯十大最具影响力CEO排名中位列第六……

还有人说马云很“另类”。他不但办企业玩资本，还跟王菲二重唱，跟李连杰赛拳，跟方丈交友，跟金庸论道……当然，也有人“喷”他“卖假”，甚至骂他“卖国”。

无论是“捧”还是“喷”，马云早已悄无声息地改变着人们的生活方式。而我，只想把他还原为一个普通人……

一个充满娱乐细胞而又务实的人

最早认识马云是在2005年。当时还在上海证券报社工作的我专程回杭采访了他，之后在《上海证券报》上发表了专访文章，并在文末附了这么一段采访后记：

“有人说马云是天使，有人说他是魔鬼。可怎么看，他都像一个天真、好动的孩子。”

12月26日中午一点半，到杭州阿里巴巴的总部见到马云时，他还没有吃午饭。他一边打开家里送来的饭菜盒子一边招呼记者。手机响了，他站起来，听着电话走到办公室里养着金鱼的水池边，拿起一块“粉笔擦”擦拭着水池，一边跟无线电话的另一端说话。

一个多小时的采访中，他的手机好几次响起，每一次手机声响起，他都要从位置上站起来，一会儿走到后面的书柜旁，探头看看里面的书本，或者干脆从柜子里的糖罐掏出一颗糖塞进嘴里，或者拿起桌上摆放着的军刀挥舞起来。

那架势,仿佛让人看到金庸笔下风清扬或令狐冲的身影。

而马云说他自己最喜欢风清杨,也喜欢令狐冲。但他好交朋友的性格倒更接近令狐冲。圣诞夜,电话联系采访他的时候,他家里来了20多位客人,不过都是他公司的员工。

“只要我在杭州,每个周末家里都有很多客人的。下棋的,打牌的,玩什么的都有,家门口的鞋子总是从二楼排到底下一楼。”说起周末生活,马云有点眉飞色舞。

“老实说,马总是个普通人。”他的秘书刘平小姐这样告诉记者。在她的眼里,马云普通而有个性——乐观、坚韧、务实,就这么简单。

在她看来,公司取名阿里巴巴正好吻合马云这样的性格。

1999年,在杭州湖畔花园小区,马云的家里,跟随马云创业的“十八罗汉”都在场。马云让大家一起来想公司的名字,从早到晚,大家想的许多名称都被否决了,最后,马云脱口而出:“就叫‘阿里巴巴’。”

“阿里巴巴”,中国人、外国人都熟悉,拼音字母与英文写法完全一样,最最重要的是它的深刻寓意:通过不懈的努力、坚持,终于发现宝藏!

“我真的不聪明,读书都没进过前三名。但我力求做不笨的人,前进的路上有一道墙要越过去,知道不能硬碰,而是想方设法超越过去。并且,我知道,这世上只有先给予才能得到。”

不聪明,但不笨,懂得坚持和务实、乐观,这就是马云!

13年过去了,马云仍像个天真好动的孩子。马云的“好玩”最早被公众发现,大概是在阿里的10周年庆典上。

“当马云头上插着羽毛,化着大浓妆,唱着Can you feel the love tonight登场的时候,体育馆里的尖叫声简直就是山呼海啸。当晚,于丹迟到,当她进场从台前走过,马云刚好穿着朋克装从舞台上升起,观众沸腾了,于丹却惊呆了:‘那是马云吗?我的天哪!他疯了!’”

马云助理陈伟先生的这段文字再现了那一个沸腾的夜晚和马云的娱乐精神。

后来有媒体报道:2009年9月10日晚,黄龙体育中心一片欢腾,阿里巴巴公司2万多名员工、客户和嘉宾,共同为阿里巴巴庆祝10周年生日。

那一个晚上,马云3次登台。

第一次穿着中山装上台,与18位创始人一起上台亮相。

第二次,阿里集团几位高管扮演一支嬉皮士乐队登台表演。他们头戴嬉皮士头套、黑墨镜,使用电吉他等乐器。阿里掌门马云是该乐队的主唱,独唱一首《狮子王》中的主题歌——《Can you feel the love tonight》(今夜你能感到爱吗)。

第三次登台,马云身穿白衬衣,发表了激情演讲……

一个颇有文艺范的"武侠迷"

据说张纪中拍《笑傲江湖》是因为马云的建议。

1999年,张纪中正在筹拍《孙中山》,马云带着助理去杭州西湖国宾馆看他,在谈到电视剧的时候,马云问他是否想过拍金庸的武侠剧,并就此跟张纪中进行了讨论。后来,张纪中还真的拍了金庸剧,而且第一部就是当初马云竭力推荐的《笑傲江湖》。

听说,马云本来希望客串剧中的风清扬。因故错过这个角色之后,仍以风清扬自居,他的淘宝ID就是"风清扬"。

喜欢唱歌,喜欢表演,马云天生带点萌萌的文艺细胞。其实,他的文艺细胞来自遗传。因为他的父亲马来法,就是一名曲艺表演艺术家,曾任浙江省曲艺家协会第四、第五届主席。

这样的家庭背景,自然使他对文化事业有着一份天生的热爱。记得有一年,我先生所在的单位——浙江图书馆要出一则公益广告,即为刚刚推出的浙江网络图书馆寻找一位代言人。先生曾找我帮忙，希望可以帮助他们邀请马云担任浙图的公益广告代言人。我说这个你们只管去邀请，相信他100%会愿意。

后来浙江图书馆真的邀请了马云出任了这个广告的代言人(绝对义务劳动哦)。

也许，正是出生于文艺之家，使得马云热衷于影视剧甚至广告剧的策划、制作。在2006年初，他就联手华谊兄弟传媒集团，出资3000万元，邀请了陈凯歌等国内三大名导，围绕“雅虎搜索”分别创作一则视频广告短片。

这么一路玩下去，直至2017年11月，马云干脆担纲主演，拍摄电影《功守道》，结结实实过了一把当演员的瘾。

剧情非常简单，马云某日拜访华山派，在华山派的大门口，马云先“意淫”了一番，将自己想象成一位武功盖世的高人，逐一打败了众多武林高手，一路过关斩将，终于获得了武林至尊秘笈。

而当他回到现实中，睁开眼，才发现自己所到之处并非华山派，而是华山派出所，并被几位大盖帽赶了出来。原来，“出所”两个字之前被树叶挡住了，他没有看到。

影片结尾，音乐骤响，王菲空灵般的嗓音穿透屏幕，紧接着传来马云粗犷而带点沙哑的歌声(还是很有磁性的)，片尾曲歌名叫《风清扬》，由王菲和马云合唱。

其实，电影《功守道》只是个序幕，推广太极才是目的。

说到这，马云从“文艺生”回到了“武侠迷”。

一直以来，阿里巴巴的“武侠文化”都很是出名，公司的各个地方常以武侠小说

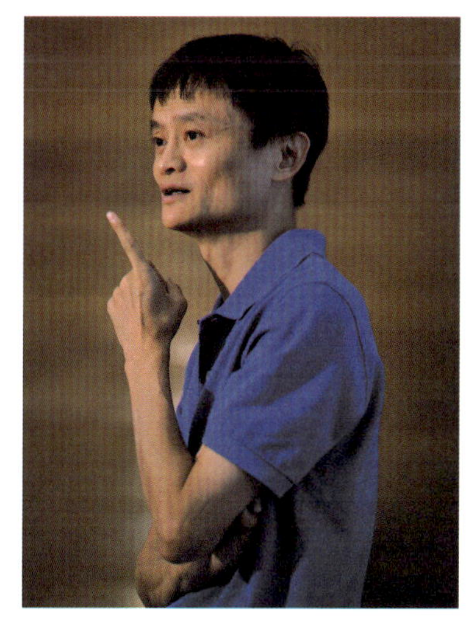

马云

中的地名命名，如黑木崖、桃花岛、百花谷等。以马云为首的阿里人也各有花名，马云就叫“风清扬”，公司内还有“杨过”“韦小宝”等人物。

据说，马云小时候跟杭州一位陈老太太学过很多年的“杨式太极”。10年前还专门去太极的发源地河南陈家沟，正式拜太极拳第19代正宗传人、河南陈家沟的王西安大师为师。他还在杭州设立了王西安太极研究会分会，分会成员全部为阿里的员工……

夸张一点说，办企业只是他的副业，武术与文艺才是他的真爱。也许正因为马云兴趣极广，最终使得他的投资也是四面出击。仅从影视到体育，阿里的触角也迅速渗透进文娱产业的每一根链条。有报道说，经过一系列眼花缭乱的投资和自我孕育之后，阿里旗下与文化产业相关的公司已经近30家（不完全统计），其中不乏优酷土豆、光线传媒、华谊兄弟、新浪微博、恒大淘宝俱乐部等行业翘楚。

一个有情怀、爱哲学思考的人

之所以说他有情怀，爱哲学思考，在我看来主要缘于这么两条：一是他的办学（搞研究）情结；二是他对传统文化的爱好。

马云对母校总是情有独钟。这不仅表现在他在很多场合都说过这样一句话：“在我心里，杭州师范大学是中国最好的大学。”也不仅仅体现在他给杭师大1.5亿元的捐款上，更体现在他为杭师大设立马云乡村教育研究院和马云乡村教育人才培养基地，助力母校教育学一流学科建设的用心上。

还听说，当年他曾就读的小学建校50周年庆典的时候，他再忙也挤出时间去参加（捐款当然是少不了的），而当见到小学时的两位老师，马云则兴奋得像出门很久的孩子回到母亲的身边……

也许正是因为这样的“教师情结”或者“校长情结”（别忘了马云当年可是一名师范生，第一个职业也是老师），终于促成他在2015年，连同另外8名企业家大佬共同创办了湖畔大学。

他将湖畔大学定义为“只讲授失败,不谈成功案例的大学”。他还提出:“阿里巴巴只需要做102年就够了,这个学校要做300年!”而在湖畔大学的开学典礼上,他又说:“未来中国的五百强中,至少两百强的CEO来自湖畔大学。”

关于他的湖畔大学,也是毁誉参半,众说纷纭。2016年我在《浙江日报》上发表了一篇评论文章《解读湖畔大学的非常意义》,并评论说:“大佬们纷纷下‘湖’的缘由,归纳为两个字:责任,三个字:圈资源,四个字:浪漫情怀。”

我的态度很明确,即便说他的校长致辞“赤裸裸”地“暴露”了其圈人的“野心”,但也乐见其成。因为,中国的确需要有500强企业的摇篮或者助推器。当然,我也认为湖畔大学不一定能培养出最优秀、最成功的企业家,因为当前最优秀、最成功的企业家,没有一个是湖畔大学培养出来的,而都是在市场经济的大风大浪中闯荡出来的。

马云看了文章之后在微信里跟我“较真”起来。他说,“圈资源”是相对低级的思考!湖畔的第一堂课就是明白自己要什么,做大做强不是每个人的目的,做好、做健康、做自己才是关键。中国经济需要一批真正的企业家,需要有情怀,需要有人文,需要有担当,但这些都需要培训和训练。

“我不在乎别人如何看,但我怕别人带着圈子思想和资源思想来湖畔。要学会有能力和能量依旧不做自己不该做的事情,要勇而不敢才是商业正道。”他进而又说:“我们不是要培育一批会赚钱的商人,而是为中国经济发现、培育一批有情有义的新生力量!”

说实话,感受到他的较真劲,我还是蛮开心的。不但愿意相信马云的情怀,还希望更多的企业家都有这样一种情怀和担当。所以,当我看到马云在2017年10月的云栖大会上宣布,将三年千亿投入“达摩院”的消息时,一点也不感到奇怪。

云栖大会上,马云豪言要用1000亿元人民币盖座阿里的达摩院,还将遍访五洲，寻访全球十大不同领域科学家加入，充当达摩院的“扫地僧”。“三年投入1000亿元、服务全世界20亿人口、解决1亿就业机会、活得比阿里长”。

当然，马云成立“达摩院”的消息一经传出，还是引来各种评说。而马云本人的一段讲话，比较清晰地阐述了他的初衷。他说——

阿里巴巴已经不是一家普通的商业公司，我们在这个国家、在这个时代担有巨大的责任。10年以前我就在阿里巴巴讲，中国电商发展得好，跟阿里巴巴没有关系；但是中国电商发展得不好，跟阿里巴巴有关系。因为那时候90%的中国电子商务人才在我们公司，我们做得不对，就意味着这个国家做得不对。

思考到最后，我觉得阿里巴巴必须是一家创造未来的公司。

我们必须是一家创新的公司，我们要成为国家创新的发动机，而不是我们自己的创新；我们必须是一家时代的公司，The company of the century；我们必须是全球化的公司，我们必须代表这个时代的年轻人。10年以来我从来没有改变这个观点。你只有这样思考，这家公司的立意才会第一天就跟其他公司不一样。

有人挑战说阿里巴巴还有什么不做的，你到处都在。但我觉得阿里巴巴本身就不应该只是一家电子商务公司，而是国家和社会乃至于世界创新的发动机。就像电是没有边界的，你不能说工业可以用电，农业不能用电，我们各行各业都要用互联网的技术、思想去影响和改变。阿里巴巴必须担当起这个责任。

创立“达摩院”是为了支撑第五大经济体、服务世界经济。

正因为贯彻了这个思考，也因为我们对于技术的欣赏和敬畏，阿里巴巴可能是跨界做得最好的公司，是商业和科技结合最好的公司。

而马云也的确是想给达摩院“网罗”世界各地最精尖的科技人才。

在金庸小说里，达摩院是少林寺中武功研究机构，藏着最高深的武学秘籍,代表了修为的最高境界。作为金庸迷的马云,却把它搬进了现实。

从湖畔大学到达摩院的建立,马云身上有一脉相承的情怀,也有很深的哲理思考——湖畔大学注重失败的研究,所谓知其白、守其黑也。达摩院则是其"跳出"阿里、思考阿里的一个作品。

换句话说,马云"萌萌哒"的外表下,隐藏着一颗极爱思考的哲学大脑。

先说马云倡导的"倒立文化"。说是在"非典"期间,马云带头在公司里练倒立。固然,办公室空间狭小,倒立是种不错的锻炼方法。但马云却能从此悟出"另眼看世界""倒立者赢天下"等妙句。

再比如,他曾经对人描述小时候跟陈老太太练太极,"老太太很早起床,在打太极前总要闭上眼睛在公园里静静站一会儿。我问她这是干什么,她说她在听花开的声音"。

我不知道马云是否从陈老太太的描述中感受到,或者自己也深入其境,感受到万籁俱寂时那种花开绚烂,无情说法的境界?但至少,他从中感受到诗意和哲理的美妙,否则又怎会就此恋上太极?

他的助理陈伟先生曾在一段文字中说:"马总能有今天的成就,究其原因有一万零一种说法,其实那都是表面的,真正的原因只有两个:在西湖边学了十几年的英语;练了近几十年的太极!"

显然,太极给予马云的,不仅仅是"健其骨",更重要的是太极之道所赋予的"明其志"。

马云之前常说:"假如我要写一本书,我就写阿里巴巴的一千零一个错误。因为有些错误是必须犯的,而且越早越好。"

这也许就是他对于老子"大直若曲"的思考?据说,在马云的工作包里总放着几本书,别的书换的很快,但一本最薄的《道德经》一直没有换。甚至有一次看《道德经》时,他突然兴奋地说:"哎呀,这哪是我在读老子,明明是老子在读我,而且他读到了我内心的最深处。"

马云善于在闹中取静,还喜欢效仿古人的禁语、闭关等修行方法(虽然不是严格意义的闭关)。他从来没有说过自己“不开心”,他说自己只有“心不开”的时候,而每每“心不开”的时候,就跑到杭州灵隐寺旁边的永福禅寺。

永福禅寺位于灵隐西侧石笋峰下,迄今有1600多年的历史。这里古树环拥,境幽景深,颇有世外桃源的韵味。

而马云喜欢永福寺,还有一个原因是,这里有一个方外之友——这里的方丈月真师父。据悉:月真法师,1991年于天台山石梁方广寺出家,随传印长老学习天台教观,为天台宗第四十七世传人;1997年任天台山佛学研究社、天台山佛学院教务长;2003年至杭州复建永福寺、韬光寺;现为中国佛教协会理事,浙江省佛教协会副会长。

马云未必搞得清楚月真大和尚的宗门与师承关系,但他喜欢大和尚的书法,欣赏大和尚在建筑学上的造诣——据说现今的永福寺,占地百余亩,有5个独立的院落,这些院落全部由月真大和尚亲自设计。

我不知道马云跟方丈的交流对他的哲学思考有多大帮助,但据说在某一次的闭关之后,他妙语连珠,说了这么一些很耐人寻味的话语——

阿里巴巴前10年从无到有,今后10年要从有到无。无处不在的“无”。

“电子商务”将来是无“电子”不“商务”。

心中的责任有多大,舞台才会有多大。

所谓“功成身退”就是“身”可以退而“心”不能退。

还听说马云要开一些讨论战略的比较务虚的会议,总喜欢去永福寺或者韬光寺。他说这里远离城市喧嚣和浮躁,而且离佛咫尺,做战略决策不容易出错,如果有错误的决定,佛也会掉一根树枝或菩提子之类的来提示他。

正是在韬光寺的一次讨论会,马云心有所触,说了这么两句很经典的话:

“所谓协同就是改变自己、适应别人。”

“不怕不好,就怕自以为很好。”

据说,他的这番言论被誉为“韬光寺箴言”。

不知道马云现在是否还经常去天竺路上那个安静的世界,当他在教师节那天宣布一年后的退休计划,并公布接班人的时候,还真的猜测他曾经在那里闭关良久。

| 思 考 |

文化与经济，一个铜板的两个面

10多年前为自己的个人网站"01face"题写过这么一段话："经济是生活的第一张脸；文化是经济的另一个面；背后的背后是精神的守望。"

至今想来，这样的次第关系颇有道理。

为什么杭州的文旅产业一马当先？因为历史文化名城深厚的文化积淀，为产业经济提供了丰厚的滋养。

为什么杭州的企业家崇尚学习、善于创新？因为这个城市脉脉书香的浸染与茶禅一味智慧的熏习。

为什么这里的作家不仅精神富有而且物质富足？因为这个城市商业文明的潜移默化……

是的，文化是一个民族的灵魂和标志，是一个民族的精神家园，也是一个城市发展内在的力量。在全球化浪潮下，文化软实力在国际竞争中正在占据越来越重要的地位，发挥越来越重要的作用。国与国的竞争，乃至城市与城市的竞争，企业与企业的竞争，归根结底是文化的竞争。

早在13世纪，杭州就被马可·波罗誉为""世界最美丽华贵的天城"，为何？那是因为杭州早在1000多年前就萌发了商业文明，植入了科技基因。

"白云峰下两枪新，腻绿长鲜谷雨春。静试却如湖上雪，对尝兼忆剡中人。""梅妻鹤子"的南宋诗人林逋,以一首小诗写出了龙井茶的清新、鲜嫩与韵味。

一杯龙井茶,凝聚着多少诗情,又寄寓了几多禅意?"龙井源头问子瞻,我亦生来半近禅。泉从石出情宜洌,茶自峰生味更圆。"明代诗文作家、书画家陈继儒的《试茶》,融诗、书、画与禅一体。

而龙井茶又岂止是连接诗、书、画与禅的媒介?它更是丝绸之路的大宗商品。

1000多年前,马可·波罗通过海陆丝绸之路在杭州留下了永恒的足迹。而丝绸、瓷器和茶叶,曾经是中国古代贸易三大传统商品,为促进世界文化交流做出重要贡献。所以这条路不仅是"丝绸之路",也是"陶瓷之路""茶叶之路",还是海上"丝绸之路""陶瓷之路""茶叶之路"。

那么古老的杭州,是从何时开始与海陆丝绸之路结缘的?杭州的丝绸、茶叶在东西方文化交汇中起了什么作用?

据文献所记,隋大业六年(610年),江南运河通航后,南北经济文化交流变得十分频繁,杭州因而"川泽沃衍,有海陆之饶,珍异所聚,故商贾并辏"。唐乾宁三年(896年),钱镠设海外贸易管理机构博易务。至唐末,杭州已成为十分繁华的都市。

杭州丝绸的发展历史悠久,最早可追溯至良渚文化时期,当时先民就已能种桑、养蚕、织帛,以及制造原始的缫丝工具。

提到良渚,就不能不提良渚文化和良渚水利。考古学家发现,5000年前,良渚古城外围的水利系统是迄今所知中国最早的大型水利工程,也是世界最早的水坝系统。所以,杭州不仅具有极其悠久的文化历史,还有悠久的科技发明史!换句话说,这座城市早在5000年前就有了科技的基因、文明的元素。

到了春秋时期,越王勾践则以奖励农桑为富国政策,推动动了当时的茶叶和丝绸生产。至隋唐时期,丝绸成为运送到西方的主要大宗货物。唐代杭产的绫类有"天下为冠"的盛誉,为宫廷贡品。南宋时,丝绸产区基本集中在长江流域，杭州市内呈现“机杼之声，比户相闻”“都民女士，罗绮如云”的盛况，从此称为“丝绸之府”。到了明代，则形成了以江南为中心的区域性密集生产，其中杭州为“丝绸重镇”之一。清朝杭州丝绸产量位居全国前列，与江宁、苏州并称“江南三织造”。

而茶叶在杭州境内广为栽培也始于唐朝。茶圣陆羽在杭州撰写的世界首部茶叶专著《茶经》中，就有“钱塘天竺灵隐二寺产茶”的记载。到南宋时杭州以卖茶为业的茶肆、茶坊遍布全市，在闹市区清河坊一带就有多家大茶坊，街头巷尾也有多人担茶卖。

值得一提的是北宋时的两浙路。两浙路先后兴起的港口有杭州、明州、温州、青龙镇、江阴军、上海镇、澉浦镇等，其中杭州和明州居于主导地位。杭州港是海路交通和内河航运的枢纽，是两浙路最早的贸易中心，也是仅次于广州的宋代较早设立市舶司的贸易港。港口的设置与兴盛，带动杭州丝绸、茶叶、瓷器等源源不断地走向海外，从而也带动了杭州的工商业，商业文明，在杭州这个海河港的枢纽处留下了星星点点的火苗。而求是创新的精神，业从此烙在了这个城市文化的基因里。

必须强调的是，传统的“农本工商末”“贵义贱利”观念在杭州遭到极大冲击，工商业的社会价值得到充分肯定，甚至有全民皆商的新风尚。如此，一个城市的创业基因早在千年之前就已萌发。

正是在这种文化背景下，以胡雪岩开设的阜康钱庄为代表的近代金融业在杭州悄然兴起。

我每每会联想起胡雪岩，这个从小小的钱庄学徒到富甲天下的红顶商人的人生沉浮。他的起与落，既充满了传奇色彩，又蕴含了必然。

“传家有道唯存厚，处事无奇但率真”。

无论是胡雪岩故居的名联，还是胡庆余堂“戒欺”的匾额，都是胡雪岩，这一近代杭州巨贾留给后人的文化遗产。

如果说胡雪岩的巨贾之道，在于他的崇商精神与经商能力，那么他的败落则在于他难逃政商关系的怪圈,以及市场化的不彻底。

今天杭商的崛起,首先就在于商业文明的复兴,在于义利并举的儒商文化推动了大众创业、万众创新,更推动了杭州文创产业的欣欣向荣。

当然,对文化产业的发展,人们也会有许多担忧。最令人困惑和担忧的,乃是急功近利思想的膨胀。即便是文化,也被打上急功近利的烙印。而当文化被当做支柱产业,人们该喜还是该忧?

发展文化产业没有“限购”之忧,能成为“新经济”的组成部分,并可借此提高企业家及整个社会的文化素养。如是,文化产业的发展有其积极意义。

但我们面对的是一个文化大颠覆而又艰难重建的时代。如何在经济建设中推进文化发展,又在文化产业的发展中助推经济增长方式的转变,这无疑是一个新的课题。而文化产业的试水,绝不仅仅是用以发展经济的一种途径,更重要的是,在它产生利润的时候,它是否能弘扬中华文化?

杭州的文化积淀,就在于其千百年来延绵不断的文脉中厚积着“仁义礼智信”的道德素养,沉淀着普济众生、知恩图报的佛家思想和“有舍才有得”的禅宗智慧,回荡着精忠报国、忠贯日月的浩然正气……

因此,杭州的文创产业能够在弘扬主旋律的同时,收获票房和版权的红利;杭州的作家村在培育产业链的同时能够注重社会主义核心价值观和中华优秀传统文化的发扬光大。

联想起数年前我采访中国美院尉晓榕教授时,关于“变与不变”的一次对话。

采访中,我问他,现代人画山水为何画不过古人?为什么无论是宋四家、元四家,还是四王、清初四僧等古人的山水艺术成就,至今仍无人望其项背?

尉晓榕教授娓娓道来地叙说:“我认为从总体上看,现代人的山水(画)不及古人,但也不是全盘落败,古人胜在深厚的内涵,今人则在试验性、生长性上能超过古人。内涵不及古人,是因为古代画家首先是文人,从小四书五经、楚辞汉赋、易经禅宗,无所不习;同时他们又勤于临习,且忘情山水、淡泊明志。他们填词写诗与书法入画，无非是器用上的转移，相同的是在体道之后的真情抒发。而今人往往是秀出来的性情，非真性情。

“此外，现代人重写生，少临摹；古人重学，肯下功夫。古人从学、从夫子、从夫子游。有时候为了看一幅画，要跑一两千里路。而现代人学画，往往是填鸭子填出来的，感悟也就少了许多。如此心不到，身又不到，自然从根底上就输了。”

尉晓榕教授的一番话，至今读来仍然值得深深品味。

他说，中国画的绝对高度是传统，这个绝对高度是不以时尚和个人恶好为转移的。为了保持中国画的文脉与纯正性，得守一个“不变”的框架——至少，看上去得像一幅中国画。其次，要在传统的国画里加进现代元素。

因为从区域文化走向全球文化的过程，需要画家从浩浩传统的母体中抽取中国基因，并在世界文化的通感指导下，将之重新符号化、程式化，当然还要规范化。从文化性质看，中国正从工农文化转向信息文化，文化层次已由垄断文化转为精英文化继而又转为大众文化，即由写实性主题文化转为实验性、前瞻性文化，继而再转向娱乐性通俗性文化。如此迅速的承转亦显示了文化变迁从稳态变化转为动态的甚或是跳跃式的剧变。

总而言之，对于文化的推陈出新，必须在“不变的框架中求变”。

不变的是中国传统的文脉，是精神；变的是把经济的、全球的、现代的元素粉碎成分子，搅拌到传统的形式里。

正如杭州的山水，灵秀中透着硬气。千百年的历史积淀造就了杭州“精致和谐、大气开放、求是创新”的城市文化，润物细无声地滋养着这个城市，使其绽放出文化与经济比翼齐飞、风华绝代的魅力。

后 记

2018年11月21日。

小雪将至，连续半个月的阴雨天才渐渐放晴。

虽然是初冬，还是让人感到了一丝丝的寒意。

世界经济也传来了“入冬”的信号。据新浪美股消息：北京时间21日凌晨，美股大幅收跌，道指重挫逾550点抹去今年涨幅；纳指跌穿7000点整数关口。与此同时，华尔街知名投行高盛预计美国经济增长将“显著”放缓。

而美股暴跌的同时，又继续拖累亚太股市，呈现了世界经济“唇齿相依”的关系。

这样的氛围下，展望未来依然有些沉重。

是的，未来已来。就在十多天前，那个声音和外形都酷似新闻主播邱浩的全球首个“AI合成主播”，在第五届世界互联网大会上“横空出世”。

与此同时，人脸识别、无人超市、智慧餐厅、无人驾驶舱、人工智能医生等前沿科技的风向标，都在这次大会的“互联网之光”博览会上展示。

面对未来，我们是惊喜还是惶恐？

老实说，我的内心是有些忐忑不安的。

因为我们极有可能低估了新时代的力量，以及新时代到来的速度。在我们毫无察觉的世界里，人工智能正在读取我们的天量数据，日夜不息地自我迭代进化。而我们，往往还陶醉于五千年文明的历史长河；流连于电子商务的琳琅满目；满足于中国制造的出口数据……

我们一方面担心自己跟不上未来的步伐，希望快速开发人工智能、大数据；一方面又对人工智能可能辗压人类产生恐惧。

毁灭和永生，几乎是人类对人工智能两大终极想象。而无论结局是忧是喜，我们都无力阻挡其发生。新时代的洪流已至，你我皆被裹挟其中。

联想起杭州，这座13世纪就被马可·波罗喻为“世界最美丽华贵的天城”，曾经因工商文明的早慧而领世界之风骚；却在工业文明时代，因步履蹒跚而渐渐衰落。

是的，当大势已至，如果不能顺应潮流，则将无法逃避被淹没的命运。如果说杭州错过了工业时代的领先地位，那么能否在后工业时代，在信息经济的新时代来一个“弯道超车”？

抱着这样的初衷，我开始关注杭州的经济发展。

跟许多外地来杭工作的朋友一样，我也是一名“新杭州人”。从1998年入职浙江经济报社，至今已在杭州生活20年。

这20年，恰好是新旧动能转换、东西方文明融合、传统与现代更迭、过去与未来交汇的20年，也正是杭州着力打造“天堂硅谷”、发力数字经济的20年。

看着这座城市从“西湖时代”迈入“钱塘江时代”；旁观马云从“西湖论剑”的沉吟到“云栖大会”的呼啸；目送鲁冠球、冯根生等老一辈杭商渐行渐远的背影，并迎来“85后”“90后”杭商正以颠覆者的姿势点燃“双创”的火炬……

随同一座城市的崛起，一个崭新的时代悄然来临。

而我，深深感动于在这新旧经济转型过程中企业家创新精神的焕发；感动于在危机与挑战中，这个城市上下协力，不断寻找新突破、塑造新产业、开创新世界的执着与努力。

因了这份感动，我于2017年夏天开始，着手在业余时间写作这本书。而在写作过程中,我又不断地,被热心支持我写作的领导和朋友们感动。

2017年底,在杭商研究会的年会上,遇到了杭州市委副秘书长兼市发展研究中心主任的胡征宇先生。也许是出于对杭州的热爱,当我向他展示写作提纲时,这位在杭州市政府工作了三十多年的老领导,目光炯炯地连声说好。2018年夏天,他更是担纲了本书的特别策划与顾问,提出了许多真知灼见,并让杭州杂志社为我提供了大量图片。

虞文军先生,《之江新语》的责任编辑,也是浙江人民出版社总编辑。他在获知我的写作计划时,第一时间就表示支持;在确认出版之后,更是亲自为我的写作提供了许多宝贵的意见和建议。

浙江人民出版社的李雯老师,是一位年轻美丽的女编辑。原以为手头有多本书籍在编的她会有些烦躁,没想到她却出奇的细致和耐心。令人赞叹的是她对文稿的把握有一种天生的敏感。正是在她的要求和建议下,我在完成初稿之后,又对书中所有的思考篇重新打磨。

突然想到:明天就是西方的感恩节,谨借此节日对以上的领导、老师表示真挚的感谢。

而我要感谢的岂止是上述的领导和老师?还要感谢我在浙江经济报社的老同事施健学。在接听我的"求助"电话之后,他二话不说,就跟他的朋友、杭州日报社的摄影记者李忠老师一起,为我提供了部分图片。

还要感谢我的工作单位——浙江产权交易所,以及上级单位浙江省国资委的领导和同事们。是他们的理解和包容,才使我得以在工作之余坚持写作。

感谢浙江省社科联、浙商研究会与杭商研究会的领导与朋友们,协会的工作和研究,使我能够近距离观察浙商发展、杭商崛起,并给了我许多有益的启示。

感谢我曾工作过的每一个单位,《浙江经济报》《市场导报》《浙商》杂志、《上海证券报》等,十数年财经媒体的工作经历让我养成了观察与思考的习惯;浙江产权交易所的工作让我在关注民营经济的同时,多了一个比较民营经济与国企发展的维度。

当然，还要感谢一直默默支持我的家人与朋友们。

这是一个崭新的时代。在这样的时代，传统企业赖以成功的精益生产方式被新兴科技企业以智能制造等方式升级换代；民营企业与国有企业不是非此即彼的对立，而是你中有我、我中有你的竞争合作关系……

正所谓"过去未去，未来已来"。

人工智能正在调试自己的神魂和硬件，以待全面登场。

而世界经济正在"全球化"与"逆全球化"的博弈中形成新的态势。

今天下午收盘时间，沪指全面翻红收涨。

在世界经济刮起阵阵寒风之际，中国闪耀出一抹亮色。

杭州，终因对未来的觉知与未雨绸缪，跳动着一簇簇新经济明媚的光芒……

徐王婴于杭州

2018年11月21日